MULHERES COMPLIANCE NA PRÁTICA®

EDIÇÃO PODER DE UMA HISTÓRIA

VOLUME III

EDITORA LEADER®

Copyright© 2024 by Editora Leader
Todos os direitos da primeira edição são reservados à Editora Leader.

CEO e Editora-chefe:	Andréia Roma
Revisão:	Editora Leader
Capa:	Editora Leader
Projeto gráfico e editoração:	Editora Leader
Suporte editorial:	Lais Assis
Livrarias e distribuidores:	Liliana Araújo
Artes e mídias:	Equipe Leader
Diretor financeiro:	Alessandro Roma

Dados Internacionais de Catalogação na Publicação (CIP)

M922   Mulheres: Compliance na prática: edição poder de uma história, volume 3/idea-
1. ed. lizadora do livro Andréia Roma. – 3.ed. – São Paulo: Leader, 2024.
        (Série Mulheres®/coordenadoras Andréia Roma, Tania Moura)

416 p.; 15,5 x 23 cm.

Várias autoras
ISBN: 978-85-5474-210-2

1. Compliance. 2. Empreendedorismo. 3. Mulheres empresárias.
4. Sucesso nos negócios. I. Roma, Andréia. II. Série.

06-2024/62   CDD 658.409082

Índices para catálogo sistemático:
1. Mulheres empresárias: Sucesso em negócios: Administração   658.409082

Bibliotecária responsável: Aline Graziele Benitez CRB-1/3129

2024
Editora Leader Ltda.
Rua João Aires, 149
Jardim Bandeirantes – São Paulo – SP
Contatos:
Tel.: (11) 95967-9456
contato@editoraleader.com.br | www.editoraleader.com.br

MULHERES COMPLIANCE NA PRÁTICA®

EDIÇÃO PODER DE UMA HISTÓRIA
VOLUME III

5 IGUALDADE DE GÊNERO

A Editora Leader, pioneira na busca pela igualdade de gênero, vem traçando suas diretrizes em atendimento à Agenda 2030 – plano de Ação Global proposto pela ONU (Organização das Nações Unidas) –, que é composta por 17 Objetivos de Desenvolvimento Sustentável (ODS) e 169 metas que incentivam a adoção de ações para erradicação da pobreza, proteção ambiental e promoção da vida digna no planeta, garantindo que as pessoas, em todos os lugares, possam desfrutar de paz e prosperidade.

A Série Mulheres, dirigida pela CEO da Editora Leader, Andréia Roma, tem como objetivo transformar histórias reais – de mulheres reais – em autobiografias inspiracionais, cases e aulas práticas. Os relatos das autoras, além de inspiradores, demonstram a possibilidade da participação plena e efetiva das mulheres no mercado. A ação está alinhada com o ODS 5, que trata da igualdade de gênero e empoderamento de todas as mulheres e meninas e sua comunicação fortalece a abertura de oportunidades para a liderança em todos os níveis de tomada de decisão na vida política, econômica e pública.

OBJETIVOS DE DESENVOLVIMENTO SUSTENTÁVEL

1. ERRADICAÇÃO DA POBREZA
2. FOME ZERO E AGRICULTURA SUSTENTÁVEL
3. SAÚDE E BEM-ESTAR
4. EDUCAÇÃO DE QUALIDADE
5. IGUALDADE DE GÊNERO
6. ÁGUA POTÁVEL E SANEAMENTO
7. ENERGIA LIMPA E ACESSÍVEL
8. TRABALHO DECENTE E CRESCIMENTO ECONÔMICO
9. INDÚSTRIA, INOVAÇÃO E INFRAESTRUTURA
10. REDUÇÃO DAS DESIGUALDADES
11. CIDADES E COMUNIDADES SUSTENTÁVEIS
12. CONSUMO E PRODUÇÃO RESPONSÁVEIS
13. AÇÃO CONTRA A MUDANÇA GLOBAL DO CLIMA
14. VIDA NA ÁGUA
15. VIDA TERRESTRE
16. PAZ, JUSTIÇA E INSTITUIÇÕES EFICAZES
17. PARCERIAS E MEIOS DE IMPLEMENTAÇÃO

CONHEÇA O SELO EDITORIAL SÉRIE MULHERES

Somos referência no Brasil em iniciativas Femininas no Mundo Editorial

A Série Mulheres é um projeto registrado em mais de 170 países!
A Série Mulheres apresenta mulheres inspiradoras, que assumiram seu protagonismo para o mundo e reconheceram o poder das suas histórias, cases e metodologias criados ao longo de suas trajetórias. Toda mulher tem uma história!
Toda mulher um dia já foi uma menina. Toda menina já se inspirou em uma mulher. Mãe, professora, babá, dançarina, médica, jornalista, cantora, astronauta, aeromoça, atleta, engenheira. E de sonho em sonho sua trajetória foi sendo construída. Acertos e erros, desafios, dilemas, receios, estratégias, conquistas e celebrações.

O que é o Selo Editorial Série Mulheres?
A Série Mulheres é um Selo criado pela Editora Leader e está registrada em mais de 170 países, com a missão de destacar publicações de mulheres de várias áreas, tanto em livros autorais como coletivos. O projeto nasceu dez anos atrás, no coração da editora Andréia Roma, e já se destaca com vários lançamentos. Em 2015 lançamos o livro "Mulheres Inspiradoras", e a seguir vieram outros, por exemplo: "Mulheres do Marketing", "Mulheres Antes e Depois dos 50",

seguidos por "Mulheres do RH", "Mulheres no Seguro", "Mulheres no Varejo", "Mulheres no Direito", "Mulheres nas Finanças", obras que têm como foco transformar histórias reais em autobiografias inspiracionais, cases e metodologias de mulheres que se diferenciam em sua área de atuação. Além de ter abrangência nacional e internacional, trata-se de um trabalho pioneiro e exclusivo no Brasil e no mundo. Todos os títulos lançados através desta Série são de propriedade intelectual da Editora Leader, ou seja, não há no Brasil nenhum livro com título igual aos que lançamos nesta coleção. Além dos títulos, registramos todo conceito do projeto, protegendo a ideia criada e apresentada no mercado.

A Série tem como idealizadora Andréia Roma, CEO da Editora Leader, que vem criando iniciativas importantes como esta ao longo dos anos, e como coordenadora Tania Moura. No ano de 2020 Tania aceitou o convite não só para coordenar o livro "Mulheres do RH", mas também a Série Mulheres, trazendo com ela sua expertise no mundo corporativo e seu olhar humano para as relações. Tania é especialista em Gente & Gestão, palestrante e conselheira em várias empresas. A Série Mulheres também conta com a especialista em Direito dra. Adriana Nascimento, coordenadora jurídica dos direitos autorais da Série Mulheres, além de apoiadores como Sandra Martinelli – presidente executiva da ABA e embaixadora da Série Mulheres, e também Renato Fiocchi – CEO do Grupo Gestão RH. Contamos ainda com o apoio de Claudia Cohn, Geovana Donella, Dani Verdugo, Cristina Reis, Isabel Azevedo, Elaine Póvoas, Jandaraci Araujo, Louise Freire, Vânia Íris, Milena Danielski, Susana Jabra.

Série Mulheres, um Selo que representará a marca mais importante, que é você, Mulher!

Você, mulher, agora tem um espaço só seu para registrar sua voz e levar isso ao mundo, inspirando e encorajando mais e mais mulheres.

Acesse o QRCode e preencha a Ficha da Editora Leader.
Este é o momento para você nos contar um pouco de sua história e área em que gostaria de publicar.

Qual o propósito do Selo Editorial Série Mulheres?
É apresentar autobiografias, metodologias, *cases* e outros temas, de mulheres do mundo corporativo e outros segmentos, com o objetivo de inspirar outras mulheres e homens a buscarem a buscarem o sucesso em suas carreiras ou em suas áreas de atuação, além de mostrar como é possível atingir o equilíbrio entre a vida pessoal e profissional, registrando e marcando sua geração através do seu conhecimento em forma de livro.

A ideia geral é convidar mulheres de diversas áreas a assumirem o protagonismo de suas próprias histórias e levar isso ao mundo, inspirando e encorajando cada vez mais e mais mulheres a irem em busca de seus sonhos, porque todas são capazes de alcançá-los.

Programa Série Mulheres na tv
Um programa de mulher para mulher idealizado pela CEO da Editora Leader, Andréia Roma, que aborda diversos temas com inovação e qualidade, sendo estas as palavras-chave que norteiam os projetos da Editora Leader. Seguindo esse conceito, Andréia, apresentadora do Programa Série Mulheres, entrevista mulheres de várias áreas com foco na transformação e empreendedorismo feminino em diversos segmentos.

A TV Corporativa Gestão RH abraçou a ideia de ter em seus diversos quadros o Programa Série Mulheres. O CEO da Gestão RH, Renato Fiochi, acolheu o projeto com muito carinho.

A TV, que conta atualmente com 153 mil assinantes, é um canal de *streaming* com conteúdos diversos voltados à Gestão de Pessoas, Diversidade, Inclusão, Transformação Digital, Soluções, Universo RH, entre outros temas relacionados às organizações e a todo o mercado.

Além do programa gravado Série Mulheres na TV Corporativa Gestão RH, você ainda pode contar com um programa de *lives* com transmissão ao vivo da Série Mulheres, um espaço reservado todas as quintas-feiras a partir das 17 horas no canal do YouTube da Editora Leader, no qual você pode ver entrevistas ao vivo, com executivas de diversas áreas que participam dos livros da Série Mulheres.

Somos o único Selo Editorial registrado no Brasil e em mais de 170 países que premia mulheres por suas histórias e metodologias com certificado internacional e o troféu Série Mulheres – Por mais Mulheres na Literatura.

Assista a Entrega do Troféu Série Mulheres® do livro **Mulheres nas Finanças®** – volume I Edição poder de uma mentoria.

Marque as pessoas ao seu redor com amor, seja exemplo de compaixão.

Da vida nada se leva, mas deixamos uma marca.

Que marca você quer deixar? Pense nisso!

Série Mulheres – Toda mulher tem uma história!

Assista a Entrega do Troféu Série Mulheres® do livro **Mulheres no Conselho®** – volume I – Edição poder de uma história.

Próximos Títulos da Série Mulheres®

Conheça alguns dos livros que estamos preparando para lançar: • Mulheres no Previdenciário® • Mulheres no Direito de Família® • Mulheres no Transporte® • Mulheres na Indústria® • Mulheres na Aviação® • Mulheres na Política® • Mulheres na Comunicação® e muito mais.

Se você tem um projeto com mulheres, apresente para nós.

Qualquer obra com verossimilhança, reproduzida como no Selo Editorial Série Mulheres, pode ser considerada plágio e sua retirada do mercado. Escolha para sua ideia uma Editora séria. Evite manchar sua reputação com projetos não registrados semelhantes ao que fazemos. A seriedade e ética nos elevam ao sucesso.

Alguns dos Títulos do Selo Editorial
Série Mulheres já publicados pela Editora Leader:

Lembramos que todas as capas são criadas por artistas e designers.

Mulheres
na Tecnologia
Volume 1
SÉRIE MULHERES
Prefácio:
Mara Maehara
Coordenação:
Andréia Roma e Tania Moura
Editora Leader

Sou empreendedora, e agora?
PLANNER DO EMPREENDEDORISMO
Andréia Roma
SÉRIE MULHERES
Editora Leader

MULHERES
NA PSICOLOGIA
Volume I
SÉRIE MULHERES
Coordenação:
Andréia Roma e Tania Moura
Editora Leader

Mulheres
na Energia
VOLUME I
SÉRIE MULHERES
COORDENAÇÃO:
Gabrielle Botelho
Andréia Roma
Tania Moura
Editora Leader

Mulheres que
Transformam
A humanização como propósito na liderança transformacional
SÉRIE MULHERES
Coordenação:
Marisa Salgado,
Andréia Roma
e Tania Moura
Editora Leader

MULHERES
no Imobiliário
volume 1
Poder de uma História
SÉRIE MULHERES
Prefácio:
Coordenação:
Editora Leader

SÉRIE MULHERES
Volume 1
MULHERES
COMPLIANCE
NA PRÁTICA
Edição Poder de uma História
Prefaciadoras
Juliana Nascimento
Sonia Consiglio
Coordenadora convidada
Adriana Nascimento
Coordenadoras da Série Mulheres
Andréia Roma
Tania Moura
Editora Leader

SÉRIE MULHERES
Volume 1
MULHERES NO
CONSELHO
Coordenação do Livro:
Coordenação da Série Mulheres:
Editora Leader

COORDENAÇÃO: ANDRÉIA ROMA, ADRIANA NASCIMENTO E TANIA MOURA
SÉRIE MULHERES
Edição Poder de uma Mentoria
Volume I
MULHERES
NO DIREITO
Uma aula prática de renomadas profissionais do Direito
Editora Leader

Volume 1
MULHERES DO MARKETING
Uma aula prática de renomadas líderes do marketing
EDIÇÃO PODER DE UMA MENTORIA
Coordenadora convidada
Tatyane Luncah
Coordenadoras da Série Mulheres
Andréia Roma
Tania Moura
Editora Leader

COORDENAÇÃO:
DANI VERDUGO, ANDRÉIA ROMA E TANIA MOURA
MULHERES ESG
MEDIR PARA MUDAR
VOLUME I
EDIÇÃO PODER DE UMA HISTÓRIA
Editora Leader
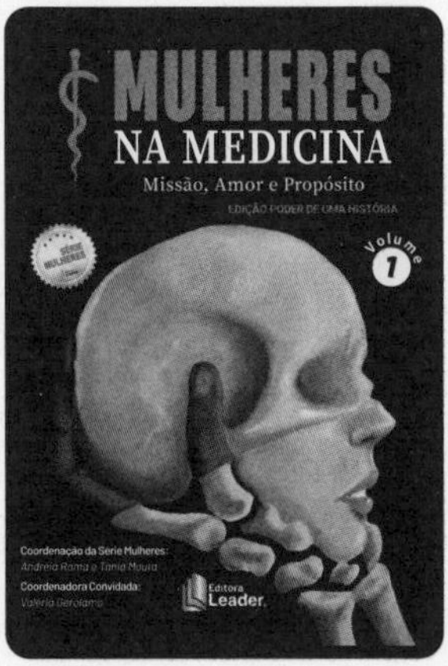
MULHERES
NA MEDICINA
Missão, Amor e Propósito
EDIÇÃO PODER DE UMA HISTÓRIA
Volume 1
Coordenação da Série Mulheres:
Andréia Roma e Tania Moura
Coordenadora Convidada:
Valéria Gerolamo
Editora Leader

AUTORA:
VANESSA GOULARTT
FRASES CURTAS
PARA DIAS
LONGOS
ESCREVER SUAS
Editora Leader

Mulheres,
um grito de socorro
Volume 1
Prefaciadoras
Lazara Carvalho
Rosimery Correa
Coordenadoras convidadas
Adriana Nascimento
Fabiana Alves
Coordenadoras da Série Mulheres
Andréia Roma
Tania Moura
Editora Leader

MULHERES
na PSICOLOGIA
Uma aula baseada na experiência de quem faz psicologia na prática.
Poder de uma Mentoria
Volume 1
Coordenadora
Andréia Roma
Editora Leader

Mulheres
NO AGRONEGÓCIO
O sucesso feminino no campo
EDIÇÃO PODER DE UMA HISTÓRIA
Volume 1
Prefaciadora
Teresa Vendramini
Coordenadoras convidadas
Bibiana Carneiro
Simone Cagliano
Coordenadoras da Série Mulheres
Andréia Roma
Tania Moura
Editora Leader

Coordenadoras convidadas
Claudia Cohn
Cristina Reis
Prólogo
Ana Maria Malik
Prefácio
Dulce Pugliese
Coordenadoras da Série Mulheres
Andréia Roma
Tania Moura
EDIÇÃO PODER DE UMA HISTÓRIA
MULHERES
NA SAÚDE
HISTÓRIAS INSPIRADORAS
Volume 1

Coordenação:
Lilian Vieira, Andréia Roma e Tania Moura
MULHERES
no RH
VOLUME III
EDIÇÃO PODER DE UMA MENTORIA
UMA AULA PRÁTICA DA ALTA PERFORMANCE DO RH NA VISÃO DE RENOMADAS LÍDERES
Editora Leader

Coordenadora convidada:
Ana Cristina Freire de Lima
Luciana Loureiro
Coordenadoras Série Mulheres®:
Andréia Roma
Tania Moura
MULHERES NA
MEDIAÇÃO®
Editora Leader

MULHERES NA
CONSULTORIA®
Editora Leader

Mulheres que
Transformam
Edição Poder de uma História • Volume II
Coordenação:
Andréia Roma,
Maria Antonietta Russo
e Vera Lorenzo
Editora Leader

Mulheres:
o que você deveria saber
aos 25 anos®
Editora LEADER

MULHERES NA
TECNOLOGIA®
Volume II
Edição poder de uma história
Coordenadoras convidadas:
Elaine Póvoas
Mônica Mancini
Coordenadora da Série Mulheres:
Andréia Roma
Editora LEADER

MULHERES NO CONSELHO®
EDIÇÃO PODER DE UMA HISTÓRIA
Editora LEADER

Coordenadoras convidadas:
Catarina Rattes Lopes
Maria Ferraz Martella
Prefácio:
Luciana Asper y Valdés
Roberta Codignoto
Idealizadora e
coordenadora editorial:
Andréia Roma
MULHERES
COMPLIANCE
NA PRÁTICA®
Edição poder de uma história
Volume II
Editora LEADER

O
silêncio
das
mulheres
e outros mais...
Silvia Lobo
Editora Leader

Coordenadoras convidadas:
Annali Duarte Bittencourt
Stânia Moraes
Coordenadoras Série Mulheres
Andréia Roma
Prefácio:
Ingrid Barth
Volume 1
mulheres
nas finanças
cases na prática
Edição Poder de uma Mentoria
Editora LEADER

MODA ALEGRE
HISTÓRIAS DE EMPREENDEDORISMO DE 20 MULHERES QUE COMEÇARAM DO ZERO
Coordenação:
Tainá Vidal, Sirley Carvalho e Andréia Roma
Editora Leader

Liderança Feminina
EM AÇÃO
A sensibilidade e a intuição no comando
Coordenação:
Andréia Roma & Mônica Fernandes
Editora Leader

A CHAVE MESTRA
Dos Relacionamentos Saudáveis
GREICE POTRICK

MULHERES NUCLEARES
Volume I
EDIÇÃO PODER DE UMA HISTÓRIA
EDITORA LEADER

Coordenadora convidada:
Sibeli Borba
Coordenadora da Série Mulheres
Andréia Roma
MULHERES NA DOCÊNCIA®
EDIÇÃO PODER DE UMA HISTÓRIA
VOLUME I
EDITORA LEADER

MULHERES na Educação®
EDIÇÃO PODER DE UMA HISTÓRIA
VOLUME I
Coordenadora convidada:
Andréa Aydar
Prefácio:
Margarida Prado Genofre
Coordenadora da Série Mulheres:
Andréia Roma
EDITORA LEADER

MULHERES NA DEFESA®
EDIÇÃO PODER DE UMA HISTÓRIA
VOLUME I
Coordenadora convidada:
Jocirene Nascimento das Chagas
Coordenadora da Série Mulheres
Andréia Roma
EDITORA LEADER

MULHERES NO TERCEIRO SETOR®
EDIÇÃO PODER DE UMA HISTÓRIA
VOLUME I
EDITORA LEADER

Mulheres na Indústria®
Edição Poder de uma História
Volume 1
EDITORA LEADER

ANDRÉIA ROMA
ANA PAULA FRANÇA PEREIRA VESPERMANN
MULHERES
NO ESPÍRITO SANTO
ACELERANDO E INSPIRANDO CARREIRAS
LEADER

MULHERES NO DIREITO
PREVIDENCIÁRIO®
Cases na Prática
Volume 1
Edição Poder de uma Mentoria
EDITORA LEADER

MULHERES NO DIREITO
EMPRESARIAL®
UMA AULA PRÁTICA DE RENOMADAS LÍDERES
Volume 1
Edição Poder de uma Mentoria
EDITORA LEADER

MULHERES NO DIREITO
TRIBUTÁRIO®
CASES NA PRÁTICA
Volume 1
Edição Poder de uma Mentoria
EDITORA LEADER

MULHERES NA
TECNOLOGIA
Volume III
Edição poder de uma história
EDITORA LEADER

EMPRE
ENDE
DORAS
DE ALTA
PERFOR
MANCE
Mulheres como você
contando suas estratégias
Coordenação editorial:
Tatyane Luncah
Andréia Roma
Vanessa Cotosck
Editora Leader.

EMPREENDEDORAS
DE ALTA PERFORMANCE
DO PIAUÍ
Coordenação:
Andréia Roma
e Cacilda Silva
Prefácio: Margarete de Castro Coelho
(Vice-Governadora do Estado do Piauí)
Editora Leader.

Coordenação
Andréia Roma
Selma Fernandes
Soraya Farias
EMPREENDEDORAS
DE ALTA PERFORMANCE
RIO DE JANEIRO
Editora Leader

Coordenação:
Andréia Roma e Mônica Fernandes
EMPREENDEDORAS
DE ALTA PERFORMANCE
MATO GROSSO DO SUL
Editora Leader

Empreendedoras de Alta Performance de
GOIÁS
Coordenação: Andréia Roma,
Gerdane Brito, Glaucia Yoshida
e Ludmila Estulano
Editora
Leader

Prefácio:
EMPREENDEDORAS
DE ALTA PERFORMANCE
MINAS GERAIS
Editora
Leader

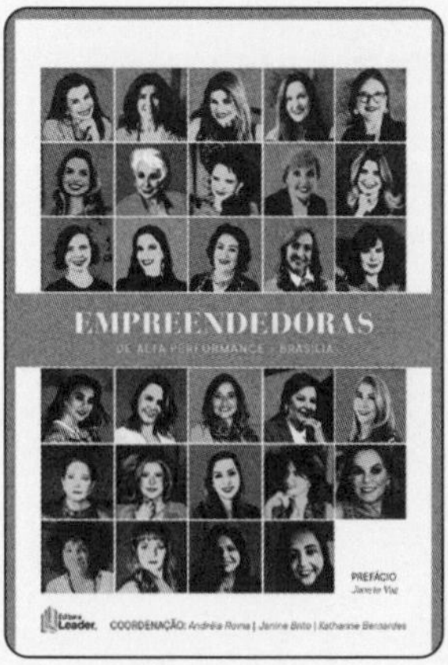
EMPREENDEDORAS
DE ALTA PERFORMANCE · BRASÍLIA
PREFÁCIO
Janete Vaz
Editora
Leader
COORDENAÇÃO: Andréia Roma | Janine Brito | Katharine Bernardes

SOBRE A METODOLOGIA DA SÉRIE MULHERES®

A Série Mulheres trabalha com duas metodologias

"A primeira é a Série Mulheres – Poder de uma História: nesta metodologia orientamos mulheres a escreverem uma autobiografia inspiracional, valorizando suas histórias.

A segunda é a Série Mulheres Poder de uma Mentoria: com esta metodologia orientamos mulheres a produzirem uma aula prática sobre sua área e setor, destacando seu nicho e aprendizado.

Imagine se aos 20 anos de idade tivéssemos a oportunidade de ler livros como estes!

Como editora, meu propósito com a Série é apresentar autobiografias, metodologias, cases e outros temas, de mulheres do mundo corporativo e outros segmentos, com o objetivo de inspirar outras mulheres a buscarem ser suas melhores versões e realizarem seus sonhos, em suas áreas de atuação, além de mostrar como é possível atingir o equilíbrio entre a vida pessoal e profissional, registrando e marcando sua geração através do seu conhecimento em forma de livro. Serão imperdíveis os títulos publicados pela Série Mulheres!

Um Selo que representará a marca mais importante que é você, Mulher!"

Andréia Roma – CEO da Editora Leader

CÓDIGO DE ÉTICA
DO SELO EDITORIAL
SÉRIE MULHERES®

Acesse o QRCode e confira

Nota da editora

Este livro não é apenas uma coletânea de histórias; é uma celebração da resiliência, inteligência e força das mulheres que redefinem o campo do Compliance, desde o momento em que decidiram incorporar esta especialidade em suas carreiras profissionais.

Essas mulheres notáveis não só implementam regulamentações; elas narram suas próprias jornadas, destacando como a ética foi integrada profundamente em suas práticas diárias desde que aceitaram o desafio de trabalhar com Compliance. Elas lideram a criação e revisão de códigos de conduta, garantem o suporte da alta administração para iniciativas éticas, e estabelecem sistemas robustos de avaliação de riscos. A influência delas se estende a áreas críticas como controles internos, treinamento e comunicação, e desenvolvimento de canais de denúncia acessíveis e confiáveis.

Cada capítulo é uma revelação das lutas e triunfos que elas enfrentaram, mostrando como conduzem investigações internas com rigor e justiça, praticam due diligence meticulosa, e estão sempre aprimorando os métodos de auditoria e monitoramento.

Além disso, suas histórias ressaltam o compromisso com a diversidade e inclusão, reforçando que ambientes de trabalho éticos também devem ser equitativos e representativos.

O Selo Editorial Série Mulheres desempenha um papel crucial ao dar voz a essas líderes pioneiras, cujas jornadas no compliance são fontes de inspiração e aprendizado. Este projeto não apenas destaca suas histórias pessoais e profissionais, mas também as estabelece como modelos para futuras gerações.

Ler os capítulos do livro "Mulheres Compliance na Prática Volume 3" me encheu de um misto de emoções: respeito profundo, gratidão e esperança renovada na ética profissional. Estas mulheres não apenas enfrentaram o teto de vidro, mas também pavimentaram um caminho robusto para as futuras profissionais de compliance.

Ao compartilhar essas jornadas, minha esperança é que inspiremos, motivemos mais mulheres a se engajarem e transformarem o campo do Compliance. Vamos juntas exaltar e expandir essas vozes, fortalecendo a presença feminina em um setor vital para o sucesso e a integridade de qualquer organização.

Andréia Roma
Idealizadora do livro e
Coordenadora do Selo Editorial Série Mulheres®

Introdução
Unindo Vozes Femininas no Compliance

Compliance, uma palavra que ressoa com um senso de responsabilidade e integridade, tem evoluído significativamente ao longo das décadas. No centro dessa evolução estão as mulheres, cuja participação tem sido crucial não apenas na definição, mas na redefinição dos padrões éticos e práticas de governança em diversas indústrias ao redor do mundo. "Mulheres Compliance na Prática" é uma celebração dessa jornada, destacando o papel instrumental das mulheres na modelagem de uma área que é fundamental para a saúde e sucesso de qualquer organização.

A história das mulheres no Compliance é tanto uma narrativa de desafios quanto de triunfos. Desde enfrentar barreiras de gênero em ambientes corporativos até a luta pela igualdade de representação em níveis de decisão, mulheres em compliance têm sido pioneiras, desbravadoras e defensoras incansáveis da justiça e transparência. Este livro não apenas conta essas histórias, mas também serve como um manifesto para a mudança, evidenciando como a perspectiva feminina enriquece e fortalece as práticas de Compliance.

Cada capítulo deste livro traz um *case* prático de uma mulher que deixou sua marca no campo do Compliance. Através de suas experiências pessoais e profissionais, essas líderes compartilham como enfrentaram desafios, superaram obstáculos e, o mais importante, como utilizaram sua influência para promover mudanças positivas. Estas narrativas não só ilustram o impacto significativo que o Compliance tem nas operações diárias das empresas, mas também destacam o papel crucial que as mulheres desempenham em garantir que as práticas éticas sejam mais do que palavras em um código de conduta; elas devem ser a espinha dorsal da cultura corporativa.

"Mulheres Compliance na Prática" também reflete sobre a crescente união e solidariedade entre mulheres na área, destacando como redes de suporte, mentorias e colaborações entre pares têm sido fundamentais para o avanço das profissionais e do próprio campo. Esta união não só fortalece individualmente cada mulher envolvida, mas também assegura que o compliance continue a evoluir como uma força para o bem em um mundo empresarial cada vez mais complexo.

Ao virar cada página, esperamos inspirar a próxima geração de mulheres em Compliance a perseguir suas paixões, liderar com ética e continuar a trajetória de inovação e excelência. Com este livro, celebramos as conquistas das mulheres na área e reforçamos nosso compromisso com um futuro onde a integridade não é apenas esperada, mas intrínseca a todas as práticas de negócios.

Sumário

**Porque a jornada é longa e ela precisa valer
a pena pra mim e pra você!** **30**
    Alessandra Hifumi

A hora é agora! **42**
    Alessandra Lemos

**Ao longo de uma trajetória, conta mesmo quem
você é e o que realiza** **54**
    Alline Tavares

**Trilhando o caminho da integridade: uma jornada
de dedicação ao Compliance** **66**
    Ana Cristina Dias

**A minha Jornada: Navegando no
Mundo do Compliance** **78**
    Ana Maria Caetano Gomes de Almeida

Trajetória de Conformidade: desafios, descobertas e a arte do Compliance na prática 90
    Brenda Mendes

Como uma decisão pode mudar o seu futuro 100
    Bruna Baccini

A lição só acaba quando o aluno aprende. Sou aprendiz! 112
    Camila Bonetti

A harmonia entre a disciplina e a liberdade 124
    Cecilia Carmona

Temos sempre que acreditar em nossa capacidade de fazer coisas novas, aprender e evoluir 136
    Cristiane Peixoto de Oliveira Marrara

Eu, Compliance e propósito 148
    Cristiane Souza da Luz

Além das Fronteiras 160
    Cynthia Nesanovis Catlett

Ser ou estar em Compliance: escolho SER na vida pessoal e profissional 172
    Eliane Pereira da Silva

Tenha honra. Seja uma mulher de caráter 184
    Érika Wilza Brito de Assis Lorenzo Alves

Compliance – construindo a cultura de integridade 196
    Felícia Lapenna Hauache

O programa de Compliance e o impacto no consumidor final 208
    Fernanda Augusta Costa Ferreira

O poder do Engajamento 220
    Francine Alves Melo

Genuinamente Compliance: Opa! Cultura de Compliance nos processos administrativos já 232
    Glória Cortez

Trajetória de sucesso: superando desafios e alcançando sonhos 244
    Isabella Felippe Pinto

Da resiliência à realização: uma jornada de aprendizado e superação 256
    Karen Langhanz

Transcendendo Limites: além do Teto de Vidro 268
    Laís Codeço

Comunicação estratégica no universo do Compliance 280
    Marina Lourenço

Ter um fundamento nos leva a definir nossa identidade profissional 292
    Mayara Modolo de Andrade

Cápsula do Tempo 304
    Milena Buzzo

A primeira da família 314
    Rachel Xavier

Seja protagonista da sua jornada 324
    Raquel Pessanha

Compliance: desafios, conquistas e lições de uma jornada inspiradora 336
    Regina Malta

Nada é por acaso 348
    Renata Rocha

Onde o nosso caráter é desenvolvido 360
    Suellen de Melo Oliveira Tosto

Compliance, o polidor das minhas lentes 370
    Vanessa Morzelle Pinheiro

A maioria, talvez, tenha razão 382
    Viviane Ricci

História da CEO da Editora Leader e idealizadora da Série Mulheres® 394
    Andréia Roma

Porque a jornada é longa e ela precisa valer a pena pra mim e pra você!

Alessandra Hifumi

ormada em Direito, com pós-graduação em Direito mpresarial pela Escola Paulista de Direito e especia- zação em Resseguros, Compliance & Controles Inter- os pela Escola de Negócios e Seguros (ENS), e espe- ialização na Lei Geral de Proteção de Dados Pessoais elo Instituto Data Privacy Brasil, é atualmente supe- ntendente de Legal & Compliance em uma segurado- a multinacional.

ntegra ainda a Comissão Jurídica da Federação Nacio- al de Seguros Privados e Comissão de Compliance e ontroles Internos da Confederação Nacional de Se- uros Privados, sendo professora convidada do Curso vançado em Seguro Garantia pela Escola de Negócios Seguros (ENS).

Começo fazendo um convite à minha infância, início de tudo e responsável, segundo conta a Psicologia, pela Alessandra de hoje.

Ao conhecer um pouco sobre esse lugar, você certamente já terá conhecido histórias parecidas ou talvez tenha passado por ele ou mesmo próximo dele. Mas, então, o que faz esse meu lugar diferente?

Na verdade, nada. O ponto está em compreender que cada lugar de um indivíduo é único e a forma como as experiências passadas e presentes podem contribuir para o futuro é o que faz a diferença sobre as coisas que estão no controle. E sobre as que não estão, a forma como reagir, superar e seguir.

Sobre a minha origem, venho de uma família de mulheres fortes e simples, que sem saber ao certo o significado e a potência de algumas palavras, já as executavam. Superação, resiliência, crença e exemplo são algumas e todas essas regadas ao amor infinito de minha mãe por todos nós.

Minha mãe, a dona Neiva, é uma mulher de força e fé. Simples em suas falas, mas brilhante e resiliente em suas ações. Com ela, aprendi o significado do exemplo. E ainda criança eu não poderia imaginar a proporção que o aprendizado pelo exemplo significaria para a minha formação, para a minha vida adulta.

Quando eu olho para o meu "eu" e penso o quão forte eu posso ser, tenho a mais absoluta convicção que isso é apenas uma pequena parte do todo que é Dona Neiva, minha mãe!

> *Sou resultado das minhas escolhas. E a forma como eu absorvo as experiências da vida diz muito sobre como cheguei até aqui.*

Primeiros Passos

Quando eu volto à minha infância, lembro-me desde muito nova dizendo o que eu queria ser. E ser estatística nunca esteve nos meus planos. O fato é que sempre desejei ser a mulher que sou hoje. Pode parecer engraçado, mas, voltando às minhas memórias, é exatamente isso.

Em toda minha fase escolar sempre gostei de estudar e fazer parte do todo. Não só com os colegas, mas com os professores, também. Eu era a assistente, a colega que dividia os trabalhos, que organizava os grupos etc.

Na adolescência, em meio às muitas dificuldades, o meu desejo de não ser parte da estatística ficou mais aguçado. Por uma questão de consciência social e estando longe de privilégios, entendi que a única forma de conquistar a minha "cereja" seria por meio do estudo e da minha dedicação para chegar lá. E, assim, eu segui.

No caminho, entre uma estação e outra, fui puxando pela janela todas as oportunidades e elas, considerando o meu arbítrio sobre as escolhas, fizeram toda diferença para eu estar aqui dividindo com vocês um pedaço sobre mim.

Por exemplo, no ensino médio consegui estudar em uma escola particular, mas entre um ano e outro a situação financeira da minha família passou, digamos, por uma profunda transformação, mas, para não perder a oportunidade de concluir o estudo naquele colégio, após as aulas eu fazia alguns trabalhos administrativos na secretaria e, assim, consegui uma bolsa.

Segui trabalhando muitos outros anos, concluí o curso de administração em uma instituição pública estadual e continuei trabalhando, até conseguir uma reserva financeira para pagar a faculdade de Direito e, assim, trocar o trabalho de coordenadora em uma empresa de gerenciamento de risco pelo estágio na área em que estudava. Para reduzir o custo da mensalidade da faculdade, candidatei-me à vaga de assistente da coordenação do curso de Direito e com isso consegui uma bolsa parcial que me permitiu concluir a faculdade e me oportunizou também relacionamentos acadêmicos importantes que, mais tarde e de forma bastante genuína, colaboraram de alguma forma com a minha história.

Compreendi que desenvolver relacionamentos fortes, saudáveis e produtivos, nos faz entender que a soma do todo é muito maior que as nossas partes individuais.

Sempre acreditei que ninguém é alguém sozinho. Pessoas precisam de pessoas para seguir em frente. Pessoas precisam de exemplos, bons exemplos. Precisam de conexões, condições que desafiam o *status quo*. Pessoas precisam de pessoas, que com as suas histórias e experiências ajudam no processo de construção da nossa própria jornada. E se ontem eu não queria ser estatística, hoje eu desejo que ninguém que não queira, seja!

Minha escolha pelo Direito e a minha conexão com a área de Governança

Quando decidi enveredar pelos caminhos do Direito, fiz por acreditar que ele, somado às outras tantas especialidades, teria papel fundamental para o desenvolvimento justo da sociedade. Eu havia encontrado meu propósito profissional.

Tecnicamente, queria entender e aplicar os significados

de promoção da justiça, proteção dos diretos fundamentais e o bem-estar social. Ser mediadora em situações de conflito e não patrocinadora deles. E talvez, por essa razão, a área consultiva tenha chamado mais a minha atenção anos depois.

Foram cinco anos de estudo, desafios, experiências e muito conhecimento. Não apenas técnico, mas também sobre pessoas, comportamentos.

Ainda na época do estágio, vivenciei algumas experiências na área pública e privada, até que em 2007, quando eu estava em um escritório - na banca de Direito do Consumidor –, fui indicada por uma amiga da faculdade para uma vaga de estágio em outro escritório tão representativo quanto aquele em que eu estava. Passando na seleção, eu teria apenas um ano para mostrar que estaria pronta para uma posição de advogada tão logo formada e com a OAB.

A verdade é que a proposta de desenvolvimento, crescimento e aprendizado neste novo escritório muito me atraiu e eu fui! Fui com medo, mas com uma vontade enorme de acontecer e lá recebi o apoio incondicional desta extraordinária mulher, que é hoje minha irmã de alma, parte de mim, assim como outras quatro mulheres incríveis que integram aquilo que chamamos de "Nosso Clã".

> *A coragem é a chama que alimenta o caminho para o sucesso!*

O ano era 2008

Um ano depois de aceito o desafio e já formada, fui contratada e assim iniciei a minha carreira como advogada de seguros. A experiência adquirida com alguns colegas advogados incrivelmente inteligentes e generosos, mais a oportunidade dada pelo sócio da área, foram essenciais e motor propulsor, para que em

2010 eu aceitasse a proposta de uma seguradora multinacional, cujos departamentos Jurídico & Compliance eram liderados por uma mulher. Mais uma mulher incrível, que passou pelo meu caminho e me ajudou a chegar aqui. Com ela, aprendi muito sobre liderança responsável, colaborativa e inclusiva. Uma profissional ímpar e hoje uma amiga muito querida.

Nesta seguradora fiquei três anos e lá, com o time de fantásticos (assim eu os chamava), conheci o universo corporativo do Direito, o significado de fazer parte do todo, a importância sobre o viés resolutivo, solucionador. A importância sobre procedimentos assertivos para compor o resultado 360º. Estava focada, entregando tudo que era possível entregar e armazenado comigo toda experiência que eu era capaz de guardar. Sou imensamente grata por esse período, por todas as pessoas que conheci e compartilharam comigo as suas experiências.

Nesta "casa" adquiri amadurecimento técnico-profissional suficiente para que, três anos depois, mais especificamente em 2013, aceitasse a proposta de uma outra seguradora multinacional. A Cia estava criando o departamento jurídico e, mais uma vez, a minha vida estava entrelaçada à de uma mulher. Ela, com quem eu já havia trabalhado, convidou-me para apoiá-la neste projeto. O desafio era enorme. O dela ainda maior, transformava-se em gerente e a primeira mulher na linha de liderança direta do vice-presidente e CEO. O meu papel, apoiá-la na estratégia da área e implementação de procedimentos de governança e gestão, ao mesmo tempo que era preciso construir relacionamentos positivos para que os processos acontecessem. Éramos duas mulheres iniciando uma jornada que poderia ter sido incrível, se juntas.

Contudo, trabalhamos neste projeto um pouco mais de um ano, até que em meados de 2014, ela decidiu recomeçar em uma nova empresa.

Com o tempo descobrimos que cada recomeço é uma oportunidade para aprender, crescer e avançar!

Os primeiros passos caminho à liderança

Com a saída da minha gerente, eu tinha duas opções: seguir ou seguir. Eu me tornava a única advogada da empresa e era preciso gerenciar os processos judiciais, desenvolver os temas de governança, relacionar-me com a Superintendência de Seguros, com os líderes locais e da Casa Matriz – nos EUA. Era preciso convencer muitos sobre a minha capacidade e as minhas competências. Passei uns cinco anos dormindo pouco, trabalhando muito, inclusive aos finais de semana e madrugadas adentro.

Se não bastasse, eu deveria vencer o obstáculo do idioma. Eu não falava inglês, e não que eu fale adequadamente hoje, como eu gostaria, mas em 2014 eu era um desastre total e sabia que, sem o inglês, o crescimento seria limitado.

Foi então que eu segui com o curso de inglês e decidi, em 2015, fazer um empréstimo bancário e passar 30 dias nos Estados Unidos em um intercâmbio. Assim, voltei muito mais confiante, mas por óbvio que o idioma continuava sendo um desafio que eu sigo vencendo dia a dia.

Conhecendo o Compliance pelas minhas experiências

O trabalho seguia sua rotina intensa, incluindo projetos corporativos e uma auditoria de rotina da Superintendência de Seguros. Foram seis meses de muito trabalho que findou com um parecer conclusivo bastante favorável à empresa e menção do Regulador sobre o meu trabalho. Evidentemente que isso não aconteceu apenas em razão do meu esforço. Foi coletivo e eu consegui, talvez pela primeira vez, coordenar todos os times em unicidade para atingimento do resultado. Isso deu maior visibilidade sobre o meu trabalho e importante chancela da Administração local e Casa Matriz.

Entretanto, eu sabia que muito precisava ser feito. Na minha visão, um trabalho consistente ao longo do tempo necessita de prática e técnica. A prática eu vinha incorporando, mas, para que essa prática fosse assertiva e o meu trabalho fizesse diferença, era preciso continuar estudando. Se é para fazer, que faça bem feito. Não acredito em "especialistas" sem especialidade, "conhecedores" sem conhecimento. Esse não é o lugar em que eu quero estar e ser lembrada.

E assim eu fui, entre uma pós e outra, passei pelo Direito Empresarial e Relações de Consumo. Concluí a especialização em Contratos de Resseguros, depois em Compliance e mais tarde, em 2020, especialização em Lei Geral de Proteção de Dados Pessoais.

Dois anos se passaram e em 2017 houve a troca de liderança da empresa e, portanto, eu tinha dois novos gestores – o vice-presidente e o Chief Finance Officer (CFO). Mais um recomeço e novamente a necessidade de convencimento sobre as minhas competências, em meio ao dia a dia que não parava.

Como consequência desse esforço, incluindo todos os resultados gerados com o apoio do time jurídico, fui promovida no início de 2018 ao cargo de gerente do departamento jurídico, ocasião em que eu pude, nos anos seguintes, ter maior autonomia e implementar outros processos de governança, bem como atuar em outras frentes do mercado de seguros em temas complexos, de interesse coletivo e social e isso abrangia temas de inclusão e diversidade.

Sem perceber, eu já estava completamente envolvida não só pelo departamento jurídico, mas também pelas áreas de Compliance e Controles Internos da Cia, que sendo a "segunda linha de defesa"[1] interage com todos os demais departamentos.

Isso me fez conhecer todos os processos das áreas, permitiu-me relacionar-me ainda mais com as pessoas, compreender

---

[1] Ligada à alta administração, prevê monitoramento e avaliações de controle, segurança, gerenciamento de riscos, qualidade, inspeção e conformidade

o dia a dia de todo o time, colaborar com a melhoria dos seus processos e fluxos, patrocinar treinamentos, apoiar na melhor e efetiva comunicação para se obter resultados consistentes.

Mais dois anos se passaram e o mundo parou com a notícia da Covid-19 e pelo viés corporativo foi preciso reinventar, adaptar a rotina de trabalho, gerenciar o time, cuidar dele, gerenciar as expectativas dos acionistas e cuidar do resultado. Em meio ao caos, fui alocada como *sponsor* do Plano de Continuidade de Negócios (PCN) e com o apoio de uma equipe multiplicar, olhar para o processo 360º da empresa. Ufa! Intenso!

Foi neste mesmo ano – em 2020, que as empresas precisaram se adequar à Lei Geral de Proteção de Dados Pessoais e, no nosso caso, um projeto da Casa Matriz. A adequação durou um ano e seis meses e, se não bastasse, em 2021 entrávamos novamente no ciclo de auditoria da Superintendência de Seguros. É um processo cíclico, para todo o mercado. Novamente, atuei com os times estabelecendo estratégias e garantia de atendimento célere e eficaz. Revisão de documentos e alinhamento entre áreas.

Nesta fase recebi o apoio de uma profissional incrivelmente inteligente, generosa, dona de uma sensibilidade ímpar. Certamente fez diferença para que eu pudesse priorizar as muitas atividades em curso e entregá-las.

Novamente, a minha vida estava conectada à de uma mulher inspiradora, mas, desta vez, essa mulher não era do Direito, e sim de Ciências Atuariais. E se não bastasse, ela também me apresentou e me aproximou de alguns projetos voltados para a igualdade da mulher no mercado de trabalho, sendo hoje um dos pilares que carrego, somado ao de equidade de gênero neste nosso mesmo mercado. Que sorte a minha!

> *Você pode até ter sorte, mas sorte, apenas, não a faz alcançar o sucesso, não ao longo do tempo. Prepare-se!*

O meu Futuro é agora. Eu e o Compliance

Assim como no primeiro ciclo de fiscalização ocorrido em 2015, o resultado foi bastante satisfatório e novamente o meu trabalho era destacado e referenciado pela mesma Superintendência e, em razão de todos os trabalhos desenvolvidos e entregues, eu assumia oficialmente a área de Compliance e Controles Internos no início de 2022 e, assim, tornava-me superintendente de Legal & Compliance.

Estamos em 2024 e desde a minha chegada à posição de superintendente, muitas coisas aconteceram. Foi possível amadurecer processos de governança, implementar comitês para tomada de decisão 360º e iniciar outras inúmeras ações voltadas aos processos de integridade e controles, cujos objetivos estão traçados para colaborar com a eficiência e resultado da empresa.

Mesmo que alguns ainda vejam o Compliance como sinônimo de controles rígidos que podem frear o desenvolvimento das empresas, o fato é que o Compliance é uma ferramenta importante com objetivos de pequeno, médio e longo prazo e, portanto, tem por objetivo preservar o futuro das organizações. A história recente do nosso país comprova isso.

Nesta linha de pensamento, digo, sobre a preservação futura das organizações, existem alguns pilares que podem corroborar para evitar que uma empresa sucumba ao fracasso, sendo eles: cultura, reputação e diligência sobre o patrimônio. Pilares que, se bem gerenciados, podem proteger o futuro das organizações. E, como melhor ferramenta, o Programa de Integridade, por isso é essencial conhecer o Compliance e apoiá-lo.

"If you think compliance is expensive, try non-compliance."
Paul McMutry

Falando sobre o pilar "cultura", o mais importante dentro de um Programa de Integridade, é ele que impulsiona uma empresa para conquistar os seus objetivos estratégicos com a adoção de valores tais como costumes e regras sociais.

O Compliance não tem por objetivo "engessar" os negócios. Uma área de Compliance estruturada colabora, inclusive e se apoiada pela Alta Administração, com a eficiência operacional e eficiência atrai resultados que perpetuam no tempo, como é esperado pelos acionistas.

Desta forma, tenho implementado, com o apoio de um time multidisciplinar – os Agentes de Compliance, programas que incluem ações de aculturamento, treinamentos, aderência legal-regulatória, monitoramento e mapeamento de processos. E é nessa toada que eu sigo a minha jornada profissional; estudando sempre, conhecendo muito e colocando o meu lugar de fala quando ele precisa ecoar.

O sucesso é resultado de um trabalho contínuo executado por todos. Dia sim e outro também.

Com essa frase, encerro meu capítulo e espero que ele, de alguma forma, possa colaborar com a sua história e que nela você siga acreditando na sua imensa capacidade de vencer fazendo o que é certo!

A hora
é agora!

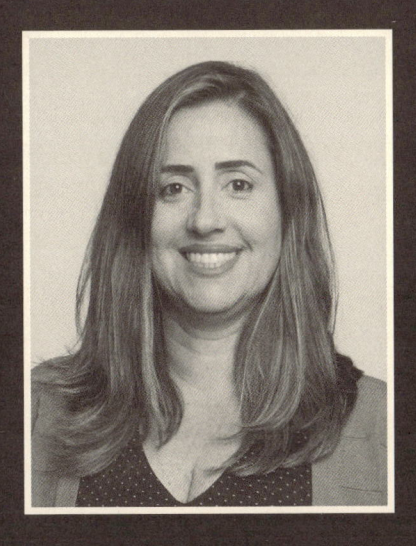

Alessandra Lemos

Com mais de 25 anos de experiência, trilhados em gestão de riscos, *compliance*, auditoria interna e processos, sendo 19 deles no Operador Nacional do Sistema Elétrico – ONS, exerce o cargo de gerente executiva de riscos, integridade e controles de gestão, integra o Comitê de Conduta Ética e é a atual Data Protection Officer – DPO. Vem desempenhado papel essencial para consolidar ações de integridade, riscos e controles, promovendo um ambiente mais íntegro, ético e transparente. Formada em Ciências Contábeis, com MBA em Administração e Especialização do Setor Elétrico, pós-graduação em Finanças Corporativas, Auditoria em Gestão Pública e Gestão tributária. Atua como conselheira fiscal na entidade fechada de previdência complementar – Fundação Eletros, certificada pelo Instituto de Certificação Institucional e dos Profissionais de Seguridade Social – ICSS e atua no GT de Integridade do Instituto Ethos. É associada, fundadora e participante de grupos de trabalhos no Instituto de Compliance Rio – ICRio. Por mais de dez anos atuou como conselheira deliberativa e fiscal na Fundação Eletros e no BRACIER – Comitê Brasileiro da Comissão de Integração Energética Regional, respectivamente.

A vida não vem embrulhada em um laço de fita, tampouco com guia orientativo de como ter êxito ou realizar os sonhos. É preciso acreditar que é possível realizar, ter um mix de coragem, desvario e audácia para começar algo novo, sem medo de errar, ser feliz, colocar a mão na massa até a exaustão, se preciso for e não deixar passar as oportunidades. E foi assim que ao longo da minha vida fui me destacando nas funções que exerci e cheguei aonde estou.

Formada em Ciências Contábeis, com MBA em Administração e Especialização do Setor Elétrico, pós-graduação em Finanças Corporativas, Auditoria em Gestão Pública, Gestão Tributária. Atualmente ocupo o cargo de gerente executiva da área de integridade, riscos e controles de gestão e Data Protection Officer (DPO) na empresa onde atuo há quase 20 anos e, pela segunda vez, como conselheira fiscal de uma entidade fechada de previdência complementar. Também sou associada, fundadora e participante de grupos de trabalho do Instituto de Compliance Rio – ICRio e participante do GT de Integridade do Instituto Ethos.

Ao longo da minha carreira, desempenhei atividades, em especial, nos segmentos de auditoria interna e gestão de riscos. Também atuei como conselheira deliberativa eleita de um fundo complementar de previdência privada, conselheira fiscal adjunta, indicada por dois mandatos consecutivos, no Bracier – Comitê

Brasileiro da Comissão de Integração Energética Regional e como convidada integrei a comissão organizadora do Seminário Nacional de Auditoria Interna, Compliance e Gestão de Riscos das Empresas do Setor Energético da Fundação COGE, realizado a cada dois anos.

Não é possível afirmar que sempre almejei todas essas conquistas e que era exatamente o que buscava, mas sempre soube desde muito nova que queria ter uma vida diferente da que tinha e carregava a certeza de que apenas estudando e trabalhando muito duro seria possível conseguir. E acredito que hoje conquistei muito mais que imaginei.

A jornada é tão importante quanto o destino, e cada passo contribui para que sua caminhada seja única

Convicta de que muito do que nos transformamos na vida adulta diz respeito a nossa personalidade, que é formada das vivências de criança, possibilitada por nossa família e posteriormente pelas experiências da vida em sociedade.

Carioca da gema, nascida em Campo Grande, zona oeste do Município do Rio de Janeiro, local há muitos anos considerado como o "Império da Laranja". O Bairro Campo Grande era conhecido por este nome por ser um grande campo pantanoso com matagal, brejo e animais selvagens, onde crianças de outros bairros não encontravam dificuldades para caçar rãs (coisa que fiz muito na minha infância), era nitidamente uma área rural.

Da minha convivência familiar assimilei os valores éticos, disciplina e determinação.

Minha família originariamente muito humilde, mas sempre muito preocupada com a educação, honestidade e a felicidade em detrimento de qualquer outro aspecto.

Fui criada e registrada pela minha mãe de criação, que na verdade era a tia da minha mãe, nesse caso minha tia-avó, mas sempre acompanhada pela minha genitora, porém esse é um livro à parte na minha história familiar.

Minha mãe, por ter engravidado ainda adolescente numa época e região onde predominavam os bons costumes, acabou abrindo mão da sua vida escolar e até profissional para se dedicar a mim e aos meus irmãos de criação, junto aos meus pais de criação, seus tios, que trabalhavam fora.

Apesar da vivência e da criação que ela teve, inclusive pelas circunstâncias temporais, fui educada valorizando a independência e a busca da realização daquilo que tinha vontade de fazer para ser feliz. Sempre tive o seu apoio em tudo. Ela nunca admitiu que ninguém interferisse nos meus sonhos.

Tive uma infância com muitas brincadeiras de crianças e comemorações tradicionais, como as festas juninas de interior. Vivi onde todos se conheciam e se tratavam como parentes, de tanta proximidade que havia.

Mesmo com toda simplicidade da minha família, sempre estive envolvida na magia das tradições familiares de Natal, com Papai Noel distribuindo lembrancinhas para todas as crianças da casa, e na tradição da Sexta-Feira Santa, dia em que não era permitido nem varrer a casa, só no Sábado de Aleluia.

Recordo-me que não havia cobranças para os jovens em relação a formação universitária, ao contrário da instrução básica, ficando a universidade para os poucos que tinham vontade e recursos suficientes para o investimento, que na maioria das vezes eram famílias de funcionários públicos ou militares.

Todos tinham uma vida simples, sem luxo, mas sem renunciar à escola e educação familiar, que era calcada na honestidade em primeiro lugar e em fazer o que é correto sempre, mesmo quando não havia ninguém vendo.

Toda a dificuldade financeira da família me movimentou muito, e sempre aprendi que só era possível crescer e fazer a diferença por meio dos estudos e de muito trabalho.

Desistir não é a solução enquanto houver caminho para percorrer

Posso dizer que minha jornada de trabalho começou cedo, ainda na adolescência e aos 14 anos comecei a trabalhar dando aulas para as crianças do bairro onde morava. Foi uma experiência e tanto, já que tinha uma ligação muito forte com elas e acreditava que apenas por meio dos estudos era possível vencer as barreiras da sociedade para ter sucesso.

Aos 15 anos, como passei para colégio técnico na parte da tarde, não foi possível permanecer com as aulas, então, comecei a vender roupas e bijuterias para os colegas de colégio, vizinhos e amigos de forma que eu pudesse investir nos treinamentos e fazer coisas que os jovens primam, sem renunciar aos estudos.

Apesar de toda disposição circulando de ônibus para cima e para baixo com uma bolsa pesada de roupas, logo aprendi a dificuldade de não receber os pagamentos como combinado e contar com os devedores duvidosos que não cumpriam os acordos e tive, muitas vezes, que ficar sem a comissão do tão suado trabalho e que me ajudava nas capacitações que buscava.

Era difícil compreender o porquê de as pessoas se comprometerem com acordos financeiros sem condições de honrá-los, deixando o ônus para o outro, nesse caso eu. Essa experiência só ressaltou o que tinha aprendido com a educação familiar, ou seja, apenas se comprometer com o que é possível, nunca prejudicar o outro e não querer ter aquela vida de dificuldades.

Então, aos 16 anos, logo passei para o turno da noite, visando ingressar no mercado de trabalho e consegui com a mãe de uma amiguinha de bairro e escola a possibilidade de nas férias trabalhar em uma banca de roupas, numa feira da Central do Brasil e em São Cristóvão, a atual feira de tradição nordestina. Nessa época tinha uma irmã com apenas três anos e a situação de desemprego familiar recém-ocorrida reforçou o meu desejo.

Foi uma experiência desafiadora, mesmo com todas as dificuldades e o medo dos meus pais de verem sua filha, ainda na adolescência, indo trabalhar tão longe para alcançar seus sonhos.

Fiquei algum tempo trabalhando de quinta a domingo nessa banca de roupas e aprendi muito com as diversas pessoas que passavam por ali e paravam para olhar as roupas, programar a compra no próximo pagamento e às vezes comprar, já que à frente ficava o terminal rodoviário Procópio Ferreira. Conheci muitos sonhos e realidades, que por vezes se pareciam com a minha.

Com a forte recessão na economia brasileira na década de 90, o dono da banca não tinha mais como me pagar, então descobri um curso, que naquela época era chamado de "Menor Aprendiz", hoje com uma grande modernização e busca pelos direitos infantis, "Jovem Aprendiz". Não recebíamos nenhum tipo de bolsa inicialmente, mas fazíamos um curso, com algumas matérias, inclusive aulas de canto e de como se comportar no ambiente de trabalho, alguns deles ministrados em orfanatos e ao final os jovens eram encaminhados para o trabalho, em sua maioria, em bancos, onde conseguiam receber um auxílio financeiro.

Objetivando entrar no mercado de trabalho formal, mas sem recursos financeiros sobressalentes na família, fiz muitas formações gratuitas como as que eram disponibilizadas pelo Curso Albano Reios, em Quintino, e os cursos de verão na Faculdade Simonsen, em Padre Miguel.

Assim, venci mais um desafio e, mesmo antes de ser convocada para trabalhar, consegui um estágio pela escola técnica que cursava, no centro da cidade, lugar que pela experiência na feira já conhecia um pouco.

E foi como a contabilidade entrou na minha vida. Optei pelo segundo grau técnico em contábeis, que como previsto me propiciou estagiar no centro da cidade do Rio de Janeiro e conhecer outro mundo, bem diferente daquele que conhecia no pequeno bairro de Campo Grande.

Assim como grande parte dos jovens moradores de lugares mais distantes das oportunidades do mercado de trabalho, acreditava que apenas por meio dos estudos e de cursos com maior empregabilidade seria possível abrir portas para o trabalho e consequentemente de uma vida melhor.

Ao terminar o curso técnico, logo veio o dilema da faculdade, abro um parêntese para mencionar que aí entra o aspecto personalidade no que nos tornamos na vida adulta, já que essa não era uma cobrança familiar, mas sim apenas minha, com a crença de que apenas por meio dos estudos é possível abrir portas e alcançar os sonhos.

Passei no vestibular para ciências contábeis, mas para uma faculdade particular e os desafios só aumentaram porque para pagar a matrícula fiz um trabalho de *freelance* numa associação profissional, onde toda anuidade atrasada que eu recuperasse junto aos associados receberia um percentual. E foi o maior sucesso, logo consegui uma quantia, que não era suficiente, mas com um ajuda da minha mãe, que nessa época conseguiu um trabalho como copeira e de um tio avô já falecido, o que menos teria condições de ter me ajudado, já que teve seu negócio falido e vivia de camelô com as peças sobressalentes da sua antiga loja, consegui no último dia realizar a matrícula. Mas uma pergunta da minha mãe não saía da minha cabeça: *"Mas minha filha, como você vai pagar a mensalidade? Eu não tenho para te ajudar"*. E eu dizia para ela que não sabia, mas que uma certeza eu tinha, que não renunciaria aos meus estudos e à minha tão sonhada faculdade.

E, assim, tive mais um desafio vencido, logo no primeiro mês de aula consegui um trabalho, de carteira assinada e com todos os direitos trabalhistas, como vendedora de eletrodomésticos por telefone e consegui pagar minha faculdade até o penúltimo ano, quando então precisei solicitar o crédito educativo, pois havia decidido que queria ter a experiência na profissão do curso que havia escolhido e não apenas ganhar dinheiro como resultado do meu trabalho com vendas.

Esse foi um grande teste de vida, porque as comissões com as vendas eram boas e muito atrativas. Consegui obter eletrodomésticos para minha família, que até aquele momento nunca tínhamos tido, além dos bônus de vendas oferecidos pelos fornecedores, mas a minha certeza em relação aos estudos foi maior e, então depois de três anos, pedi demissão para ser estagiária de auditoria interna, ganhando muito menos e sem grandes benefícios financeiros, algo natural para estagiários daquela época, mas com a certeza de que estava fazendo a coisa certa, que era terminar a faculdade e entrar no mercado de trabalho na área que havia escolhido.

E quando chegou o grande dia, o dia da formatura, a minha felicidade era esplendorosa e radiante, foi um dos momentos mais inesquecíveis da minha vida. E a maior felicidade foi entregar o convite para minha mãe e dizer "eu consegui". Isso demonstra que não devemos nos apequenar com as dificuldades, mesmo quando pessoas importantes as trazem para nós como uma dura realidade.

E o ciclo de buscas incansáveis pelos estudos não terminou, assim que finalizei queria muito fazer Direito, que aliás era um sonho oculto, mas dentro do que eu conhecia naquela época não me abriria oportunidades de trabalho como a contabilidade. Então me deparei com outro desafio, que foi não ter recursos financeiros suficientes para investir no curso de Direito.

Assim, como quem tem sede de aprender não se rende diante de qualquer empecilho, logo iniciei na pós-graduação de Finanças Corporativas, na sequência emendei na de Auditoria em Gestão Pública, e pouco tempo depois em Gestão Tributária.

Em abril de 2005, uma porta de grandes oportunidades se abriu, que foi ter sido admitida na empresa onde atuo hoje.

E tempos depois, quando resolvi que era o momento de retomar o sonho da faculdade de Direito, já que tinha recursos para pagá-la, fui convidada para fazer um MBA em Administração com Especialização do Setor Elétrico , curso que não era oferecido a todos os colaboradores da organização e mais uma vez protelei o sonho, mas dessa vez por um motivo bem diferente e, porque não dizer, mais nobre.

Compliance na minha vida profissional

Em 2016 tive a oportunidade de participar e apoiar uma grande reestruturação organizacional e eu acreditava que com as mudanças, em aderência às boas práticas muito comentada à época e com a adesão ao Pacto Empresarial pela Integridade firmado naquela oportunidade, uma coisa era certa – o tema Compliance não ficaria de fora.

Apesar de algumas organizações já terem implementado algum tipo de ação relativa ao programa de integridade, com o advento da Lei n.º 12.846/2013 no Brasil, o interesse do setor empresarial pelo *compliance* foi impulsionado, em alguns casos, pelo seu rigor quanto à atribuição de responsabilidade às pessoas jurídicas, cujas sanções são muito severas, em outros pelo interesse legítimo de aumentar a maturidade, reduzir riscos como o reputacional por comportamentos antiéticos e contribuir com um sociedade mais justa.

Assim, comecei a me preparar para a eventual possibilidade de mudança na estrutura da organização e fui estudar o assunto. Fiz um curso de média duração na Fundação Getulio Vargas e me apaixonei pelo tema, pela forte relação dele com o trabalho que já havia desempenhado por muitos anos como auditora interna, e principalmente com o que eu acreditava e tinha como propósito para a transformação da nossa sociedade.

Então, em 2018, como resultado do projeto de reestruturação, foi criada a gerência executiva de Compliance, riscos e controles internos e fui designada para atuar como analista.

Assim, aprimorei meus conhecimentos realizando outros cursos, ampliando o *networking* e apoiando no robustecimento de ações iniciadas, no aculturamento do tema e na implementação de outras ações na organização.

Em 2019, retomei o antigo projeto e iniciei na faculdade de Direito, estava bem animada e feliz com o curso e o pontapé inicial da concretização de mais um sonho, apesar de logo no ano seguinte ter iniciado a pandemia e todo modelo de aula ter sido alterado.

E finalmente em 2021 fui indicada a gerente executiva da área, pelo diretor geral, com a ratificação do Conselho de Administração. A primeira gerente mulher depois de termos passado por duas gestões masculinas, desde a criação da área, e mesmo sem acreditar no que estava acontecendo, olhei para trás e pensei *"medo? Medo de quê? Olha quantas coisas você já enfrentou, superou e conquistou!"* E um ano e meio após ter assumido a gerência optei por trancar o curso de Direito, que tenho confiança retomarei em algum momento, mas que com certeza ainda não era esse, tudo a seu tempo e novamente refleti que deveria deixar o rio correr e aproveitar para, mesmo com muito trabalho, colher os frutos do momento.

Desafio? Ah, temos todos os dias de nossas vidas, e que bom, crescemos e saímos do outro lado muito mais fortalecidas.

Materializar o valor agregado que o Compliance traz para as organizações, mostrando que o investimento em ações não necessariamente relativas ao seu negócio impactam positivamente a sociedade, a vida das pessoas e as organizações é um dos desafios, que devemos enfrentar, de forma a disseminar a cultura da integridade e transformar a sociedade em que vivemos.

Sei que ainda estou na construção e que há etapas a serem percorridas, mas, apesar dos obstáculos existentes naturalmente pela cultura do nosso país em relação à priorização do tema, desistir não é um vocabulário utilizado na minha história.

Somos o que acreditamos ser e, mesmo diante de desafios e adversidades, devemos transformar nossos sonhos em realidade e estarmos preparadas para o dia em que as oportunidades de os concretizar chegarem, por isso estudar, se aprimorar, não ter medo de errar e trabalhar muito faz toda diferença, além de mostrar quem somos.

Somos do tamanho dos nossos sonhos e devemos sempre olhar para trás para ter certeza de que a caminhada vale a pena!

> *"Mais importante do que a chegada é a caminhada, e não há caminho sem metamorfose: ela é a ponte que torna possível a nossa travessia até os novos continentes a serem descobertos dentro de nós."* (Kamila Behling)

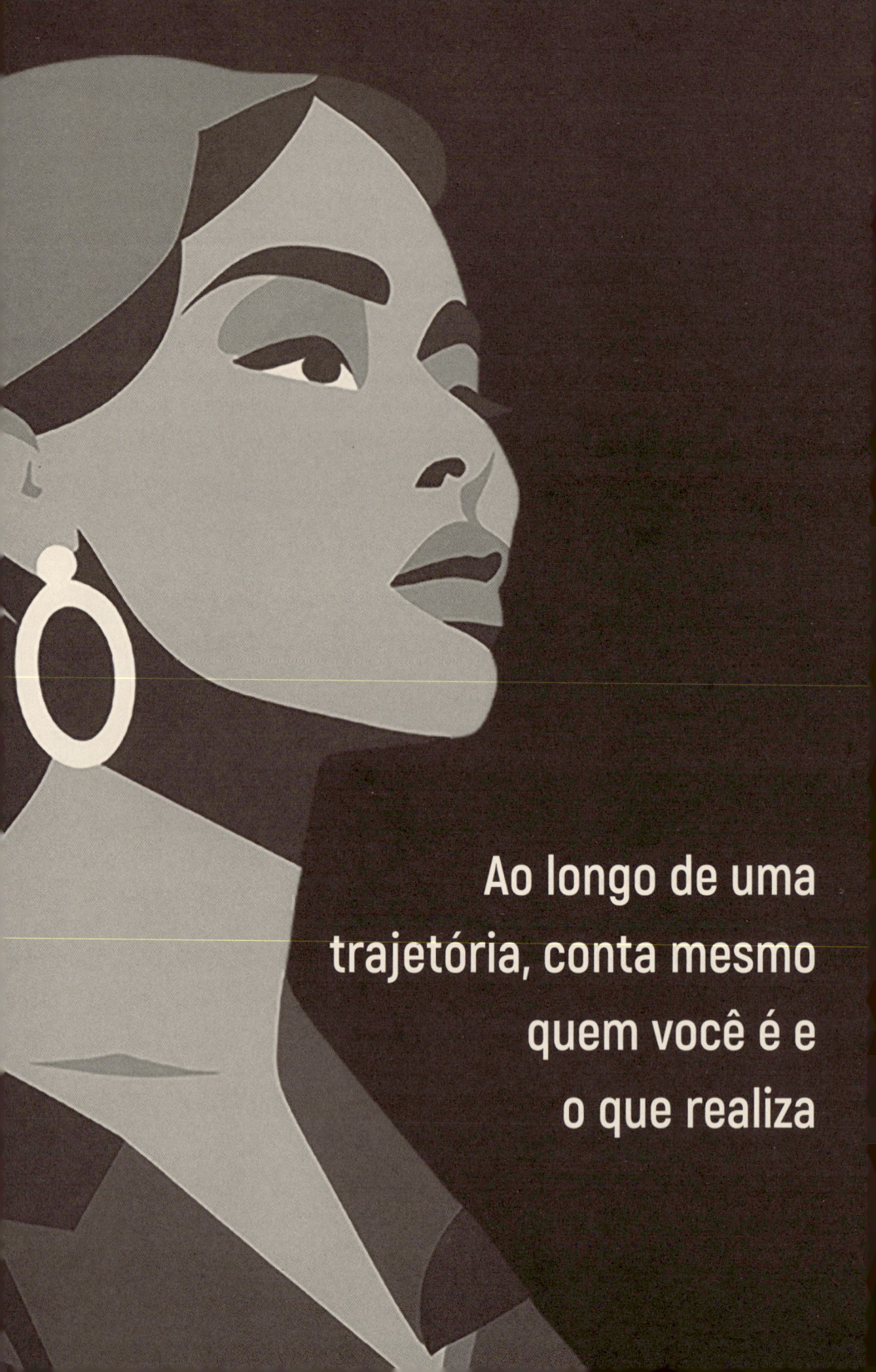

Ao longo de uma trajetória, conta mesmo quem você é e o que realiza

Alline Tavares

elações Públicas, graduada pela Faculdade Cásper bero, pós-graduada em Administração de Empresas ela Fundação Getulio Vargas (FGV-EAESP). Certifica- em Compliance (Insper); em Compliance Anticor- upção CPC-A (LEC – Legal, Ethics & Compliance); e em uvidoria (ABO – Associação Brasileira de Ouvidores/ mbudsman).

tua em Ética Empresarial, Integridade e Compliance á 16 anos e, antes, esteve em Comunicação Corpo- ativa por aproximadamente dez anos, complemen- ando os 26 de carreira, construída nas empresas: tibank, Unibanco, Natura, Alelo, CTG (China Three orges), Dexco (Deca, Hydra, Duratex, Durafloor, Flo- estal, Ceusa e Portinari), Natura & Co (Natura, Avon, he Body Shop e Aesop) e Klabin.

Ao longo da minha trajetória profissional, procurei sempre construir pontes, conectar pessoas, cada uma com seu jeito, suas crenças e suas particularidades, dentro e fora das organizações por onde passei. Também me pautei pela importância de escutar com empatia e compreender o comportamento dos outros, em seus contextos específicos, antes de fazer julgamentos. Vivenciei esses princípios como norteadores da minha atuação por diversas áreas e, particularmente, em Compliance. O Compliance como eu vejo e no qual acredito.

Essa é uma ciência comportamental, que não se limita a regras e leis. É, antes de tudo, sobre pessoas e sobre influenciar comportamentos. Sobre desenvolver uma cultura organizacional dirigida à integridade, à legalidade e à ética. Também é uma atividade que precisa ter imparcialidade e isenção como aspectos centrais, transitando entre o moralmente correto e o legalmente correto e dialogando com todos os públicos e setores da companhia.

Um programa de integridade deve estar baseado nos pilares de prevenção, detecção, remediação e monitoramento contínuo. Mas como não reconhecer que nossa razão de existir é primordialmente a prevenção, por meio da informação, da educação, da ampliação dos espaços de diálogo, dos treinamentos, da comunicação permanente e do engajamento das pessoas?

É dessa perspectiva que olho para o "estar em conformidade"

que buscamos cotidianamente nas empresas, consciente de que não se trata de uma visão apenas conceitual ou fruto somente da experiência de trabalho. Não pode ser dissociada da minha visão de mundo e da minha história pessoal. A profissional que me tornei, e que sou hoje, vem de longe.

Raízes e asas

Dizem que felizes são os pais que conseguem dar aos filhos, ao mesmo tempo, raízes e asas. Os meus podem se sentir satisfeitos por terem conseguido isso.

Minha mãe foi professora da Prefeitura de São Paulo por mais de 20 anos. Referências importantes dela são a paixão por educar e por "estar em sala de aula", um olhar positivo diante das situações, fé inabalável, e a preocupação constante com as pessoas e suas necessidades. Éramos uma família humilde, morando no centro da capital paulista, onde nasci e cresci. Mesmo assim, ela dizia: "Sabe aquele seu tênis que você não usa mais, eu vou levar para um aluno que está precisando".

Acompanhei de perto o trabalho da minha mãe como professora e em outras atividades para fazer uma renda extra. Com quase 40 anos, ela foi cursar a faculdade de Pedagogia. Eu e minha irmã nos revezávamos para ir com ela à faculdade. Ficávamos lá no fundo resolvendo a lição de casa ou algum trabalho da escola.

Meu pai, por sua vez, sempre foi incansável na busca por conhecimento: lia todas as edições da Revista Seleções, que ele ganhava de um vizinho – ele não tinha condições de comprar as revistas, pois eram caras –, jornais e outros periódicos. Aprendi com ele que "o estudante é um eterno curioso", além da importância de ampliar os horizontes e as perspectivas, da constante busca pelo conhecimento, e de se manter atualizado em diferentes temas, não apenas na sua área de atuação.

Até hoje estudar é uma paixão e transmitir o que sei, uma vocação, ajudando as pessoas a se desenvolverem. Os meus pais comentam que eu dizia que ia dormir e, quando eles acordavam, eu estava com a porta do quarto fechada, a luminária acesa e estudando. Muitas vezes, eu dormia poucas horas, conciliando o trabalho e os estudos. O silêncio das madrugadas dialogava comigo de forma genuína e intensa, ampliava minha sede de aprender, convidava-me a um mergulho profundo e a ser protagonista da minha história.

A certeza de que eu chegaria lá sempre esteve muito forte comigo, assim como a fé e o valor atribuído a cada passo conquistado. E é assim até hoje! Essa paixão pelo aprendizado e desenvolvimento está presente no trabalho do professor, mas também nas atividades de comunicação, que talvez seja minha maior vocação e que tenho a oportunidade de expressar de diferentes formas na minha carreira.

Eu me formei em Relações Públicas, na Faculdade Cásper Líbero, e trabalhei quase dez anos na área, em diversas frentes: comunicação corporativa, reputação, eventos, marketing institucional, endomarketing, e assim por diante. A pós-graduação em Administração na Fundação Getulio Vargas ampliou meu repertório empresarial e minha visão dos negócios.

Meu primeiro emprego na área da minha formação foi como estagiária em uma instituição financeira norte-americana. Lembro-me de quando vi o anúncio da vaga no mural da faculdade e pensei: será que isso é para mim, que venho de uma família simples do interior de São Paulo? Mesmo sem conseguir responder a essa pergunta decidi me inscrever. Usei o computador da faculdade, porque não tinha um em casa, fui chamada para a entrevista e, no dia marcado, minha mãe me ajudou a improvisar uma roupa que tinha para ocasiões especiais.

Na sala de espera para a entrevista, me vi ao lado de um grupo composto quase exclusivamente por homens, todos bem vestidos, contando histórias de pais executivos e viagens para os Estados Unidos. "E meu pai que veio lá do interior do estado, sem perspectivas, para arriscar tudo e construir algo?", eu pensava. Mesmo assim fiquei entre os três finalistas, junto com dois rapazes, fiz uma nova entrevista em português e inglês e fui aprovada. Estudei inglês durante oito anos, como bolsista, frequentando as aulas aos sábados, durante o dia todo. E como essa dedicação valeu a pena!

Dessa história, vem outra referência muito forte de meu pai, que sempre me mostrou o valor da determinação e da persistência. Aos 16 anos, ele saiu de Taubaté rumo a São Paulo para tentar algo mais na "cidade grande". Ao me contar como foi difícil o recomeço na dura realidade paulistana, ele dizia: "Eu só tinha uma certeza. Sabia que ia dar certo, que eu não ia voltar para a minha cidade como um fracassado".

Assim aconteceu e meu pai construiu a vida dele em São Paulo sempre trabalhando muito, com dois empregos e em grandes instituições financeiras – foram mais de 22 anos em apenas uma delas –, enfrentando desafios e assumindo novas responsabilidades. Sem tempo para fazer um curso superior, aprendendo constantemente e, desse modo, crescendo nos empregos com base, principalmente, no conhecimento e na experiência. Ele me transmitiu tudo o que aprendeu sobre a vida corporativa.

Com as raízes e asas familiares fui avançando. Como boa construtora de pontes, nunca parei diante dos muros e obstáculos que encontrei pela frente. E aprendi, na prática: o que vale não são as escolas, as viagens e tudo que você possa ter; é sobre ser e fazer acontecer.

Ponto de virada

Sempre tive o sonho de trabalhar em uma indústria de cosméticos que possui uma das marcas mais valiosas do nosso país e a oportunidade de lutar efetivamente por esse sonho surgiu em um momento em que eu vivia uma espécie de "crise de identidade" profissional. Eu me sentia limitada na área de Comunicação;

queria influenciar comportamentos e ajudar a construir uma sociedade melhor, mais justa.

A posição para a qual me inscrevi era a de coordenadora de Qualidade das Relações, algo bem diferente e, em certa medida, inovador. Foi um processo de seleção longo e, aos poucos, à medida que fui conhecendo melhor o que faria, percebi como se encaixava com o meu propósito de conectar pessoas e propiciar que a voz delas fosse ouvida nas organizações.

Eu tinha 28 anos e comecei a trabalhar naquela indústria principalmente por conta da minha história de vida, do meu perfil e do que já tinha construído, mesmo tão nova. A ideia era ajudar a empresa a estruturar um processo por meio do qual pudesse medir a qualidade da relação com os seus públicos de relacionamento prioritários.

Passei seis meses estudando modelos e com medo de ser demitida, já que não estava entregando resultados palpáveis e perseguindo metas agressivas, como a minha experiência em instituições financeiras me remetia. Estava, na verdade, estruturando o alicerce para aquele que seria um processo-chave e base para o planejamento estratégico da empresa.

Até que convidamos o escritor e consultor em negócios e sustentabilidade Simon Zadek, para que apresentasse o conceito de engajamento de *stakeholders*, ainda pouco difundido à época. Ele trazia a ideia do diálogo ativo, em que as pessoas são convidadas a conhecer a organização com o que ela tem de melhor, mas também a partir das suas vulnerabilidades. E, dessa forma, ajudar na construção dos desafios futuros. A empresa abraçou a proposta e deu início a um trabalho interno que levou à incorporação, no âmbito dos objetivos estratégicos, de preocupações fundamentais para a companhia e identificação de temas materiais.

Depois de cerca de oito meses, e após uma reestruturação, passei a ser responsável pela área de Ouvidoria no Brasil e nos demais países da América Latina, um canal adicional de diálogo que recebia e tratava alegações e denúncias apresentadas pelos diversos públicos de relacionamento; por conduzir a revisão dos Princípios de Relacionamento (como era chamado o Código de Conduta à época); e pelos treinamentos correspondentes. Embora não tivesse esse nome, começava ali, oficialmente, se quisermos estabelecer um marco, minha jornada em Compliance.

Na prática, eu seguia no processo de diálogo e relacionamento, contudo, não apenas no diálogo ativo, mas agora também no diálogo reativo.

Eu não era especialista no tema. No entanto, mais uma vez, o que fez diferença não foi a capacitação técnica; foi meu perfil, meu repertório empresarial, minha habilidade de comunicação e minha postura conciliadora, ao lado da visão do negócio e da cultura organizacional.

Trilha pavimentada

Passei quase três anos nessa indústria de cosméticos, confiante sobre o meu lugar, minhas crenças e meu propósito. Por isso, apesar de, após esse período, ter tido mais uma passagem temporária pela área de Comunicação e Marketing em outra organização, tinha uma trilha bem pavimentada a ser percorrida em Compliance. E o próximo passo foi em uma fabricante de produtos para a construção civil.

Ingressei como especialista em ética empresarial, passei a coordenadora e fui promovida a gerente, respondendo diretamente ao presidente da companhia em todo o período em que lá estive, totalizando quase nove anos. Foram muitos desafios: construir uma equipe referência no mercado; implementar o canal de Ouvidoria, que, aos poucos, foi tomando contornos de canal de denúncias; conduzir investigações em diferentes localidades; evoluir o Código de Conduta; elaborar políticas; realizar treinamentos; e, acima de tudo, ajudar a consolidar uma cultura de ética e integridade, inclusive com a incorporação de novos públicos que chegaram com a aquisição de outras empresas no período em que estive naquela companhia.

Foi também um momento de amplo reconhecimento externo, quando tive a chance de me apresentar melhor para o mercado e me firmar na área de Ética Empresarial. Fui coautora do livro "Os Melhores Cases de Ouvidoria no Brasil" em 2019, também publicado pela Editora Leader, com o *case* sobre o reposicionamento da Ouvidoria e do Canal de Denúncias, como parte do Programa de Integridade. E, em 2020, fui reconhecida pela ABO (Associação Brasileira de Ouvidores/Ombudsman) pela contribuição para o fortalecimento do tema no Brasil.

Tenho orgulho de dizer que também fui *ombudsman*, atividade que me preparou para transitar nos diversos níveis da organização e dialogar com os diferentes públicos de relacionamento. Costumo dizer que ingressei em Compliance a partir do canal de denúncias e das investigações, pilares que considero o "momento da verdade" de um programa de integridade.

Ao longo da minha trajetória, escutei de algumas pessoas que o que eu fazia não compreendia pilares integrados ao Compliance; que Compliance era obrigatoriamente uma atividade regulatória e jurídica, mas eu estava certa de que aquela era uma crença limitante, desconectada da realidade e das necessidades objetivas das organizações no campo da integridade.

E como responsável pela implementação, manutenção e evolução do Programa de Integridade, tenho a oportunidade de colocar em prática os conceitos nos quais acredito: que a integridade é parte dos nossos valores, está presente no nosso dia a dia, em nossas decisões, e que é preciso ampliar os espaços de diálogo sobre dilemas éticos, resgatar o potente papel das lideranças, da liderança comunicadora e inclusiva, e o protagonismo dos profissionais que compõem as equipes, além de combater as questões estruturais da nossa sociedade. A área de Compliance é aliada fundamental na construção da cultura orientada à ética, à legalidade e à integridade.

Parceria com o negócio

Vivemos um momento muito especial em Compliance. Com a relevância crescente da agenda ASG (Ambiental, Social e Governança), é imperativo lidar com os temas da área a partir de uma perspectiva abrangente, com uma visão holística. Cada vez mais, seremos chamados a olhar para tudo o que envolve a integridade dos negócios e, de maneira indissociável, em parceria com as demais áreas da companhia, sejam elas de suporte ou da linha de frente.

Portanto, o Compliance confinado a uma abordagem regulatória, na indústria ou mesmo no setor financeiro, está ficando para trás. É preciso ter em mente, em conjunto, os vários pilares do Programa, principalmente os que nos remetem à prevenção e, mais recentemente, o pilar de diversidade, equidade e inclusão – como mostra a publicação da LEC (Legal, Ethics & Compliance) sobre os dez pilares de um programa de Compliance[1].

Tenho consciência de que, como área de suporte, ainda é um desafio estarmos nos fóruns mais relevantes e estratégicos das empresas. Mas não há alternativa. A ideia é evidenciar que podemos fazer diferença, que somos parceiros para a construção de negócios sustentáveis e para a perenidade do negócio.

E como damos conta dos desafios que despontam no horizonte do Compliance? Com um olhar prioritário para as pessoas. Grande parte das denúncias que chegam aos canais corporativos, voltados a receber esses relatos, se referem a potenciais desvios de conduta, comportamentos inapropriados e conflitos interpessoais, sejam nas interações pessoais – como os casos de

---
[1] https://lec.com.br/os-10-pilares-de-um-programa-de-compliance/

assédio moral, sexual e discriminação –, sejam nas relações de trabalho.

Diante disso, é possível avançar com um programa de integridade, incluídas aí as atividades de Compliance, sem compreender as pessoas e as suas atitudes? Sem estar voltado para a construção de uma cultura ética e uma reputação irretocável? Na minha visão, não.

E ainda bem!

Trilhando o caminho da integridade: uma jornada de dedicação ao Compliance

LINKEDIN

Ana Cristina Dias

arreira sólida desenvolvida na área de auditoria interna com mais de 23 anos de atuação. Experiência m Auditoria Interna e Compliance, incluindo análise e processos com foco em riscos, desenvolvimento de atriz e mapa de riscos, implementação de políticas rporativas, controles internos e na implantação do ograma de Compliance e canal de denúncias. Também destaca liderança de equipes de alta performance m foco em resultados e desenvolvimento humano; pertise em estruturação e implantação de áreas de uditoria interna, gestão de riscos e Compliance; Gesão (planejamento, organização, direção, controle, toada de decisão, negociação, técnicas e ferramentas e gestão como 5W2H, KPI, orçamento, planejamento tratégico das áreas de Auditoria Interna e GRC, etc.

Quem é Ana Cristina

Eu sou Ana Cristina, a mãe da Giulia e do Pietro, esposa do Rodrigo e filha de Francisco e Maria.

Tive uma educação sempre muito rígida e baseada em princípios muito sólidos, afinal de contas, ser a filha mais velha de duas irmãs para mim foi sempre uma posição de muita responsabilidade. Eu cresci ouvindo meus pais falando que eu deveria ser o exemplo para elas (Cristiane e Sabrina) e que, caso eu tivesse um comportamento incorreto, poderia também contribuir para uma má educação das minhas irmãs.

Quando me casei, após cinco anos chegaram os filhos e aqui em casa repetimos a mesma frase, esposo e esposa, "devemos ser o exemplo para nossos filhos", tanto na educação que recebi quando criança e também a responsabilidade com meus filhos de transmitir um comportamento correto e íntegro. Eu tenho certeza de que os conceitos que recebi de meus pais e depois o exemplo do meu esposo, como filho, pai e marido contribuíram para hoje eu ser esta profissional de Compliance.

Para mim, transparência, honestidade e respeito são conceitos que caminham de mãos dadas. Ninguém pode dizer que é honesto se não tiver transparência, se sua vida não for um livro aberto com páginas e figuras bem desenhadas, ou então dizer que respeita as pessoas e seus valores se não é honesto, se falar uma coisa e fizer outra.

Estes valores aplico e procuro nas pessoas com quem eu trabalho, nas pessoas que escolhi que estivessem ao meu redor.

Trajetória profissional e os caminhos para Compliance

Eu comecei minha via profissional em uma atividade que entendo ser correlata e a maior contribuidora para Compliance dentro das organizações.

Meio que sem querer ou até mesmo sem entender o que é uma área de Auditoria Interna, ingressei nesta área nos anos 2000, em uma das maiores empresas de varejo do Brasil.

Lá aprendi que somente fazer o certo, ser transparente e honesta é que leva os profissionais a alcançarem seus objetivos, tanto profissionais como pessoais.

Nessa empresa fiquei por oito anos, aprendi muito, e orientada pelo homem que me ajudou a ser a profissional que sou hoje (meu esposo), fui para uma das empresas de auditoria e consultoria, uma das *Big Four*, a fim de ganhar experiência por meio de trabalhos de consultorias em grandes empresas nacionais e multinacionais de diferentes setores.

Depois da empresa de consultoria, também tive uma experiência importante numa empresa de energia elétrica, multinacional colombiana. Esta experiência foi muito importante para a minha formação nos atributos de gestão e liderança de equipe.

Logo após grandes realizações profissionais, tirei meu ano sabático para apreciar a família, engravidei do meu segundo filho e tive os primeiros contatos com Compliance, que ganhava força no Brasil, por meio da lei anticorrupção.

Foi neste cenário de curiosidades e descobertas que tive os primeiros contatos com o tema Compliance propriamente dito, logo procurei uma instituição onde tive a oportunidade de fazer parte da primeira turma de Compliance do Insper e outros cursos que me ajudaram muito até hoje.

Fora todos os conceitos, entendimento e estudos de casos aprendidos também passei a compreender o dito popular que diz: "Não basta ser, é preciso parecer ser quem se é", ou seja, é preciso demonstrar sua honestidade por meio de atitudes e comportamentos.

Durante este período eu estava trabalhando numa multinacional europeia no ramo alimentício, nas unidades localizadas na Europa, o programa de Compliance já existia, porém na empresa localizada aqui no Brasil ainda não. Foi então que me coloquei à disposição, o CEO desta empresa acreditou em meu trabalho e ali, sim, nascia mais uma mulher na área do Compliance no Brasil. No próximo capítulo vou detalhar melhor a experiência, os desafios e as realizações que ocorreram durante a trajetória da minha primeira implementação de um programa de Compliance.

Após quatro anos e com o programa de Compliance totalmente implementado e difundido, eu já podia dizer que meu legado para aquela empresa estava concluído. Muito emocionada, mas com o sentimento de dever cumprido, deixei a organização.

Então fui convidada por uma empresa familiar brasileira de múltiplos negócios, a princípio para implementar a área de auditoria interna e posteriormente a área de Compliance do zero. E aqui, que é onde estou até hoje, sempre contando com muito apoio desde os acionistas, conselho de administração e demais funcionários implementamos não só a área de auditoria interna e Compliance, mas também gestão de riscos, sempre com foco nos meus valores: transparência, honestidade e respeito.

Desafios e legado das implementações em que atuei

Bom, para os leitores até aqui pode parecer que esta jornada foi tranquila, assim como o barco ancorado à beira de um mar calmo, mas só aqueles que estiveram ao meu lado sabem o tamanho dos desafios enfrentados e alguns momentos de tensão e ansiedade vividos durante minha jornada.

Um deles, ser mulher, mãe e entusiasta no tema Compliance.

Em 2012 e 2013, quando iniciei minha jornada em Compliance, o que eu mais ouvi era "ah, isto no Brasil não vai funcionar", ou então "este programa será tão caro que as empresas para terem ficarão com seus lucros prejudicados", ou ainda, "uma mulher virá falar de assédio sexual". No meio de tantos pensamentos negativos ou até mesmo machistas, porém, eu me desafiava e trabalhava com muito respeito, transparência e dedicação. E eu seria uma hipócrita se não mencionasse aqui que mesmo eu e o principal executivo ouvindo estas chacotas iniciamos o trabalho de tradução e adaptação do primeiro documento daquela companhia, o Código de Ética e Conduta, juntamente com a implantação de um canal de atendimento terceirizado dos relatos e uma comissão de conduta ética para promoção dos comportamentos, a fim de demonstrar que as pessoas precisavam se atualizar e principalmente cumprir as normas e políticas.

Ah, eu também não posso deixar de mencionar a quantidade de colegas de Compliance que me ajudaram com compartilhamentos de *benchmark*, por meio de visita em outras empresas, troca de materiais e experiências. Durante este processo, como eu também tinha amigos iniciando a implementação em outras empresas e profissionais mais experientes que se colocavam à disposição para compartilhar iniciativas que deram certo, me ajudou e muito, eu não poderia deixar de mencionar aqui o trabalho que Wagner Giovanini fez ao abrir as portas da empresa em que ele trabalha para acolher, conversar e apresentar experiências aplicadas com outros profissionais recém-chegados no Compliance.

Nesse projeto de implementação, outro ponto bastante importante e que na verdade é uma dica que deixo aqui, o *compliance officer*, ou o líder de Compliance, precisa conhecer toda a empresa, processos, entender como o negócio funciona, seus "gargalos" e todas as pessoas sem distinção de cargo ou área da empresa e falar com todas elas. A porta da sala do Compliance deve estar aberta para ouvir todos os *stakeholders* que se relacionam com a empresa.

Este grupo alimentício tinha duas fábricas em Santa Catarina, dois centros de distribuição, cinco regionais de vendas e um escritório administrativo em São Paulo, local onde estava minha sala, mas quase nunca eu estava lá. Como comentei o Compliance precisa estar com as pessoas e em meio aos processos que estão acontecendo.

Eu sempre fazia questão de visitar e principalmente participar dos treinamentos em todas as unidades, eu queria que todos soubessem quem era a responsável pelo Compliance, e foi assim que este passou a existir dentro daquela empresa. Eu entendo que o fato de os funcionários conhecerem tanto o programa como seus representantes facilita que dúvidas sejam tiradas mais rapidamente e antes que ocorra uma atividade fora dos procedimentos ou incorreta.

Bom, saindo do ramo alimentício e indo para um grupo empresarial, já com um pouco mais de experiência de conhecimento de *cases* de sucesso e outros nem tanto, iniciei minha jornada conhecendo as pessoas, a cultura, os processos e quais documentos já existiam. Minha primeira grande missão foi fazer com que as pessoas voltassem a confiar no canal de ética da empresa.

Então iniciei o trabalho de revisão dos documentos de ética e conduta, estrutura de governança do canal de ética, constituição de comitê de ética e procedimento para apuração dos casos reportados no canal de ética. Após seis meses de trabalho, divulgação do novo código de ética e conduta e principalmente "horas de deslocamento" entre as unidades/empresas, começamos a colher os primeiros frutos. As pessoas começaram a utilizar o canal de ética, a confiar no Compliance e principalmente a entender a importância da transparência, honestidade e respeito.

Eu não poderia deixar me mencionar aqui a importância de conhecer as pessoas e deixá-las também nos conhecerem. Não sei se estou sendo pretensiosa, mas posso dizer que aqui o Compliance funciona. Depois de sete anos à frente das áreas de Compliance, auditoria interna e gestão de riscos, quando as pessoas têm alguma dúvida ou sentem que dentro de um processo há algo estranho ou então um comportamento indevido de um terceiro ou funcionário recém-admitido sabem a quem procurar e que os fatos serão apurados. Atualmente, os relatos mais críticos classificados pela empresa foram reportados de forma identificada, ou seja, o próprio relator deixou seus dados registrados para ser questionado ou apoiar no processo de apurações.

Mão na massa

Eu sempre iniciei a implementação do programa de Compliance e dediquei sempre total atenção ao Código de Ética e Conduta.

Em minha primeira experiência, como já havia um documento na empresa matriz, meu desafio era trazer as diretrizes corporativas, e principalmente um documento que tivesse "a cara" e a cultura brasileira. Este foi o primeiro e grande desafio, e após oito meses de dedicação e muitas reuniões com partes importantes da empresa e com a equipe de comunicação interna e externa chegamos no documento versátil e completo.

A apresentação aos funcionários da empresa foi um sucesso, depois de alguns anos recebendo apenas um documento numa língua que não era a língua materna daquelas pessoas, elas se sentiram ouvidas e, principalmente, assistidas.

Com a chegada do novo documento em português aproveitei o movimento e abrimos também um canal de ouvidoria, ferramenta esta, como gosto de chamar, independente, pois a captura e as primeiras análises ficavam a cargo de uma empresa contratada pela área de Compliance, assim conseguimos passar confiança para as pessoas poderem reportar suas observações, tirar dúvidas e fazer questionamentos sobre processos e atividades, tudo de maneira muito segura e sigilosa.

Assim se passaram alguns meses e logo depois desenvolvemos uma mascote (digital) para poder falar de Compliance, conduta, ética e canal de ouvidoria. Como maneira de fazer com que todos os colaboradores se apoderassem tanto das falas, como também se identificassem com a personagem, desenvolvemos um concurso para que os funcionários pudessem dar um nome a ela, e novamente me deparei com um grande número de funcionários participantes da campanha.

Agora nossa mascote ganhava um nome e ele fora dado pela própria área de operações de uma das fábricas, nascia a "MARIETICA". Com ela tinha início o programa de comunicação.

Bem, Código de Conduta em pleno vapor, canal de ouvidoria, programa de comunicação ativado, então já era hora de olhar para as políticas e procedimentos da empresa.

Meu guia, para estabelecer as prioridades, foi olhar para o mapa de riscos da empresa, e diante das principais incertezas ou ameaças com alto impacto, estabelecer um cronograma de desenvolvimento das políticas que aquela companhia precisava formalizar, e assim fui mapeando processos, desenvolvendo políticas, treinando pessoas e dessa forma dávamos "cara" para a área de Compliance.

E foi assim que ganhei experiência para o próximo desafio após alguns anos.

Meu segundo desafio na implementação do Compliance foi

em um grupo de empresas com negócios superdiversificados. Quando iniciei já existia um código de conduta ética, mas sem atualização há cinco anos, então o primeiro passo foi revisar o documento, incluir novas legislações e fazer algumas adequações. Foram diversas reuniões com a diretoria, gerentes, funcionários, influenciadores, acionistas e conselheiros do grupo.

Após 12 meses de muito trabalho foi aprovado pelo Conselho de Administração o novo material e todo o programa de implantação, e assim iniciamos com um lindo *workshop* de apresentação, em que comunicamos também o canal de dúvidas e relatos para descumprimento de conduta e ética. O evento foi um sucesso, as pessoas entenderam a importância do tema, as diretrizes da empresa e principalmente que o documento também protegia cada uma delas.

Durante os primeiros 12 meses, todo mês comunicávamos um dos temas que estava no código (conflito de interesses, recebimento de presentes e brindes, contratação de funcionários, entre outros assuntos).

E, assim como eu tinha feito na experiência anterior, a integração dos funcionários passaram a ter o tema conduta como principal agenda do dia e eu fazia questão de apresentar e me colocar à disposição para esclarecer dúvidas ou ouvir relatos, e dessa maneira fui ganhando a confiança dos profissionais e alguns desvios de conduta importantes de serem resolvidos foram trazidos ao longo dos anos.

Também não poderia deixar de destacar a formação de uma comissão de conduta ética, ainda durante a revisão do material e construção do novo código de conduta ética, desenvolvi as políticas de condução e apuração dos relatos e a política de consequências e a formação de uma comissão multidisciplinar para deliberar sobre os principais assuntos envolvendo conduta, comportamentos, conflitos de interesses e outros assuntos ligados a conduta e ética. Nós nos reunimos bimestralmente e a cada evento de alto impacto nos encontramos emergencialmente. Importante destacar aqui que tudo isto funcionou porque o conselho de administração sempre apoiou ativamente todas as ações do Compliance e faz questão de receber os relatórios mensais.

Após a construção desse documento principal, apoiado numa comunicação clara e treinamentos periódicos sobre os temas foram também desenvolvidas as demais políticas de Compliance, sempre com o olhar nos riscos de cada negócio e a maneira que a empresa mitiga, trata e entende a importância de cada um deles.

Fazer com o coração

Eu quero deixar um registro muito importante aqui. Tenho certeza que todas as conquistas, desafios e obstáculos que encontrei no meu caminho só foram vencidos e superados porque sempre fui guiada pelo meu coração e com muita dedicação e empenho.

É claro que não posso me dar ao luxo de dizer que trabalho por esporte, mas falo com verdade e com muita honestidade que faço o que gosto e faço com amor.

Embora aqui só tenha descrito "as flores" que existiram dentro dos trabalhos de Compliance, destaco que também me deparei com pessoas com falta dos valores em que eu acredito e que precisei de forma honesta, transparente e principalmente respeitosa fazer o meu trabalho e, acima de tudo, fazer o melhor para as empresas em que trabalhei e trabalho até hoje. E que ser mulher sempre me fez correr muito mais e ter que provar não só para meus empregadores, mas para mim mesma que ser mulher nunca me impossibilitou de fazer o mesmo trabalho que teria sido feito se na minha cadeira tivesse um homem.

Eu tenho muito orgulho daquela jovem que sem conhecer as teorias descritas nos livros de Compliance, mas sempre com muita coragem, transparência, honestidade e respeito por onde passou deixou seu legado, porque fez com coração e de coração.

E que mesmo sendo mulher fui sempre admitida por profissionais do sexo masculino que me apoiaram e permitiram que eu implementasse o programa de Compliance.

A minha Jornada: Navegando no Mundo do Compliance

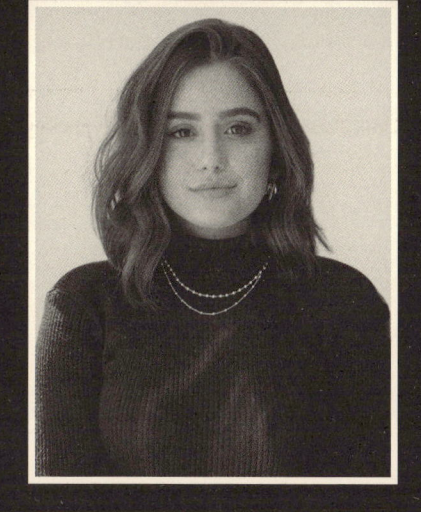

Ana Maria Caetano Gomes de Almeida

[E]xecutiva na área de Planejamento Financeiro na MetLi[fe] e Vizio Capital. Graduada em Direito pela Pontifícia [U]niversidade Católica de Minas Gerais – PUC-MG. Pos[s]ui cinco anos de experiência como Controller Jurídico [c]om gestão jurídica nas áreas do Direito Cível, Traba[l]hista, Tributário, com atuação no setor de Transporte [e] Logística, Contencioso Jurídico. Gestão estratégica [p]rocessual no contencioso e consultivo; gerenciamen[t]o de indicadores de desempenho e *analytics* da área [J]urídica – Controladoria Jurídica. Profissional qualifi[c]ada ao atuar em grande empresa nacional e multi[n]acional, formalizando e readequando processos de [a]cordo com a estratégia de negócios. Atualmente é [e]mpresária no mercado financeiro com certificação na [S]usep (Superintendência de Seguros Privados). Realiza [c]onsultoria personalizada na área de Proteção Finan[c]eira, gestão de risco, proteção patrimonial e sucessão [f]amiliar e empresarial.

Sempre fui uma mulher determinada. Desde jovem, a minha visão de mundo estava marcada pela integridade e pelo compromisso com a ética. Nasci em uma família simples, com poucos recursos, e desde cedo aprendi a importância de fazer o que é certo, mesmo quando isso implicava desafios.

Infância e Formação

Fui criada por uma família em que desde nova precisei superar várias adversidades. Minha mãe, a quem dedico este capítulo, sempre enfatizou a educação como o caminho para um futuro melhor, e eu absorvi essa lição com fervor. Determinada a abrir um caminho, me destaquei na trajetória profissional, à qual dei início estudando Direito.

Durante a adolescência me interessei pela área jurídica, desde os meus 11 anos era fascinada pelas leis, pelos limites éticos e legais e pela ideia de garantir que fossem executados. Vi nesse campo uma oportunidade de fazer a diferença e promover uma mudança positiva no mundo empresarial.

Os Primeiros Passos na Carreira

Após entrar na faculdade, logo embarquei na carreira

profissional com determinação. Meu primeiro emprego foi em um escritório de advocacia, como auxiliar jurídico, onde tive a oportunidade de entender a área jurídica na prática. Em seguida, fui contratada como estagiária em uma multinacional.

Sempre tive a certeza que meu cenário mudaria rapidamente e em nove meses, ao ser contratada na mesma empresa, atuava como assistente jurídico. Ainda permanecia com a ideia de que logo a minha vida mudaria, mas não sabia o quanto.

Passaram-se alguns meses e uma das minhas mentoras e coordenadora se desligou da empresa. Por ser a única a ter conhecimento sobre o processo de Controller Jurídico, precisamente o controle de publicações processuais, assumi essa responsabilidade.

Bom, era um marco na história de uma menina/mulher aos seus 21 anos de idade, ainda cursando a faculdade. Estava muito feliz com as minhas incumbências, mas sempre esbarrava na ideia de que chegaria um ponto em que aquilo não seria mais o suficiente para mim. Eu queria e tinha potencial para muito mais.

Eventualmente, fui convidada para ocupar um cargo de coordenadora em um grande escritório de advocacia no Sul de Minas, a 394 km da cidade em que eu morava, Belo Horizonte. Quanta felicidade e surpresa! Eu mal conseguia me conter.

Não era um simples desafio de coordenação, mas sim de iniciar um setor do zero com o meu conhecimento e prática para gerenciar uma equipe de quase 30 advogados. Uma oportunidade que fez os meus olhos brilharem, mas com um peso enorme de tudo que teria de deixar para trás para abraçar esta dificuldade e um peso maior ainda das responsabilidades e problemas que eu enfrentaria.

Lembra-se da minha coordenadora que saiu da empresa e eu assumi o seu lugar? Ela foi importante na minha decisão. Eu tinha apenas 22 anos, estava terminando a faculdade e não imaginava que aquela oportunidade mudaria toda a minha vida.

Quando recebi a oportunidade, não seria um problema não estar formada, o meu currículo e experiência eram o que importava. Estava muito indecisa em deixar toda a minha vida, família, relacionamento e amigos, tudo que era a minha base. Eu precisava escutar alguém experiente da área, foi quando liguei para essa minha coordenadora e contei sobre o convite que recebi para ouvir o seu conselho.

Prontamente ela disse que eu tinha capacidade, para eu não deixar essa oportunidade ir embora. E assim, em um ato de coragem, mesmo com medo, eu deixei tudo para trás e em 15 dias me mudei para o Sul de Minas. Mergulhei de cabeça no mundo do Compliance. Trabalhando com empresas de diversos setores, desenvolvi uma compreensão profunda dos desafios enfrentados pelas organizações na conformidade com regulamentos complexos.

Desafios e Conquistas

Ao longo da minha jornada, enfrentei vários desafios. Lidar com a resistência interna da equipe às mudanças, convencer as lideranças da importância do Compliance e equilibrar as demandas regulatórias com as necessidades operacionais foram apenas algumas das dificuldades que enfrentei.

No entanto, não me deixei abater. A determinação e a paixão pelo que fazia me impulsionaram a superar obstáculos e a encontrar soluções inovadoras para os problemas que surgiam no caminho.

A Ascensão Profissional

Com o tempo, o trabalho árduo começou a dar frutos. Minha

reputação como *controller* jurídico cresceu, e eu fui reconhecida como uma líder na área.

O Compliance contribuiu diretamente para a integridade, transparência e responsabilidade dentro da organização, destacando suas funções e os benefícios resultantes. No ambiente corporativo contemporâneo, as organizações enfrentam uma crescente pressão para operar com altos padrões de ética e transparência. A implementação de programas de Compliance tornou-se uma ferramenta essencial para alcançar esses objetivos.

Nessa posição, tive a oportunidade de implementar programas de Compliance de ponta e influenciar a cultura organizacional em direção a uma maior integridade e responsabilidade. Meu trabalho não apenas ajudou a empresa a cumprir suas obrigações legais, mas também a se destacar como um exemplo de boas práticas corporativas. Descrevo a seguir algumas maneiras específicas pelas quais o Compliance contribuiu para esses valores:

1. Integridade

A integridade corporativa é fundamental para a construção de uma cultura organizacional sólida e confiável. O Compliance desempenha um papel crucial na promoção e manutenção dessa integridade de várias maneiras:

1.1. Códigos de Conduta e Políticas Internas

Os programas de Compliance estabelecem códigos de conduta que definem claramente os padrões éticos e comportamentais esperados de todos os membros da organização. Essas diretrizes fornecem um quadro de referência para que os funcionários tomem decisões alinhadas com os valores da empresa.

1.2. Treinamento e Educação

O Compliance envolve a implementação de programas de treinamento contínuos para garantir que todos os funcionários compreendam e internalizem as normas éticas da empresa. Esse treinamento, além de informar, também encoraja a adesão aos padrões estabelecidos.

1.3. Auditorias Internas e Externas

Realizar auditorias regulares é uma prática comum dentro dos programas de Compliance. Essas auditorias verificam se os procedimentos e práticas operacionais estão alinhados com os padrões éticos e regulamentares. Além disso, identificam áreas de melhoria, ajudando a prevenir desvios de comportamento.

2. Transparência

A transparência nas operações e na comunicação é vital para estabelecer e manter a confiança de todas as partes interessadas. O Compliance contribui significativamente para a transparência organizacional através de vários mecanismos:

2.1. Relatórios e Divulgação

Um aspecto central do Compliance é a exigência de relatórios financeiros e não financeiros precisos e oportunos. Isso inclui a divulgação de informações relevantes para acionistas, investidores, reguladores e o público em geral. A precisão e a clareza desses relatórios são essenciais para a transparência.

2.2. Comunicação Clara e Aberta

O Compliance promove a criação de canais de comunicação claros e abertos, permitindo que os funcionários relatem problemas e práticas inadequadas sem medo de retaliação. Esses canais incluem *hotlines* de denúncia e políticas de portas abertas.

2.3. Monitoramento e Controle

Implementar sistemas de monitoramento e controle é uma prática essencial para assegurar que todas as operações da empresa sejam transparentes. Esses sistemas ajudam a detectar e corrigir quaisquer irregularidades de forma proativa.

3. Responsabilidade

A responsabilidade dentro das organizações é crucial para assegurar que todos os membros da equipe sejam responsáveis por suas ações. O Compliance desempenha um papel chave em estabelecer e reforçar essa responsabilidade:

3.1. Responsabilização Individual

Os programas de Compliance definem claramente as responsabilidades de cada funcionário, assegurando que todos saibam quais são suas obrigações. Essa clareza ajuda a criar um ambiente onde cada indivíduo é responsabilizado por suas ações.

3.2. Mecanismos de Denúncia

A criação de mecanismos seguros e anônimos para denúncias de irregularidades é um componente fundamental do Compliance. Esses mecanismos permitem que os funcionários relatem comportamentos inadequados, garantindo que essas questões sejam investigadas e tratadas de maneira justa e eficiente.

3.3. Ações Corretivas

Quando irregularidades são identificadas, é essencial ter processos estabelecidos para investigação e correção. O Compliance assegura que ações inadequadas sejam tratadas de forma justa, com medidas corretivas adequadas e, quando necessário, com sanções disciplinadoras.

Benefícios Gerais do Compliance

Redução de Riscos: o Compliance minimiza os riscos de fraudes, corrupção e outras atividades ilegais, protegendo a reputação e a saúde financeira da empresa.

Confiança do Mercado: um forte compromisso com Compliance aumenta a confiança de investidores, clientes e parceiros comerciais, fortalecendo a posição da empresa no mercado.

Cultura Organizacional Positiva: o Compliance fomenta uma cultura organizacional baseada em valores éticos sólidos, o que pode levar a maior satisfação e retenção de funcionários.

Sustentabilidade a Longo Prazo: empresas com programas de Compliance robustos estão melhor preparadas para enfrentar mudanças regulatórias e desafios do mercado, garantindo sua sustentabilidade a longo prazo.

Destarte, o Compliance é mais do que um conjunto de regras e regulamentos; é uma filosofia de gestão que promove a integridade, transparência e responsabilidade dentro das organizações. Ao implementar programas de Compliance eficazes, as empresas não apenas evitam problemas legais e financeiros, mas também constroem uma cultura organizacional forte e ética que sustenta o sucesso a longo prazo. A integridade, a transparência e a responsabilidade são pilares que, sustentados pelo Compliance, permitem às organizações prosperar em um ambiente de negócios cada vez mais complexo e regulado.

O meu Legado

À medida que avançava na carreira, nunca perdi de vista os meus valores fundamentais. Sempre me esforcei para inspirar e mentorar outros profissionais que compartilhavam sua paixão pelo jurídico e o Compliance.

Hoje, o meu legado vive não apenas nas políticas e procedimentos de Compliance que implementei, como também nas pessoas que influenciei ao longo da minha jornada. Minha trajetória é um testemunho do poder da determinação, da ética e do compromisso em fazer a diferença no mundo empresarial.

Há um ano eu pude encerrar a minha jornada na área jurídica e ter a sensação de dever cumprido. Embarquei em um desafio incrível de ser empresária no mercado financeiro.

Utilizo os aprendizados e práticas de Compliance adquiridos no mundo jurídico para adentrar no mercado financeiro, para demonstrar uma visão holística e uma abordagem responsável em minha nova empreitada.

O mercado financeiro, como bem se sabe, é extremamente sensível e requer um compromisso absoluto com a integridade e transparência. Minha experiência prévia na área jurídica, aliada ao meu empreendedorismo, certamente me preparou para enfrentar os desafios e oportunidades que surgem neste novo cenário.

É inspirador ver como estou me adaptando e explorando o melhor de mim mesma nesse novo desafio. A busca pela excelência e pela integridade é um reflexo do meu compromisso em fazer a diferença, para mim mesma, para aqueles ao meu redor e para a comunidade empresarial como um todo.

Que este novo capítulo da minha vida empresarial seja repleto de sucesso, aprendizado e crescimento contínuo. Estou ansiosa para ver como vou moldar e transformar o mundo financeiro com minha visão única e abordagem íntegra. Que cada passo que eu possa dar seja guiado pela ética, pela responsabilidade e pelo desejo de criar um impacto positivo no mundo. O próximo capítulo está repleto de possibilidades, e mal posso esperar para viver uma jornada extraordinária continuar a se desdobrar.

Trajetória de Conformidade: desafios, descobertas e a arte do Compliance na prática

Brenda Mendes

[Na]scida em Tubarão, Santa Catarina, formada em [A]dministração e Gestão Pública, com MBA em Finanças pelo IBMEC e Gestão Orientada a Processos pela PUC-Rio. Certificada em Compliance pela FGV e LEC em Compliance – CPCA, em ESG e Proteção de Dados, no IBGC Governança e Compliance, ISO 9001 e COSO pela QSP, ganhadora do prêmio: Empresa Impulsionadora do Empreendedorismo Feminino no Rio de Janeiro (março de 2024), Fundadora da Consulto Mentoring (www.consultomentoring.com.br e @consultomentoringoficial) e CCO na Bayo – Controle de vetores e pragas urbanas.

LINKEDIN

Sobre a Brenda

Difícil e complexo falar de mim, mas de antemão como não citar minha infância recheada de travessuras, descobertas e um tanto de ralados nos joelhos, de personalidade forte e um tanto cômica que interagia de forma popular na escola e no prédio no qual fui criada, nascida em Tubarão (SC) e criada no Rio de Janeiro capital? Assim iniciava a primeira mudança de vida, ainda na infância. Na adolescência os desafios com a mudança de corpo, o primeiro amor e a grande questão: Qual faculdade escolher? O que ser quando crescer? (na verdade já tinha crescido e não tinha escolhido nada), a escolha precisava estar vestida de certezas e acertos, **mudar de profissão não era opção**, então aqui começa uma jornada chamada: ENFERMAGEM! Sim, acreditem. Fiz técnico de Enfermagem no ensino médio e entendi por bem fazer a faculdade, que não iniciei, pois, no meio do circuito, engravidei do meu unigênito, precisei trabalhar, "recalcular a rota" e prioridades da fase presente.

Comecei a cursar Administração de Empresas numa faculdade próxima da minha casa na época, porque tinha o preço mais acessível. Vocação? Não, nem pensei sobre isso. Fui "tomando gosto", até que participei de um processo seletivo na renomada FGV (Fundação Getulio Vargas), passei (**primeira mudança de profissão em menos de quatro anos**, risos...) e comecei como analista de processos, com o foco, disciplina e um fator chamado necessidade. Iniciei Gestão Orientada a Processos na PUC (Pontifícia Universidade Católica – Rio), onde minha professora Claudia Barbará foi uma inspiração para me aperfeiçoar. Na sequência surgiu uma oportunidade de transferência para o Distrito Federal pela FGV como Gerente de Processos na área pública, com isso volto para a faculdade já morando em Brasília, cursei Gestão Pública e, perto do término, começo um MBA de Finanças pelo IBMEC.

Sim, foram muitos desafios em um pequeno período, muitas coisas pra estudar, aprender, me desenvolver e responder. Não foi fácil, quantas noites estudando leis, normas, fazendo cálculos, desenhando processos, enquanto via meu filho crescendo e dormindo ao meu lado; pode parecer comum, mas viver esses dias me fez uma mulher disciplinada e com a certeza de que aquele momento era só o começo do que me tornaria, do que estava por vir, não sabia ao certo para onde estaria indo, mas sabia que ali era um ponto de partida importante, e que incrível e enriquecedor foi poder ter desfrutado dessas oportunidades que me forjaram até aqui.

Tive o privilégio de conhecer o Conselheiro Jorge Roldão, que foi meu superior neste período na área pública e que em meio a uma "entrega de resultado e performance" me disse a seguinte frase: **"Você é Compliance?** Ou já fez algo a respeito?" Eu pensei "o que é isso?", e respondi: "Ainda não, por quê?" Ele respondeu com sua entonação firme: "Tem perfil, tanto com conformidade e transparência, quanto com blindagem de riscos, você entende de gestão, estude sobre o tema". Eu disse: "Obrigada, o farei". E imediatamente corri para o banheiro para pesquisar o significado da palavra (risos). Finalizando o MBA na fase do TCC, comecei alguns cursos como COSO, certificação da ISO 9001 – Gestão de Riscos, até que cheguei na LEC – Legal Ethics Compliance em São Paulo, fiz certificação de Compliance, na época turma 7, entre cursos de Investigação Interna, Implantação e Execução do Programa de Compliance, cursos em vários lugares, todos no entorno dos pilares de Compliance e a **paixão pela primeira vez aconteceu** no primeiro curso. Na sequência eu já estava fazendo Compliance de forma involuntária no meu setor pelo simples fato de não lembrar como **NÃO FAZER O COMPLIANCE** no dia a dia, foi então que entendi que seria necessário, obrigatório e, dessa vez, prazeroso **mudar MAIS UMA VEZ DE PROFISSÃO**, apesar de que sempre digo, gestão de processos, finanças e toda parte de gerência e executiva que exerci me fizeram ser a Compliance que sou hoje, o "faro" da desconformidade legal financeira, executiva de imagem (reputação) e de riscos me acompanham há uma década. A diferença hoje é como gerenciar esses pilares, dividir as responsabilidades e atingir a performance esperada. Essa transição me fez deixar de ser CLT na FGV, pela qual sou e serei eternamente grata pelas oportunidades e agradeço, claro, ao Roldão, que me apresentou o Compliance, e entendi que era a hora de um novo desafio: voltar para o Rio de Janeiro, **abrir minha empresa** de Consultoria e Gestão e assim fiz, mais uma vez virando noites sem parar, estudando e vendo meu filho se tornar um rapaz em meio a tantas mudanças, transições e desafios, nesse meio-tempo precisei fazer algumas cirurgias estando tanto no DF quanto no Rio de Janeiro e o que não me deixava de fato pensar em ter medo eram as certificações que estava fazendo, as formas e métodos que sentia necessidade de aprender o quanto antes, metas e resultados que precisava alcançar. Em função do Compliance estava focando crescer e me desfocando dos medos e diagnósticos não tão bons nessa fase de transição.

Sobre o Compliance: deparar-me com o Compliance no primeiro curso me fez, além da paixão instantânea, entender que **não ser advogada** seria um fator relevante para que eu ingressasse na carreira. Na época, todas as turmas eram recheadas de profissionais do jurídico, na maioria homens e eu, como minoria, mulher e executiva, já podem imaginar as dificuldades e barreiras que encontrei para "me enturmar" e até mesmo tirar algumas dúvidas. Eu olhava para as leis como uma forma de aplicação preventiva e não de comunicação e correção, as provas com inúmeras perguntas sobre leis e suas penalidades, documentos de instrução com regras e ponto de atenção, o que não foi fácil, mas eu já estava treinada em virar noites estudando com a certeza de que a aprovação não era uma variável e sim a confirmação de tudo que estava vivendo até ali se fazia necessário para eu ser o melhor na minha carreira, para meus clientes. Consegui uma a uma e cada uma delas fortalecia minha entrada no mercado, somado a **tudo de "diferente"** que a minha trajetória oferecia junto à maioria que já fazia parte do Compliance.

Nunca enxerguei o Compliance apenas como jurídico, mas sim como Gestão, via um potencial enorme para um Compliance Estratégico, preventivo, que de fato se anteciparia não somente às desconformidades legais, como também às desconformidades financeiras, operacionais (que têm espaço para variações e dimensões de coisas erradas) e visando a imagem da organização que gera reputação e credibilidade. São esses os critérios que **uso hoje** como pilar para construir e implantar um Programa de Compliance efetivo, em que todos na organização, independentemente do tamanho e nicho de mercado, vão entender seus deveres, direitos, respaldos e todos os benefícios que é ter essa área como parte da estrutura.

No início tinha esse norte, mas não sabia como estruturá-las até chegar nesse formato, minhas dúvidas eram de **"fazer o Programa acontecer"**, eram latentes e densas, vinha de uma trajetória de metas, prazos, performances, fluxos bem definidos com controle e transparência e pensava: como colocar o Compliance na prática de forma preventiva e a corretiva com base no mapa de riscos, já com plano de medidas e ações para cada um deles? Essa virada de chave, não vou mentir, foi no tato, literalmente seguindo os pilares, olhando para a empresa e imprimindo minha experiência no mercado quanto a desconformidades, gargalos, probabilidades, impacto, indicadores de monitoramento, até de fato o meu Programa ganhar o formato definido, adequado e assertivo do que era pra ser feito, aonde era preciso chegar e quais resultados atingir.

Uma professora que tive como um espelho era Alessandra Gonsales, revia suas aulas, acompanhava seu LinkedIn, até que fui num congresso e consegui sua assinatura no Manual do Compliance, em 2018. Começar a olhar para minha área crescendo como cultura, em literatura, mais mulheres atuando, sua importância nas empresas e até mesmo de mais profissionais de outras formações me traz muita alegria, nosso país é uma das maiores economias do mundo, com uma escala de confiabilidade mundial delicada e o Compliance é essencial e necessário para ocupar o seu lugar e fazer a devida diferença perante as organizações públicas e privadas, de médio, grande porte ou multinacional, de capital aberto ou fechado. O Compliance é para todos, combate parte da cultura do "jeitinho", pois a cultura de boas práticas com base na conformidade não deixa espaço para este tipo de "negociação". Poder entrar nas empresas onde as pessoas já tenham ouvido falar do Compliance e suas competências é algo satisfatório, ainda que as definições não sejam tão acertadas e adequadas. Acreditem que já ouvi a seguinte pergunta: "É verdade que o Compliance é o dedo duro que prende e demite?" Claro que não! Entre outras perguntas um tanto fantasiosas sobre o conceito entendi que meu papel, além de fazer meu trabalho como parte do corpo organizacional, era "educar" as pessoas sobre a definição, conscientizá-las da importância e benefícios do Programa de Compliance em seus ambientes, como usá-lo, de que formas nos acionar e fazer ruir a imagem de que o Compliance é inacessível. **Onde o Compliance previne, detecta, remedia e recomenda, não toma a decisão, executa ações mediante alguns documentos pré-estabelecidos e solicitações do Conselho de Administração na direção da maturidade cada vez mais sólida de uma Governança bem estruturada que blinda riscos e consolida uma nova cultura.** Sem parar de buscar o melhor na Conformidade, recentemente pude desfrutar de grandes escolas, uma delas o IBGC, onde tive o privilégio de conhecer a profa. Aline Ribeiro, que me auxiliou em abordar o assunto Gestão de Crise e a quem sou muito grata.

Compliance na prática

Como já mencionei, o meu início não foi fácil, mas acredito

que o da maioria também não tenha sido, contudo, está sendo um prazer poder compartilhar com você, leitor, a minha trajetória e agora poder falar um pouco mais das técnicas voltadas para o dia a dia do "fazer acontecer" a Conformidade. Primeira coisa que eu faço é pesquisar sobre o cliente, sua imagem, seu nicho, suas particularidades e ouço sobre qual benefício ele quer obter, de forma específica e pragmática; esse levantamento é a base que eu tenho pra sinalizar por onde começar a levantar os POPs – Procedimento Operacional Padrão, nas três esferas (estratégica, tática e operacional). Estruturar os pilares, implantando com métricas de aculturamento, até a fase de revisão para ajuste e maturação, em breve abordarei melhor os pilares num formato passo a passo de instrução para o dia a dia. Os pilares hoje são dez: Suporte da Alta Administração, Avaliação e Mitigação de Riscos, Código de Conduta e Políticas de Compliance, Controles Internos, Treinamento e Comunicação, Canais de Denúncia e Comunicação, Investigações Internas, Due Diligence, Auditoria e Monitoramento e Diversidade e Inclusão. Todas as leis que envolvem o Compliance precisam espelhar o programa, uma em particular, o Decreto 11.129/2022, no seu art. 57, me fez ter a certeza de que todas as ações e medidas preventivas que vinha fazendo como gestão e controles internos para blindagem de riscos e monitoramento das atividades estavam corretas. Construir processos, documentos, controles e treinamentos para cada pilar é essencial, na fase da implantação principalmente, para que a cultura de novos hábitos, práticas e atividades se integrem mais facilmente nesta rotina (departamentos), olhar no olho mostrando os avanços e benefícios do programa para todos em cada etapa é crucial para uma implantação coesa e fluida. Na matriz de riscos, por exemplo, precisamos de critérios estabelecidos para mensurar o grau de prioridade dos riscos mediante o impacto x probabilidade, em seguida determinamos os atores, tratativas, controles e métricas de monitoramento, para a periodicidade acordada, a revisão olhar para a base inicial ou histórica. Gostaria de abordar tópicos muito abordados como parte da Governança, entre outros debates sobre isso no mercado, deixo a abaixo minha opinião quanto a estas.

Hoje, quando olho para a **LGPD**, no discorrer da lei em instruções e obrigatoriedade, é um programa que representa e instrui tanto a integridade como a conformidade, precisa se responsabilizar com a segurança, privacidade, confidencialidade e proteção dos dados, costumo usar na maioria dos documentos em todos os pilares instruções, diretrizes, regra e definições quanto a esta lei, entendendo que o Compliance vem para a proteção da empresa, acionistas e colaboradores, como os dados, informações pessoais e sensíveis dessas categorias não têm o olhar cuidadoso dessa ferramenta? Construo políticas direcionadas, treinamentos intencionais para o tema e sua importância, e reforçando com periodicidade o monitoramento em parceria com a área de Tecnologia da Informação e o jurídico, trazendo exemplos práticos em que os colaboradores entendam suas responsabilidades, obrigações e o nosso compromisso em proteger e informar a todos quanto ao uso devido em manipular os dados.

E o EGG?

Faz parte do compromisso desta área? Faz parte de medidas, tratativas, comunicações e remediações quanto no que tange a uma "cultura de agir de acordo com as regras? O bem-estar de todos e a consciência socioambiental faz parte da nossa obrigação ou pilar? Pois bem, estou me dedicando a falar sobre essas perguntas e outras dúvidas numa outra obra, mas de antemão acredito que sim, nós profissionais do Compliance precisamos estar comprometidos com as mudanças, as leis e principalmente com as pessoas e como elas vêm se desenvolvendo a nossa volta, como podemos contribuir para o cuidado e zelo com as pessoas no nosso ambiente interno (empresa e governança) e externo (social e ambiental)**, promover mudanças sustentáveis que tragam uma nova forma de ser, fazer e estar em mim, em todos e nos lugares que compartilho, é isso que acredito.**

As práticas que vou dividir aqui, por exemplo, são baseadas em: quem vai ler os documentos que vou elaborar? Quem vai executar as orientações e regras estabelecidas? Transpor o que está escrito para a realização no dia a dia está definido? Ao colocar e controlar determinados indicadores está explícito para área quais métricas atingir ou realizar? Qual acompanhamento e atenção adequados preciso fazer nessa fase de transição com as áreas? Como tenho envolvido os gestores na construção de determinados documentos, medidas e indicadores? É, são essas e inúmeras outras perguntas que me faço quando estou implantando um pilar, construindo um documento e direciono aos colaboradores que executam (pra mim, são os *complianceres*) a conformidade, precisa estar acessível para todos, de fácil entendimento, que facilite o desenvolvimento e maturação do programa gerando valor para toda a empresa e não um programa "para inglês ver".

Atualmente, estou imersa em alguns novos cursos, certificações e buscando o melhor para me aperfeiçoar, assim junto com meu time, para os meus clientes entregando o melhor, sendo melhor, entendendo melhor as mudanças e o movimento a todo instante que o mercado vem fazendo na direção de um Programa atento do lado de "dentro" e principalmente do lado de "fora", como nosso compromisso com o socioambiental, com o nosso público no entorno de nossas instalações, como contribuir melhor nas tomadas de decisão da Alta Administração em frente do preventivo, aos novos começos e principalmente no momento delicado de correção e crise. Olho para o Compliance como um suporte para toda empresa que se importa, suporta e se faz necessário e precisa ser proativo, estar engajado e engajar as demais áreas, ser membro do corpo organizacional.

Agradecimento

Ao Senhor Jesus pelo favor, graça e misericórdia em todo o conduzir da minha trajetória, abertura de portas e pessoas especiais com que pude cruzar ao longo desse período e todos que me apoiaram com Compliance, com a abertura da minha empresa, aos meus clientes e parceiros e, claro, todos os citados acima.

Como uma decisão pode mudar o seu futuro

Bruna Baccini

Profissional Sênior de Compliance e Investigação, atualmente responsável pelo Programa de Compliance de uma das maiores companhias aéreas brasileiras (GOL). Vasta experiência na implementação de Programas de Compliance, considerando os requisitos das legislações nacionais e estrangeiras anticorrupção, incluindo a realização de avaliações de risco baseada na cadeia de valor, elaboração e revisão de políticas e procedimentos internos, definição de planos de trabalho relacionados à comunicação, cultura organizacional, treinamentos nos diferentes níveis organizacionais, auditoria e monitoramento, diligências de integridade e investigações internas e tratativa com as autoridades nacionais e estrangeiras no âmbito de Compliance Anticorrupção.

"Seu sucesso é resultado das suas decisões. Decida dar o seu melhor sempre, que o reconhecimento e as realizações acontecerão naturalmente."

Se em meados de 2006, ano em que finalizei o ensino médio, me falassem que estaria onde estou hoje, certamente não acreditaria. E não por não acreditar no meu potencial, mas porque nunca me imaginei trabalhando com Compliance. Naquela época não fazia a menor ideia do que era Compliance, apesar de ser um conceito amplamente difundido no mercado corporativo no exterior, afinal, a legislação americana data de 1970, no meu universo limitado e com 17 anos, nunca sequer tinha escutado essa palavra.

Iniciei no mercado de trabalho com essa idade, sem ter certeza do que seria no futuro, de qual carreira escolheria, qual faculdade cursaria, que função exerceria e todas as milhares de dúvidas que pairam sobre iniciantes nesse mundo corporativo. Na época, ainda para piorar minhas dúvidas, estava completamente frustrada, pois não consegui passar na universidade e no curso que tanto almejava.

Naquele momento, tomei a primeira decisão que mudaria para sempre a minha vida e trajetória profissional. Estávamos próximos do final do ano, época em que adorava o ritual de escolher presentes para minha família, mas estava sem dinheiro, sem minha vaga na universidade e recentemente assombrada por um acidente de moto ocorrido na família que quase levou uma prima embora.

Coloquei na cabeça que precisava achar um emprego, que estava chegando perto dos 18 e não tinha como ficar apenas no cursinho para entrar na faculdade. Parte desse sentimento foi pela vontade de ganhar minha independência financeira e, com isso, ter meios próprios para comprar os presentes que queria e parte para ajudar meus pais, um ponto que sempre achei importante e de certa forma minha obrigação, considerando tudo que eles fizeram por mim e pelas minhas irmãs.

Existe um velho ditado que diz algo parecido com *"a oportunidade não bate na mesma porta duas vezes"*, mas aprendi que na verdade somos nós que criamos as oportunidades, nos arriscando ao mundo do incerto e aproveitando os caminhos que a vida nos proporciona. E foi aí que a oportunidade veio, no meio daquele caos de sentimentos, um tio me ofereceu um trabalho temporário.

Aceitar esse trabalho hoje reconheço como uma das decisões mais acertadas da minha trajetória e que me levaram ao início da minha jornada até chegar ao Compliance. Medos? Tinha vários, pois mesmo que por um período temporário e para fazer algo que nunca tinha feito na vida existiam diversos receios. Resumindo a história, aceitei fazer um trabalho temporário e acabei no meu primeiro emprego, onde iniciei minha história no mercado corporativo.

Até hoje dou risada dessa história com esse tio, pois fui trabalhar para ele, mas nunca realizei qualquer atividade para ele, exceto transferir ligações. Por me colocar à disposição no momento certo, mesmo com todos os medos que tinha na época, e por tentar me arriscar fui contratada pela gerente Financeira, me tornando recepcionista.

Recordo-me da sensação de satisfação ao ter a minha

mesa, meu computador, minhas tarefas. Para alguns pode ser bobo, mas naquele dia foi uma das minhas maiores realizações. Para quem tinha acabado de começar a entender o que era trabalhar, me arrisquei de diversas formas, assumi novas tarefas e ampliei meu conhecimento naquele ambiente, atitudes que me proporcionaram algumas promoções no período de quatro anos.

Nessa experiência, tive meu primeiro contato com mecanismos relacionados ao Compliance; apesar de não conhecer esse conceito especificamente, foi onde aprendi a realizar a gestão de sistemas de qualidade, criar e revisar normas corporativas, criar o código de conduta e onde obtive meu primeiro contato com uma empresa Big4[1] do mercado de Consultoria e Auditoria. Esse contato foi essencial para a minha jornada até o universo de Compliance.

Novos ares

As experiências que tive nessa empresa foram fundamentais para a minha carreira, pois, apesar de ter feito um pouco de tudo, amadureci absurdamente, fui desafiada em diversos aspectos e criei o hábito de sempre querer mais. Aprender mais uma tarefa, me arriscar com coisas novas, perguntar os porquês, ser transparente ao dizer que não sabia e me colocar à disposição para aprender; todas essas atitudes foram guiando meus próximos passos.

Logo que comecei a trabalhar, também entrei na faculdade de Direito e conheci outros mercados que me fizeram querer mudar o rumo da minha trajetória. Acabei no mercado imobiliário em uma experiência totalmente diferente daquela que tive por quatro anos.

Sem ter consciência disso na época, mais uma vez estive

---

[1] Conceito de Big4 – Quatro maiores empresas do mercado global no ramo de Consultoria e Auditoria.

em contato com outros mecanismos de Compliance, pois parte das minhas atividades como assistente jurídico nessa nova empresa era realizar diligências (ou nossos famosos mecanismos de *Background Check* e *Due Diligence*[2]), focadas em identificar riscos para as transações imobiliárias.

Durante um tempo, fui muito feliz nesse ambiente, cresci, fui reconhecida, criei minha reputação na empresa, mas ainda não era o suficiente. Em determinado momento me senti estagnada, não enxergava novos desafios, minhas atividades eram sempre as mesmas e me peguei completamente desmotivada e frustrada. Alguns podem dizer "mas você optou por fazer essa transição, não faz sentido ficar frustrada". Mas fica a minha provocação: quantos de nós não se viram em ambientes ou exercendo atividades que não nos motivam, que não nos satisfazem profissionalmente? Lembrem, até alguns anos antes dessa experiência, eu não fazia ideia do que queria ser ou fazer na minha carreira profissional.

O sentimento de frustração e falta de motivação me consumiram na época, gerando consequências médicas e uma internação por causa de *stress*, um quadro completamente anormal para um adulto de 23 anos. Recordo-me de refletir sobre as palavras do médico durante a minha estadia no hospital, questionando tudo o que eu fazia, como fazia, qual era a minha rotina, coisas que não achava importantes para explicar o motivo de estar ali.

E, nesse momento, tomei a segunda melhor decisão. Ao receber alta do hospital com a notícia do médico que todo esse transtorno foi realmente causado por *stress*, me deparei com algumas questões que precisaria endereçar. A primeira, procurar uma psicóloga para me ajudar com questões emocionais e a segunda, mudar de emprego.

---

[2] Background Check: Verificação de histórico; Due Diligence: Devida diligência.

Como o Compliance chegou para ficar

Seguindo as orientações médicas, após meses de terapia, preocupações, nervosismo, novos medos, resolvi participar do processo seletivo para me tornar *trainee* naquela empresa Big4 de Auditoria e Consultoria. A mesma que conheci na minha primeira experiência profissional. Li a respeito da empresa e vi que era multinacional com ampla operação no mundo, um universo totalmente diferente daquele a que estava acostumada, mas que despertou uma faísca de motivação e curiosidade.

Vejam, tive que superar algumas questões internas, porque esse passo incluía também dar um passo para trás na carreira, pois voltaria a ser uma *trainee*. E sabe o que é mais incrível nesse processo? Eu nem sabia da existência de uma área específica da empresa que lidava com projetos de Compliance e Investigação de Fraudes.

Aqui vale relembrar algumas questões pessoais, pois na minha infância adorava ler livros de ficção policial, a sensação de descobrir durante a leitura quem era o criminoso era adorável. Adicione a isso minha admiração pela legislação criminal voltada para o mundo corporativo, com seus crimes de colarinho branco[3], imediatamente ao descobrir a possibilidade de atuar com atividades relacionadas a essa antiga paixão, selecionei a área de fraudes e investigação, imaginando como seria meu trabalho.

Naquele processo, durante uma simples prova prática, tomei a terceira decisão mais acertada da minha carreira e que mudou a minha vida para sempre. Aproveitei a oportunidade no momento certo e tudo isso, a opção de fazer o processo seletivo, a busca por algo novo, a coragem de reaprender, foi resultado dos meus esforços de sair da zona de conforto e me trouxeram de fato para o universo do Compliance.

---

[3] Crimes de colarinho branco: O crime do colarinho branco (ou crime corporativo, mais corretamente) refere-se ao crime não-violento, financeiramente motivado, cometido por profissionais de negócios.

Primeira lição de vida aprendida

Por mais que o mercado de trabalho seja complexo, ainda com esses paradigmas de melhores faculdades, que quanto mais certificados e idiomas no seu currículo melhor, a minha maturidade um pouco maior do que a dos demais que estavam concorrendo à vaga e minha vontade e honestidade de aprender algo novo, fizeram com que eu fosse uma das cinco escolhidas para ser *trainee* dessa área de fraude e investigações que, na época, estava em plena ascensão, pois em 2014 estávamos no auge da Operação Lava Jato no Brasil.

Se eu pudesse contribuir com alguma dica para as profissionais nesse mercado de trabalho, que se encontram na mesma situação que eu estava de constante frustração, desmotivação e muito medo, é: pesquisem, definam suas metas, reflitam sobre os seus sonhos, o que você gostaria de ser e fazer, não se acostumem com o mínimo. Movimentem a energia ao redor de vocês, o universo de fato conspira para nos colocar nos lugares certos, nos momentos exatos.

Hoje vejo que as mulheres mais jovens podem buscar em ferramentas como o LinkedIn profissionais da área em que pretendem trabalhar e buscar dados práticos sobre aquela profissão. Aproveitem o que a tecnologia nos trouxe, participe de eventos gratuitos, pesquise sobre as carreiras disponíveis, que tipo de ferramentas existem, metodologias e conhecimentos que você precisará em cada área de atuação, o que você gosta ou gostaria de fazer, quais carreiras mais se aproximam dos seus sonhos. Converse com profissionais que tenham bastante experiência nessas áreas, entenda como é a rotina deles, o que fizeram ou deixaram de fazer para chegar até ali, avalie se você consegue se enxergar em algum desses profissionais. Não tenha medo de ousar, aprender e reaprender.

Existe uma frase famosa que diz algo parecido com *"Insanidade é continuar fazendo a mesma coisa e esperar resultados diferentes"*, atribuída ao nosso famoso Albert Einstein. E eu posso afirmar que essa frase é totalmente verdadeira. Na minha busca por algo novo, trilhei meu caminho para novos resultados e cheguei no universo de Compliance.

Por que o mercado de Compliance?

Conheci esse ambiente de Compliance de certa forma por acaso, pois, na minha ingenuidade e ignorância sobre o tamanho e amplitude do mercado de trabalho, não fazia ideia da existência de oportunidades relacionadas a essa área.

Quando comecei nessa empresa de Consultoria e Auditoria me vi numa situação de motivação extrema, pois participava de projetos de investigações de potenciais fraudes dentro de diversas empresas gigantescas do mercado.

Nessa vivência, ampliei de forma significativa meu conhecimento sobre esse mundo corporativo global e quais possibilidades ele poderia me proporcionar. E, hoje, agradeço por ter sido apresentada a esse mundo, pois descobri que poderia trabalhar e dedicar meus esforços para trabalhar com a tal de Integridade e, com isso, melhorar o ambiente corporativo.

Não foi uma tarefa fácil, me vi num ambiente com profissionais extremamente gabaritados, certificados, oriundos das melhores faculdades, fluentes em diversos idiomas e eu redescobrindo o que poderia ser o ambiente de trabalho. Foram diversas noites sem dormir em busca de conhecimento, desde ferramentas, conceitos, papéis de trabalho, livros, cursos gratuitos, cursos de idiomas, foi exaustivo durante muito tempo, a ponto de pensar em desistir em alguns momentos.

Foram muitos desafios superados, tanto profissionais

como pessoais e, com isso, muitas conquistas e finalmente meu objetivo alcançado. Consegui ter uma outra visão do mercado e, nessa transição, me apaixonei pelo universo de *Compliance*. Superei paradigmas pessoais e hoje posso afirmar que gosto do faço, me sinto desafiada e motivada e aprendo todos os dias de forma significativa.

Oportunidades

As oportunidades na área de Compliance são infinitas. Digo isso, pois a sociedade vivencia um momento em que finalmente as empresas conseguem enxergar o valor agregado de uma área de Compliance. Trabalhar com integridade não é uma tarefa simples, mas acredito que será cada vez mais demandado do mundo corporativo considerando as significativas mudanças que a sociedade tem enfrentado. A área de Compliance, na minha visão, será essencial para equilibrar e mediar as áreas internas das companhias e que trabalhará cada vez mais com governança corporativa.

Apesar da grande quantidade de profissionais no mercado focados em implementar Programas de Integridade, viu-se no profissional de Compliance uma oportunidade de usar o chapéu da Conformidade para apoiar todas as áreas das empresas. Somem-se a isso as diferentes áreas de atuação que uma área de Compliance pode proporcionar, as possibilidades serão inúmeras.

O poder da mulher em Compliance

Minha percepção é que as mulheres serão cada vez mais demandadas nesse ambiente, pois, como amplamente difundido e estudado, a mulher por si só consegue ter uma visão mais holística em diversas situações, incluindo no ambiente de trabalho. Essa nossa capacidade de atuação, em conseguir ter uma visão mais abrangente, fará com que sejamos cada vez mais fundamentais em áreas como a de *Compliance*.

Outro ponto, eu como mulher me identifiquei nessa área, pois atuo com Integridade, Segurança Corporativa, Capacitação, Mediação de Conflitos, Governança Corporativa, além de vários outros conceitos que me desafiam diariamente a me tornar uma profissional melhor. E, apesar de conhecer muitas mulheres em cargos de liderança nesse universo de Compliance, contribuindo com suas experiências e vivências, acredito que ainda tem muito espaço para outras darem continuidade ao trabalho que cada uma de nós tem desenvolvido.

A minha receita

Se eu pudesse traduzir em poucas palavras o segredo por trás da minha trajetória, eu diria que algumas palavras tiveram forte influência nessa trilha, "curiosidade, medo, conhecimento e superação". Essas palavras estiveram de alguma forma envolvidas em cada decisão que tomei ao longo da carreira, seja pela curiosidade em aprender algo novo, o medo de sair da zona de conforto, a busca incessante por novos conhecimentos e a superação pessoal e profissional de conseguir ultrapassar todos os obstáculos e desafios que me fizeram chegar até aqui.

Meu propósito nessa área é difundir cada vez mais o que a integridade nos negócios significa e, nesse processo, não só descobri uma paixão, que foi minha área de atuação, mas também a paixão por ensinar e disseminar conhecimento. O conhecimento é uma ferramenta altamente eficaz e acredito que pode mudar o mundo.

Quem faz o seu legado é você, seja um exemplo, planeje alto, não tenha medo de se posicionar ou de errar, faz parte do processo, comemore cada vitória, cada desafio superado, estude, aprenda, dissemine conhecimento, esteja preparada para as oportunidades que a vida pode lhe proporcionar, elas podem aparecer nos momentos mais inusitados da sua vida, procure o que o(a) faz feliz e tenha orgulho das suas conquistas, elas são mérito exclusivo de todos os seus esforços.

A lição só acaba quando o aluno aprende. Sou aprendiz!

Camila Bonetti

Com nove anos de experiência na área de Compliance, atuando em corporações multinacionais de grande porte nos segmentos de Infraestrutura, Saneamento e E-Commerce, construiu a carreira em Compliance e atua como gerente de Integridade no Grupo EPR. É bacharel em Direito pela Faculdade Diadema, possui MBA em Nova Economia: Liderança, Estratégia e Negócios pela PUC-MG, Gestão de Projetos pela FGV-SP, ESG na Prática pela ESPM, é certificada como auditora das ISOs 37001 Sistema de Gestão Antissuborno e 37301 – Sistema de Gestão de Compliance. Personalidade caracterizada pela fácil comunicação em todos os níveis em uma companhia, perfil multidisciplinar, capacidade de ouvir e reconhecer e gerenciar conflitos, visão estratégica de negócio orientada a resultados. Tem como propósito fomentar as boas práticas de governança corporativa, as relações éticas e processos íntegros como meios que impulsionam empresas sustentáveis. Profundamente apaixonada pela conscientização da cultura de integridade!

LINKEDIN

"Somos feitos daqueles que vieram antes de nós. Somos feitos de pessoas e histórias."

Não poderia escrever um trecho sequer deste capítulo sobre mim, sem trazer a minha família como raiz e a base de tudo o que sou e faço.

Dedico este capítulo a todas aquelas que vieram antes de mim. Eu as reconheço e honro em cada decisão que tomo. Em especial às minhas avós: Irene – avó paterna, e Aracy – avó materna.

Ambas vieram de diferentes partes do interior do Estado de São Paulo. Com forte descendência italiana, moraram e trabalharam na roça ainda crianças. Irene começou a trabalhar em cafezais e, ao atingir a maioridade, como auxiliar de enfermagem, na década de 60. Divorciada na década de 70, atravessou a ditadura militar dentro de hospitais e criou seu único filho, Gilson, sozinha. Aracy também começou a trabalhar bem cedo, estudou até a quinta série, seguiu os passos do meu avô para São Bernardo do Campo. Mãe de cinco filhos – quatro mulheres e um homem –, criou um império com o marido, mas não podia assinar absolutamente nada sozinha quando se tornou viúva, aos 40 anos. Na época, minha mãe, Renata, tinha 15 anos e meu tio mais novo, dez.

Os ciclos familiares sempre voltam, mas temos a plena capacidade de mudá-los

Também dedico este capítulo às minhas tias – Rosana, Rosângela e Sandra –, primas Marcela, Giovanna, Eduarda e Olívia, à minha irmã-amiga Gabi e minha cunhada Bianca. Venho de uma família de mulheres fortes, pouco emocionais. Talvez isso explique características pessoais como resiliência, coragem e responsabilidade.

Meus pais – Gilson e Renata – sempre foram pessoas humildes. Foram casados durante seis anos. Juntos, tiveram eu e meu irmão e melhor amigo, Guilherme. Após a separação, minha mãe se casou novamente e nos presenteou com a Gabriella.

Moramos a vida inteira em uma casinha em São Bernardo do Campo que, com muito esforço – quando a vida começou a melhorar para todos nós em casa, após 29 anos – em 2019 – minha mãe comprou da minha avó e dos irmãos dela.

Minha mãe, minha referência e uma das pessoas mais batalhadoras que conheço, nos criou com muito esforço e dedicação como bancária. Na época das vacas bem magras, lembro-me dela almoçar pastel para trazer o jantar para casa. Dona de um coração gigante, fez tudo que podia para nos dar a melhor educação e cobrava as melhores notas na escola. Então, o medo de decepcioná-la sempre foi grande. Daí surgiu minha paixão pela leitura na adolescência e a vontade de me interessar por diversos assuntos.

Desistir não era uma opção

Aos 13 anos comecei a trabalhar em *buffet* de casamentos e aos 16 tive meu primeiro contato com o mundo corporativo como aprendiz num departamento da Volkswagen.

Fazer faculdade sempre foi algo distante do meu ciclo de mulheres fortes, até porque apenas duas puderam se formar depois de adultas. Aos 19 anos, sendo filha e sobrinha de bancárias, o ideal seria fazer a faculdade de Administração e seguir os passos da família. Fiz seis meses de Economia e entendi que, de fato, aquilo não era para mim.

Migrei para o Direito na Faculdade Diadema com a lembrança do que fiz enquanto aprendiz e, mesmo com um emprego fixo, não era possível arcar com todos os custos do curso, então comecei a vender brigadeiros. Nesta mesma época, fui morar com a minha avó Aracy, para facilitar a logística para o trabalho. Então a rotina se iniciava às 5h15 para trabalhar, seguia direto para a faculdade às 19h00 e às 23h00 chegava em casa para fazer brigadeiros até à 1h30 e vender no dia seguinte – foi assim que, mesmo precisando fazer uma pausa de um ano, consegui pagar grande parte da faculdade. Enquanto morei com minha avó Aracy, pude reafirmar valores que já conhecia: Responsabilidade, Respeito e Honestidade – nós duas não gostamos nem um pouco do "jeitinho brasileiro".

Durante esta fase trabalhei cerca de um ano como secretária em escritório de advocacia, dois anos como assistente de crédito em uma comercial elétrica e, em seguida, como suporte de *service desk* na HP em 2011, quando tive o meu primeiro contato com o Compliance em um curso on-line para funcionários sobre Anticorrupção e Antitruste.

Ao adentrar em uma empresa tão grande e internacional, mantive o foco e tentei colocar em prática ao máximo tudo que havia aprendido sobre desenvolvimento de processos. Em pouco tempo, surgiu uma oportunidade como analista de qualidade e em apoio ao *service desk*. Nesta fase aprendi sobre cultura organizacional e como resolver problemas.

Aos 24 anos, levei o primeiro susto da vida ao perder meu pai, aos seus 47 anos. Caminhoneiro e dono de um dos maiores corações que já conheci na vida, era possível gostar dele de graça, pois tinha leveza no olhar e a melhor gargalhada do mundo. Com isso, uma das minhas referências de mulheres fortes caiu em depressão. Então fui morar com a minha avó Irene em um quarto-cozinha. Com ela também pude reafirmar meus valores de Perseverança e Humildade. Neste mesmo período, em 2013, iniciei um estágio na área jurídica em contratos e contencioso no antigo Walmart.com. Trabalhei por dois anos em Alphaville, mesmo morando em São Bernardo do Campo, isso significava três horas de trânsito para ir, e mais três para voltar, indo direto para a faculdade. Eu sabia que seria por um período e que a recompensa viria de alguma forma.

Se conhece a árvore pelo fruto que dá

Em 2015 a área de Compliance Anticorrupção do Walmart. com estava sendo construída e como eu, mesmo trabalhando no jurídico, já apoiava nas *due diligences*, fui convidada pela gerente para compor a equipe. Com um salário um pouco maior, fui morar primeiro dividindo um apartamento e depois sozinha em São Paulo.

Sempre digo que o Walmart foi a minha maior escola e a mudança da minha carreira para o mundo do Compliance. Nunca foi um objetivo projetar a carreira para esta área que até então era nichada no Brasil, já que eu simplesmente precisava trabalhar. Mas, quando pisei no mundo que é Compliance, entendi finalmente que tudo o que eu buscava como profissional estava ali.

Aprendi tudo o que pude sobre Compliance em dois anos, além de me tornar uma profissional multidisciplinar. Nesta mesma época também passei a fazer parte do GT Anticorrupção do Pacto Global da ONU, o que ampliou ainda mais meus conhecimentos. Até que em 2017 uma *headhunter* me convidou para participar de um processo seletivo como analista de Compliance em uma empresa de saneamento. Aceitei este desafio muito feliz, mas cheia de medo, simplesmente por não conhecer o setor de infraestrutura, pelo qual me apaixonei depois.

Como se tratava de um ativo vendido por uma empresa que estava na Lava Jato para um fundo de investimentos canadense, o maior desafio foi implementar o programa de Compliance em cem dias em mais de 20 unidades espalhadas pelo Brasil e 5.000 funcionários. Tratava-se de uma obrigação contratual. Por lá desenvolvi a escuta ativa – característica crucial para atuar em Compliance – e fiz parcerias incríveis para a vida. Atuei em diversas frentes e ampliei ainda mais o meu aprendizado.

Em 2020 surgiu uma oportunidade para apoiar a construção da área de Compliance do Grupo CCR, uma grande empresa de infraestrutura. Estavam pós-acordo de leniência firmado também durante a Lava Jato e com um monitor independente do Ministério Público Federal. Atender as demandas e implementá-las com o "mais alto nível do mercado", além de identificar conflitos de interesses de 17.000 funcionários, gerir normas e processos complexos, implementar um processo qualitativo de *due diligence* com *saving* de R$ 1,5 milhão no primeiro ano, a gestão de dois analistas performando o processo e a implementação do Programa em ativos internacionais da empresa. Tudo isso com uma pandemia junto!

Vim para essa vida para viver, não para sobreviver

Assim como o corpo que precisa de exercícios para enrijecer e nos dar sustentação ao longo da vida, em meu modo menos sedentário, aos 31 anos de idade, estava na melhor fase: um emprego estável no final de pandemia, dominando tudo que estava ao meu alcance, no meu melhor corpo e faltando apenas quatro meses para eu me casar, fui surpreendida por um câncer na tireoide em metástase. Não foi a melhor coisa que poderia ter me acontecido, mas foi necessária para a minha evolução pessoal e profissional.

A fé na vitória é inabalável!

Sempre tive medo de me sentir exposta no ambiente de trabalho e mantive uma distância sobre minha vida pessoal. Esta etapa da vida reforçou ainda mais a minha decisão de compartilhar apenas coisas que já foram superadas e resolvidas por mim em qualquer ambiente. Durante este processo cumpri todas as atividades que me foram dadas como se fosse uma planilha de trabalho, sem reclamar e com o sorriso largo, na expectativa de alcançar 120% da meta da vida! A relação com o trabalho muda a partir deste momento: eu amo trabalhar e sempre me dediquei muito, mas amo a minha vida e a minha família. Coloquei a minha saúde, espiritualidade e as pessoas importantes para mim como compromissos na agenda e foi a minha melhor decisão.

"Deixe o caos reinar e então reine no caos" Andrew Grove

Em 2022, já casada, seguindo com o tratamento de radioiodoterapia, cursando MBA, o desafio era a implementação da ISO 37001 – Sistema de Gestão Antissuborno em três unidades da empresa. A certificação veio, e no ano posterior foi ampliado para a certificação da ISO 37301 – Sistema de Gestão de Compliance com foco em ESG para toda a empresa. Fiz um curso de ESG para entender as estratégias de implementação. Capitanear este tema me proporcionou estar próxima de todos os níveis de governança, gerenciar conflitos e saber engajar pessoas no trabalho.

No início de 2024 recebi uma proposta para ocupar o cargo de gerente de Integridade em um dos grandes grupos de infraestrutura também, a EPR, e desde então tenho feito exatamente como aprendi ao longo destes quase 20 anos no mundo corporativo: identificar parcerias, implementar um programa de Compliance adequado e executável, com os riscos mapeados e participação social, engajar pessoas para a ética e integridade, e se tornar um fator determinante e transparente para a empresa e a valorização da marca.

"A competência do outro nunca é uma ameaça à minha própria capacidade, é um convite ao meu crescimento."
Rossandro Klinjey

Durante a minha trajetória me vi tomada em algumas ocasiões pela sensação de não ser boa o suficiente ou ser uma farsa para ocupar o espaço que ocupava. Aqui ouso dizer que há uma grande diferença entre a síndrome da impostora ou se deveria estar ocupando um lugar diferente do atual. Quando falamos sobre essa síndrome, podemos combatê-la com a atenção de pessoas que nos conhecem e em quem podemos confiar. Por isso, ter um processo de mentoria ou *coaching* pode ajudar a se reconhecer nesse lugar, assim como funcionou para mim.

Busque pessoas que alimentam sua energia. Durante a nossa vida profissional, esbarramos com pessoas que admiramos, e outras com as quais não gostaríamos de ter qualquer semelhança. Aprendemos com os nossos erros e erros dos outros. Saiba o que NÃO fazer quando chegar a sua vez. Não busque em seu ciclo o mocinho ou vilão. Saiba fazer o básico bem-feito. Foque nas parcerias leais que falariam o seu nome em uma sala de oportunidades.

A ocasião não faz o ladrão, o dinheiro não muda as pessoas e o poder não corrompe o homem. As pessoas são o que são. Tudo aquilo que ganha amplitude em nossas vidas só nos obriga a ser aquilo que verdadeiramente somos ou que temos a intenção intrínseca de ser.

Não estar no mesmo "clube" nunca me intimidou ou paralisou. Sou apaixonada pelo que faço e, talvez por este motivo, nunca me senti inferior aos homens. Claro que, como mulher, quanto mais você em sua carreira, especialmente em cargos de gestão, há uma pressão maior para que assuma comportamentos tipicamente masculinos. Vi inúmeras vezes isso acontecer pelas grandes empresas que passei. É preciso confiar em seu próprio poder, conhecer a sua personalidade e valores para resistir. É possível ser tão ambiciosa quanto os homens, e não há nada de errado nisso. Inúmeras foram as vezes em que vi líderes agirem sem integridade para não se tornarem impopulares diante de situações em que a ética deveria prevalecer, e isso só me deu mais combustível para querer alcançar patamares maiores em minha carreira e mostrar como realmente deveria ser: com ética e todos os valores universais que carrego da minha família, mesmo diante de dificuldades ou carências emocionais ou financeiras.

Está tudo bem você se reconhecer como especialista em um assunto e não querer direcionar a sua carreira para cargos de gestão. A liderança não é a única maneira de exercer um grande impacto. Apoiar outras mulheres que estejam em seu caminho sem julgamentos, e sermos pontes umas para as outras, já é um bom começo. **Você é responsável pelo seu caminho. Pegue as rédeas da sua vida e seja protagonista.**

Quase 80% das lideranças que tive em minha trajetória eram mulheres. Muitas delas se tornaram faróis na minha carreira por serem orientadas por princípios inabaláveis e não utilizarem pessoas como escadas. Elas me ensinaram a não estar confortável demais para fazer o trabalho desconfortável, pois crescer dói e só crescemos no desconforto. O ambiente de trabalho não é um local para ficarmos à vontade, especialmente trabalhando em Compliance, em que somos observadas o tempo todo.

Reconheço as mulheres que me inspiram, se tornaram pontes e faróis na minha carreira e nunca competiram comigo. Destaco minhas grandes amigas, que atravessaram o tempo, suas carreiras e dificuldades e ainda se mantêm presentes em minha vida: Lili, Ana, Thais, Thamires, Priscila, Cátia e Meríssea.

Por fim, e talvez mais importante, dedico este capítulo também ao meu pai, que certamente deve estar orgulhoso pelo que construí até agora, ao meu irmão e fiel escudeiro Guilherme, e ao meu marido, Mateus.

Sem o apoio de um parceiro como o Mateus, certamente eu não teria chegado na metade deste caminho que ele me ajuda a trilhar desde 2016. Para mim, relacionamento precisa funcionar como um processo seletivo para aquela empresa em que você almeja trabalhar, e as perguntas-chaves são:

1. Quais são seus valores universais?

2. Estar neste lugar (ou com esta pessoa) irá impulsionar os seus sonhos?

Ter um(a) parceiro(a) que o(a) apoie nas decisões profissionais, que impulsione sua carreira ou os seus sonhos, traga-o(a) de volta para a realidade quando necessário e não compita com você, é uma das chaves do sucesso para o equilíbrio entre a vida profissional e pessoal.

Escolher com critério as nossas alianças é fundamental para que nos relembrem as razões pelas quais lutamos. O "porquê" é tão importante quanto o "com quem".

Para mim, estar rodeada de pessoas que tenham os valores universais alinhados aos meus me faz relembrar os meus porquês de trabalhar com Compliance. Eu posso sim ser aquela menina que cresceu na favela e sabe exatamente o mal que a corrupção faz aos menos favorecidos. Mas sigo pronta para ganhar ainda mais o mundo acreditando que o trabalho é meio e reafirmando o meu propósito de transformar o mundo com a conscientização.

"Quem estará nas trincheiras ao teu lado? – E isso importa? – Mais do que a própria guerra." Ernest Hemingway

A harmonia entre a disciplina e a liberdade

Cecilia Carmona

Tem mais de 20 anos em Compliance. Foi diretora-executiva no Citibank, BNP Paribas e Deutsche Bank, atuou em conselho e comitês de auditoria e riscos. Fundou recentemente uma *startup* de consultoria em Compliance, Governança e Riscos. Formou-se em Direito pela PUC-SP. Tem um MBA pela FGV em Inovação, e cursou liderança em DUKE CE e UC Berkeley. Possui certificações nacionais e internacionais. Completou sua formação como conselheira no IBGC e na GoNew. É trilíngue: inglês, alemão e espanhol.

LINKEDIN

Você já teve um momento decisivo que dividiu sua vida em antes e depois? Quando, ao se olhar no espelho, vê não só quem é, mas quem pode ser? Aos 52 anos, senti isso. Bem como disse Clarice Lispector, *"Para viver é preciso estar disposto a morrer várias vezes enquanto ainda se está vivo"*. Era hora de reinventar minha vida, buscando equilíbrio entre a disciplina de atleta e executiva e a liberdade de sonhos empreendedores.

Nasci em Varginha, cidade mineira, em família italiana, aprendendo cedo o valor da integridade e do trabalho árduo. Meu pai, sempre de poucas palavras, mas de imenso carisma, me ensinou o amor aos cavalos. Criamos um vínculo inquebrável entre nós. Minha mãe, símbolo de força e determinação, me incentivou a lutar pelos meus anseios e acreditou no meu potencial, ainda que o caminho à frente parecesse incerto.

A adolescência foi um período de intensa busca por conhecimento e desafios. Encontrei refúgio nos livros, nos passeios a cavalo, nos filmes e, de forma especial, na natação, onde a disciplina do esporte começou a se tornar um pilar para minha vida. Aos 17 anos, embora incerta sobre qual carreira escolher, mudei-me sozinha para São Paulo em busca de independência e realização profissional.

Formei-me em Direito na PUC-SP (Pontifícia Universidade

Católica), me especializei em Direito Empresarial, Bancário e Mercado de Capitais, e mergulhei no mundo dos negócios. Escolhi a advocacia e mergulhei no universo dos negócios. Rapidamente me vi fazendo meu próprio nome. Nem pensava em me casar, nem em ter filhos. Mas a vida me surpreendeu com o melhor.

Ao acaso, conheci meu marido e nos casamos poucos meses depois. Meu primeiro filho, Mauricio, nasceu quando eu tinha 25 anos. A maternidade me presenteou com o amor incondicional. Ele se formou administrador de empresas. Talentoso e cheio de dons, trabalha no mercado financeiro e é um superesportista. Divirto-me observando as nossas semelhanças.

No ano 2000, iniciei minha jornada no setor jurídico de um banco internacional, focando em operações estruturadas e produtos de tesouraria. Foi um período de aprendizado intenso e fascinante. Não muito depois, Rafaela, minha filha, veio ao mundo e se tornou uma linda jovem – prodígio, de temperamento vigoroso. Ambos são grandes alegrias. Muito diferentes entre si, me ensinaram que cada ser humano traz consigo uma luz única. A minha luta por equilíbrio entre trabalho e família teria sido muito maior se não fosse pelo enorme apoio que tive de uma pessoa muito especial, a quem tenho infinita gratidão.

Ao retornar ao trabalho, assumi o departamento de Compliance, Prevenção à Lavagem de Dinheiro (PLD) e Controles Internos. Encontrei nos princípios dessa atividade um reflexo dos meus valores pessoais, sobretudo da ética e integridade. Fui uma das pioneiras na área de Compliance no Brasil, um papel que abracei com paixão e muita dedicação. Minha trajetória me levou ao Deutsche Bank como Head of Compliance & AFC. Lá, tive a oportunidade de crescer ainda mais, tanto pessoal quanto profissionalmente, e assumir responsabilidades regionais.

Com a promulgação da Lei Anticorrupção, o Compliance ganhou destaque, especialmente no mundo corporativo. Em resposta a um convite da Câmara Americana de Comércio – AMCHAM, presidi o Comitê de Gestão de Riscos e Compliance. Abriu-se um novo leque de relacionamentos com o mundo de Compliance empresarial. Nesse mesmo período, lecionei Compliance no Mercado de Capitais no Instituto ARC e, dessa maneira, contribuí para formar e certificar a próxima geração de profissionais.

Em meio ao trabalho e à família, o esporte sempre foi meu refúgio e fonte de equilíbrio. Através dele, desenvolvi uma disciplina férrea, aprendi a gerenciar meu tempo com eficácia e fortaleci meu controle mental. Os treinos me dão bem-estar, disposição e melhoram minha proatividade. Corri maratonas, como a de Boston, aprendendo lições de superação, disciplina, foco e resiliência, além de liderança nas derrotas.

O passo seguinte foi me juntar ao Banco BNP Paribas, onde assumi o cargo de diretora-executiva de Compliance e Prevenção à Lavagem de Dinheiro. Lá, liderei uma transformação cultural tão profunda quanto a readequação radical da equipe. Em paralelo, participei de programas de incentivo a mulheres e apoio de carreira, algo que me trouxe muita realização.

Em 2019, minha vida pessoal e profissional foi posta à prova como nunca. Enquanto me esforçava para manter o ímpeto de mudança para o Citi, enfrentei uma série de desafios pessoais que testaram minha resiliência ao limite. A saúde do meu pai deteriorou-se rapidamente e ele faleceu em poucos dias. Dor imensurável. Quase simultaneamente, meu marido foi diagnosticado com uma condição de saúde grave, exigindo um tratamento complexo e doloroso. Nessa fase turbulenta, o apoio da família e dos colegas foi fundamental. No trabalho, continuei exercendo meu papel de executiva na alta administração e liderando a transformação de Compliance e da cultura de riscos do banco. Esse foi um momento de profundo aprendizado, que evidenciou a importância do equilíbrio entre a vida pessoal e profissional.

E então chegou a pandemia e mudou a forma de trabalho como jamais se poderia imaginar. Ao final de 2020 e parte de

2021, passei por provações de saúde que me levaram a pausar forçosamente. Experimentei exatamente o que ensina D. Yalom: *"Encarar a morte de perto provoca uma revisão urgente da vida: o que realmente valorizamos, o que lamentamos não ter feito, o que gostaríamos de fazer antes que seja tarde demais"*. Foi um tempo de profunda reflexão e descobertas, quando outras prioridades e desejos despontaram, pessoais e profissionais e, com isto, um novo propósito de vida.

Após conversar com a liderança do Citi, deixei a empresa em fevereiro de 2023, encerrando um ciclo significativo. Pausei minha carreira por um período sabático. Dediquei parte do meu tempo para vivenciar os prazeres simples da vida. Logo retomei à rotina do *lifelong learning* e passei a empreender, com muitos planos pela frente.

Hoje, após uma jornada longa de crescimento profissional, sigo com novo propósito e desafios. A busca por equilíbrio entre disciplina e liberdade continua, mas agora com a clareza de que ambas são essenciais para uma vida plena e significativa. Tudo o que vivi reforçou minha crença na importância de manter minha vida alinhada com meus valores e, se necessário, mudar a rota ou me reinventar novamente.

Espero que minha história inspire outros a encontrar sua própria harmonia, enfrentando desafios com coragem e abrindo-se para o desenvolvimento e a mudança. Como você pode encontrar seu equilíbrio entre a disciplina necessária para alcançar seus objetivos e a liberdade para explorar novas possibilidades?

Desafios e tendências na era da informação

No coração do século XXI, a "nova economia" se desdobra, priorizando informação e conhecimento e dando palco a plataformas digitais, economia compartilhada e sustentabilidade. Esse cenário exige um Compliance que transcenda as práticas regulatórias, fundamentando negócios éticos e sustentáveis. A integridade, transparência e responsabilidade tornam-se pilares para construir confiança e alinhar as corporações aos novos valores sociais.

O Compliance, enraizado na ética, desafia as empresas a promoverem uma cultura de integridade, indo além da legalidade. O profissional de Compliance assume um papel transformador, inspirando práticas que beneficiam tanto as empresas quanto a sociedade, alinhadas aos ideais da nova economia.

No entanto, o contexto de nosso mundo BANI (frágil, ansioso, não linear, incompreensível) demanda um Compliance ágil e inovador, que integre tecnologia e valores contemporâneos para superar desafios como a complexidade regulatória e a necessidade de transparência.

O Compliance passa a se tornar mais eficiente, transparente, ágil e já ganham destaque várias tendências, como:

1. **Inteligência Artificial e Aprendizado de Máquina**: transformam o Compliance ao permitir análises de grandes volumes de dados para identificação de padrões, previsão de riscos e automação de processos como monitoramento de transações e detecção de fraudes.

2. *Blockchain*: oferece meios de assegurar integridade de dados, transparência e segurança em transações. É vital para o Compliance, em especial nas áreas financeira, de saúde e cadeia de suprimentos.

3. *RegTech*: soluções que utilizam tecnologias avançadas para gestão de Compliance, reporte regulatório e verificação de identidade. Tem grande potencial de aumentar a eficiência e reduzir custos.

4. **Privacidade de Dados e Proteção**: a conformidade com regulamentações globais de privacidade, como GDPR[1] e

---

[1] GDPR significa "General Data Protection Regulation" (Regulamento Geral sobre a Proteção de Dados), legislação da União Europeia (UE) implementada em 25 de maio de 2018.

LGPD[2], é crucial, com ferramentas que automatizam a gestão de consentimento dos usuários.

5. **Compliance como Serviço (CaaS)**: a terceirização de funções de Compliance para provedores que usam tecnologia de ponta é uma enorme oportunidade a explorar, permitindo a empresas de todos os tamanhos manter a *compliance* de forma custo-efetiva.

6. **Análise Preditiva**: uso de modelos preditivos para antecipar violações de Compliance, possibilitando uma gestão de riscos mais proativa.

7. **Sustentabilidade e *ESG*[3]**: a demanda por sustentabilidade e governança corporativa impulsiona inovações em ferramentas e processos de Compliance que facilitam a medição, gestão e relatório eficaz destes critérios.

8. **Segurança Cibernética**: a inovação é essencial para proteger dados e garantir a conformidade com regulamentações de proteção de dados, diante do aumento de ameaças cibernéticas.

É imperativo que os profissionais de Compliance se preparem adequadamente para exercerem suas funções de forma eficiente no mercado atual.

São necessárias mais mulheres em Compliance

Você já refletiu sobre o impacto significativo que as mulheres podem ter na área de Compliance? Vamos mergulhar nessa discussão. Imagine combinar a sensibilidade e o cuidado, tão característicos do papel maternal, com a seriedade

---

[2] Lei Geral de Proteção de Dados Pessoais, de 14 de agosto de 2018.
[3] ESG é um acrônimo para Environmental, Social, and Governance, que se traduz como Ambiental, Social e Governança. O conceito de ESG ganhou destaque como indicador de sustentabilidade e responsabilidade corporativa, orientando decisões de investimento e estratégias empresariais mundialmente.

e a competência exigidas no Compliance. Parece uma junção poderosa, certo? É exatamente a combinação que as mulheres oferecem: uma fusão de empatia e assertividade capaz de revolucionar o ambiente de trabalho.

Em um cenário em que seguir regras é indispensável, a forma pela qual elas são implementadas é crucial. As mulheres possuem uma habilidade inata de compreender e conectar-se com os outros, facilitando a criação de uma cultura organizacional pautada na confiança e integridade. Não se trata apenas de aderir rigidamente às normas, mas de compreender sua importância e fazer com que todos na empresa se vejam como parte integrante desse processo. Isso não apenas otimiza a eficácia do Compliance, mas também promove sua integração ao cotidiano corporativo.

Avancemos um pouco mais. A diversidade de pensamento é um verdadeiro tesouro em qualquer campo, especialmente em Compliance, em que os desafios são constantes e complexos. As mulheres introduzem novas perspectivas, ideias inovadoras e soluções criativas, ampliam o debate e facilitam a navegação pelos obstáculos do mundo corporativo com mais agilidade e eficácia.

Quando o assunto é liderança em Compliance, a presença feminina vai além de uma questão de igualdade de gênero, tornando-se estratégica. Elas possuem a capacidade de enriquecer a cultura de Compliance de maneira profunda, transformando-a em um pilar ético sólido da organização e fomentando um ambiente em que todos se sintam valorizados e engajados.

Portanto, a inclusão de mais mulheres em Compliance é essencial. Elas trazem equilíbrio, empatia e uma nova camada de integridade para as organizações, o que é decisivo para tornar as empresas mais humanas, éticas e, por fim, mais bem-sucedidas. Estou convencida de que as mulheres desempenham um papel crucial nessa transformação.

Conselhos para as futuras gerações de mulheres em Compliance

Para as futuras gerações de mulheres no novo mercado de Compliance, aqui vão alguns conselhos que podem guiar e inspirar suas jornadas neste campo em constante evolução:

1. **Valorize sua perspectiva**: use suas experiências e intuições únicas para enriquecer o Compliance. Seja relevante.
2. **Seja autêntica**: sua verdadeira essência constrói confiança e inspira outros a serem genuínos.
3. **Educação contínua**: mantenha-se atualizada com as mudanças em leis e tecnologias.
4. **Construa relacionamentos**: a rede de apoio é essencial para abrir portas e criar oportunidades.
5. **Equilíbrio vida-trabalho**: priorize seu bem-estar para ser mais eficaz e feliz.
6. **Adote a tecnologia**: utilize novas ferramentas tecnológicas para otimizar processos.
7. **Promova diversidade**: defenda a diversidade e a inclusão para melhorar a inovação e a tomada de decisão.
8. **Desenvolva resiliência**: Aprenda com os desafios e celebre os sucessos para seguir em frente.
9. **Mentoria**: ajude outras mulheres compartilhando conhecimento e experiência.
10. **Liderança com empatia**: cultive um ambiente de trabalho positivo, encorajando o engajamento.
11. *Advocacy* **apaixonado**: seja uma voz ativa por mudanças éticas e justas na indústria.
12. **Mantenha-se genuína**: preserve sua integridade e valores, sua singularidade é sua força.

Por fim, lembrem-se: vocês têm o poder de moldar o futuro do campo, promovendo um ambiente de negócios mais ético, transparente e justo. Seu papel é vital, e sua contribuição, inestimável. Avancem com confiança, coragem e convicção.

Compliance com renovado propósito

"Quem olha para fora, sonha; quem olha para dentro, acorda." Carl Jung

A jornada ao autoconhecimento trouxe novas aspirações, iniciando uma fase distinta. Com vasta experiência em Compliance financeiro, desejo usar essa bagagem para impactar a sociedade. Busco oferecer soluções inovadoras em Compliance a várias organizações, promovendo um ambiente de negócios justo, ético e sustentável.

Na encruzilhada entre disciplina e liberdade, compreendi o verdadeiro significado da vida: escolher quem ser a cada momento. Maya Angelou disse: "Minha missão na vida não é meramente sobreviver, mas prosperar; e fazê-lo com paixão, compaixão, humor e estilo". Essa ideia espelha minha transformação e renovação de propósito. A disciplina me deu estrutura; a liberdade, a vontade de explorar. Equilibrando-as, estou pronta para o futuro, cheio de promessas e desafios. Nesse equilíbrio, encontrei a arte de viver.

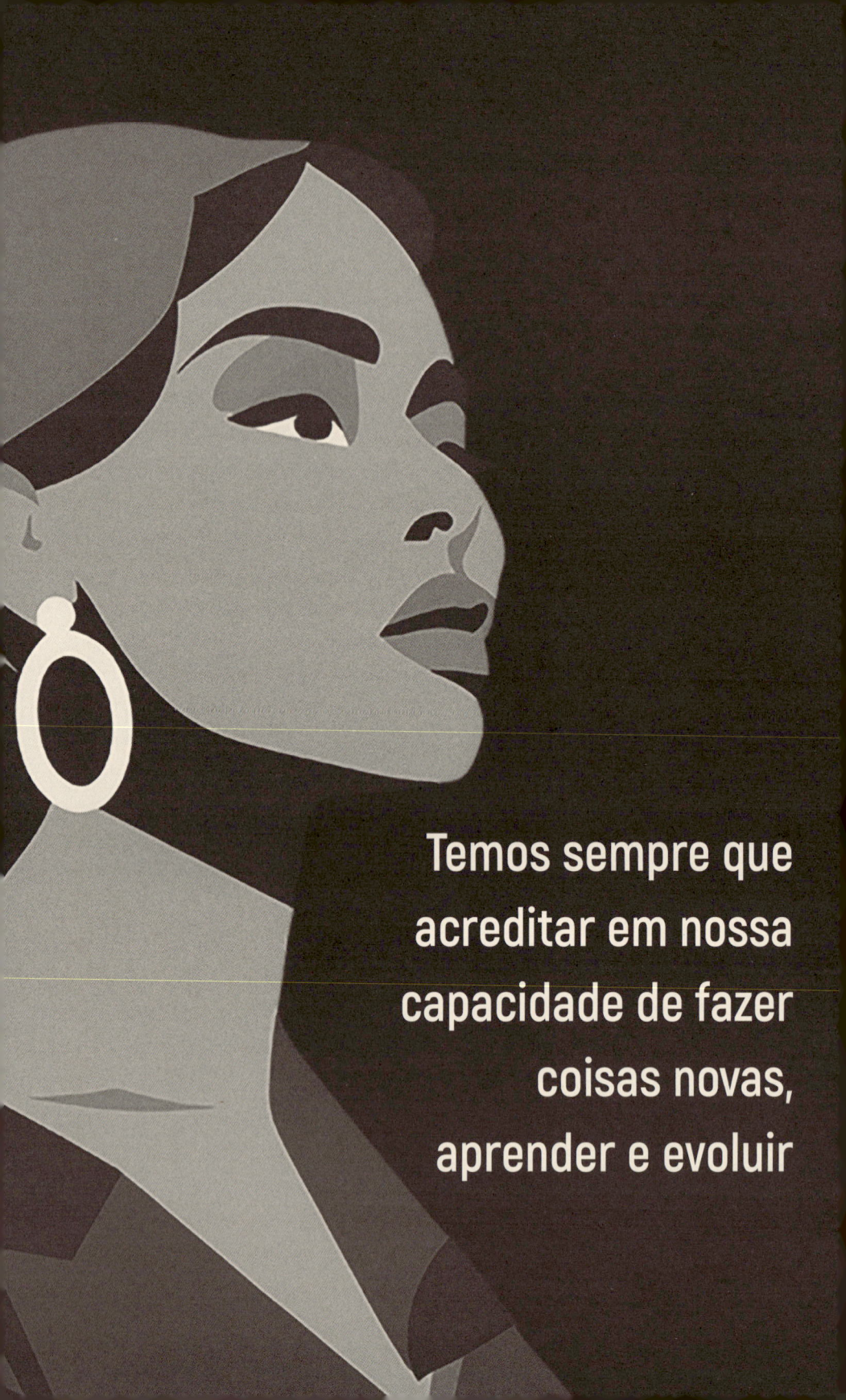

Temos sempre que acreditar em nossa capacidade de fazer coisas novas, aprender e evoluir

Cristiane Peixoto de Oliveira Marrara

Mãe da Marcela, nascida em Curitiba, no Paraná. Executiva com ampla atuação na área jurídica e de Compliance em empresas multinacionais (LATAM). Mestre em Direito Público FGV/SP (Fundação Getulio Vargas), MBA em Gestão Empresarial FGV/RJ, pós-graduada em Direito do Trabalho e Previdenciário EPD/SP, em Direito Empresarial PUC/PR e em Direito Societário FGV/SP. MBA em ESG em andamento no IBMEC/Exame. Certificação internacional em Compliance CCEP-I. Cursos de Compliance – LEC, FGV, Fordham Advanced Compliance Workshop e SCCE. Membro do Compliance Women Committee – CWC. Autora do livro "Aspectos relevantes dos contratos de comercialização de energia elétrica celebrados no Ambiente de Contratação Livre" – Editora Synergia, 2021. Coautora e uma das coordenadoras do livro "Guia Prático de Compliance" – Editora Forense, 2020, coautora do livro "ESG e o Capitalismo de Stakeholder" – Thomson Reuters Brasil, 2021, coautora do livro "Como tratar as questões de assédio no programa de Compliance" – Editora Lumen Juris, 2022, coautora do livro "Mulheres em Compliance 2: desde o programa de Compliance até seus impactos na sociedade." – Editora Ithala, 2023.

Desde pequena defendia os mais novos na escola, sempre me posicionava contra injustiças e era defensora de se fazer o correto, em casa ou em qualquer lugar.

Sou de uma família de origem humilde, e tive uma avó que me ensinou desde cedo que temos que trabalhar duro e nos dedicar de verdade para ter um bom futuro.

Me formei em Direito aos 22 anos e desde então sigo na batalha. Quando concluímos a graduação cedo, no início temos o desafio de enfrentar o preconceito por ser muito nova e, no decorrer da carreira, há necessidade de conquistar o nosso espaço como mulher, em lugares que ainda não foram ocupados por pessoas do sexo feminino.

Entendo que a força de vontade em progredir, a criatividade e automotivação sempre fizeram parte do meu caminho.

Força de vontade

Comecei a trabalhar aos 16 anos, ajudando meus tios como auxiliar e secretária, durante as férias. Quando entrei na faculdade de Direito, iniciei meu trabalho em um banco (antigo Bamerindus) como escriturária, para pagar os estudos.

Recordo-me quando peguei a "lista telefônica" da época,

com os telefones dos bancos para ligar, perguntando se tinham vagas e me candidatar. Foi assim que participei do processo seletivo e fui contratada como escriturária.

Este espírito de correr atrás e me dedicar para conseguir algo sempre esteve comigo.

Criatividade

Quando iniciei a carreira como advogada, tinha o desafio de conseguir novos clientes para o escritório de advocacia. A dificuldade era não conhecer muita gente, uma vez que me relacionava mais com meus próprios colegas de turma que também eram advogados.

Nessa época, liguei para algumas rádios FM e fui visitá-las, oferecendo minha participação como consultora jurídica nos programas de rádio, em Direito imobiliário, uma vez que na época eu prestava serviços para algumas imobiliárias. Foi assim que consegui meus primeiros clientes.

Mas a vida em escritório de advocacia de menor porte não é fácil, pois não há como ter um bom salário fixo, razão pela qual comecei a procurar emprego no mundo corporativo.

Mundo empresarial

Minha primeira experiência em empresa foi numa multinacional italiana, onde tive que lidar com temas críticos, como a quebra de sigilo telefônico, ter contato diário com autoridades policiais e receber constantes ameaças quando morava em Curitiba.

A coragem é um ingrediente muito importante em nossa profissão. Mesmo sendo ameaçada muitas vezes para "auxiliar" policiais de forma incorreta, sem a devida ordem judicial, nunca cedi às pressões e segui firme no cumprimento da lei.

Todavia, em razão deste posicionamento, acabei sendo injustamente exposta a situações absurdas e totalmente desnecessárias, como quando fui conduzida por policiais de forma arbitrária para uma audiência com um juiz federal criminal que não aceitou o fato de eu não querer encontrá-lo "num barzinho" à noite com outros policiais anteriormente, para tratar sobre uma investigação que estava em curso.

Tive um sentimento muito ruim à época, de abuso de poder e injustiça. Lembro-me que a indignação era enorme, pois se a "Justiça" Federal tinha um tratamento totalmente inadequado com uma advogada de uma empresa multinacional, o que não deviam fazer no trato de outras pessoas, sem nenhum conhecimento jurídico?

Neste caso específico, posteriormente consegui anular a transação criminal formalizada naquele fatídico dia, que ocorreu de forma ilegal.

Essa veia do Compliance é muito forte em minha carreira profissional. Temos que conhecer a lei, nossos direitos e agir de forma correta, independentemente da falta de apoio.

O importante é ter uma força interior que fará com que sigamos em nosso propósito e nos auxiliará a seguir em frente, mesmo em situações críticas.

Nesta empresa, tive a oportunidade de crescer profissionalmente, pois iniciei meu trabalho como advogada de nível pleno, fui transferida para outras cidades, (Salvador e Rio de Janeiro), até alcançar a posição de "legal manager".

Mudar de cidade nem sempre é fácil, causa receio, mas a experiência de conhecer novas culturas é muito rica e valiosa.

Dentre todos os desafios que enfrentei neste período, como me adaptar a diferentes culturas, destaco a oportunidade de participação em uma Comissão Parlamentar de Inquérito em Brasília, para o combate à pedofilia, bem como minha atuação no auxílio de elaboração de projetos de lei em matéria ambiental.

Temos sempre que acreditar em nossa capacidade de fazer coisas novas, aprender e evoluir.

Neste sentido, segue um importante pensamento da executiva Marissa Mayer (ex-CEO do Yahoo) para reflexão:

> "Sempre fiz alguma coisa que eu realmente não estava pronta para fazer. Acho que é assim que você cresce. Quando chega aquele momento de 'Uau, não estou realmente certa de que posso fazer isso' e você vai em frente, nesses momentos é quando você rompe uma barreira."

Outras experiências

Após me casar, meu marido recebeu o convite de trabalho de uma empresa em São Paulo, motivo pelo qual estou em terras paulistanas há 13 anos.

Minha primeira experiência nesta cidade foi como *head* da área jurídica e de Compliance em indústria multinacional americana, local onde reestruturei o departamento, logo após a incorporação de uma empresa brasileira do Nordeste ao grupo, implementei novos procedimentos de Compliance e posteriormente atuei também em relações governamentais.

O ramo da indústria geralmente é desafiador para as mulheres, razão pela qual temos que nos impor e mostrar nosso potencial de forma mais intensa que nossos colegas do sexo masculino.

Nesta época enfrentei problemas sérios de saúde da minha filha, com constantes crises de pneumonia, e tive que fazer viagens críticas para encerramento das atividades de uma planta para negociar com o Sindicato, quando ela estava hospitalizada.

Não foi nada fácil. Recordo-me de chorar durante três horas de voo de forma ininterrupta, diante da preocupação de deixá-la doente e não poder estar ao lado dela num momento tão difícil. Mas nem por isso deixei de fazer o meu trabalho, cumprir meu papel como advogada da empresa e voltar diretamente para o hospital no outro dia com o coração na mão.

Vivenciar as dores e delícias da maternidade, como ter a consciência pesada muitas vezes e não conseguir fazer tudo ao mesmo tempo pode nos deixar aflitas, mas é possível ter uma carreira de sucesso e ser uma boa mãe.

Ser mãe me fez ser uma executiva melhor

Escrevi um artigo para um site jurídico chamado Jota, em 2020[1], com este título e compartilho alguns trechos deste texto a seguir:

"Ser mãe nos torna líderes mais responsáveis, promove a ética e o comprometimento maior na profissão. Afinal de contas, temos alguém que depende financeiramente e emocionalmente de nós e que poderá nos ter como um exemplo.

Quando minha filha me questiona sobre a minha carga de trabalho ou sobre as viagens profissionais, procuro explicar a ela que, além de precisar, gosto muito do meu trabalho e que ela poderá fazer o mesmo quando crescer, pois as mulheres têm o direito de escolher a sua profissão e, ao mesmo tempo, ter uma família.

O amor que sinto como mãe me fez refletir muito e reforçou a importância de valores que também são imprescindíveis no ambiente corporativo, como a honestidade, o respeito, o comprometimento e a igualdade.

Outro aspecto extremamente positivo quando nos tornamos mães é o lado humano. Nesta extraordinária experiência, que muda completamente a nossa vida para melhor, comecei a pensar nos outros colegas de trabalho e na equipe de forma mais profunda."

---

[1] 30/03/2024 <https://www.jota.info/opiniao-e-analise/colunas-acervo/juridico-de-saias/ser-mae-me-fez-ser-uma-executiva-melhor19032020>

"O que mudou com a maternidade, de forma positiva, foi o interesse em ser uma pessoa melhor, no mais amplo conceito."

A importância da atuação em Compliance

Atualmente, trabalho em uma empresa multinacional japonesa, como *head* da área jurídica, Compliance, encarregada de dados (Data Protection Officer) e Líder de ESG, com atuação no Brasil, Argentina, Paraguai e Uruguai.

Trabalhar em Compliance, com tantas outras atribuições, requer muita dedicação, paciência, compromisso em implementar novos procedimentos, políticas, fazer capacitações em diferentes línguas, estudar, conhecer novas leis etc.

Esta missão significa mostrar o caminho certo a seguir, dentro da ética e do respeito.

Para atuar nesta área, um bom conselho é ser honesto, sempre, mesmo que não seja fácil. Os bons frutos deste tipo de conduta serão colhidos no futuro.

Temos que agir de forma correta, mesmo que outras pessoas a nossa volta não estejam fazendo o mesmo.

Durante meus anos de profissão nesta área, tive que lidar com situações complicadas, envolvendo irregularidades cometidas por altos executivos.

Por outro lado, também pude fazer parte da mudança de cultura de ambientes tóxicos, com o apoio da alta liderança, criando um ambiente de trabalho empresarial mais saudável.

Parafraseando a minha mãe, *"não há nenhum mal que dure para sempre"*, tenho a certeza de que o bem vence o mal. Pode demorar um pouco, mas tudo se ajeita.

Então este tipo de mudança realmente implementada numa empresa, com um Compliance efetivo, é muito satisfatório.

Posso afirmar que me realizo na profissão que escolhi e que faz a diferença na vida de outras pessoas.

Na área de Compliance implementei o mapeamento e controle de riscos em diversos países da América Latina, além de procedimentos relevantes de conflito de interesses, *background check*, procedimento de contratação de terceiros, política de proteção de dados pessoais, condução do canal de denúncias e participação em comitês de ética.

Com relação aos treinamentos, vários temas relevantes fizeram parte de cursos/palestras que tive o prazer de ministrar, tais como Direito concorrencial, legislação anticorrupção, como conduzir investigações internas, prazo de guarda e retenção de documentos, política de contratos, assédio moral e sexual, dentre outros.

Destaco também a implementação de uma semana internacional dedicada ao Compliance em duas empresas multinacionais (francesa e japonesa), com a discussão de temas relevantes, quadros comparativos de legislação trabalhista, legislação anticorrupção, Direito concorrencial, inteligência artificial, código de ética etc., que foram realizadas de forma inovadora e leve, com jogos interativos, vídeos enviados pelos filhos dos colaboradores sobre ética, quiz, etc.

A Compliance Week de 2023 teve um total de mais de 4.000 empregados participantes, além da presença *"in loco"* de convidados especiais representando a matriz japonesa, servindo como modelo para que outros países também implementem esta iniciativa dentro do grupo Yazaki.

Poder de realização

Ao iniciar o texto deste capítulo, localizei meus manuscritos antigos que comecei a escrever para a minha filha, 11 anos atrás.

Fiquei surpreendida ao ler que muitas coisas que eu tinha planejado se concretizaram, como fazer um mestrado, escrever um livro, ser fluente em inglês e espanhol. Eu realmente não lembrava que tinha planejado tudo isso há muito tempo.

Então, o que eu gostaria de deixar registrado aqui é que se realmente acreditarmos que somos capazes de realizar alguma coisa, e atuarmos para alcançar estes objetivos, este desejo se transformará em realidade.

O pensamento funciona da seguinte maneira: eu quero, eu vou para frente, eu consigo. Então, após batalhar bastante e não pestanejar diante dos obstáculos e dificuldades encontradas, será possível obter o resultado tão almejado.

A verdade é que os seres humanos são muito inteligentes e possuem uma capacidade enorme de conquistar o que desejarem, bastando se esforçar e acreditar que é possível alcançar os seus sonhos.

Gosto muito de um texto que li da ex-primeira-ministra de Israel, Golda Meir, citado no livro "Pense e Enriqueça para mulheres", de Sharon Lechter[2]:

> *"Confie em si mesma. Crie o tipo de eu com quem você ficaria feliz por viver o resto da vida. Faça o máximo de si abanando as minúsculas centelhas interiores de possibilidades para que se tornem labaredas de realização."*

A vida é realmente feita de altos e baixos. No meu caminho, cruzei com muitas pessoas que não acreditaram na minha capacidade e que tentaram me desmotivar, dizendo que eu não era tão boa quanto pensava, por exemplo. Quando encontrarmos pessoas assim, não devemos nos sentir desencorajados.

Todas as vezes que enfrentei situações difíceis, com o

---

[2] Lechter, Sharon. Pense e enriqueça para mulheres. Porto Alegre: CDG, 2014, p. 165.

apoio do meu marido e da minha família, encontrei minha força interior para seguir adiante, estudar, me esforçar e cumprir novas metas.

Então, entendo que as dificuldades realmente podem ser encaradas como força propulsora para sermos melhores e não nos abater. O importante é acreditar em si mesmo, no seu dom e na sua capacidade.

Por mais que os outros questionem o seu poder, saiba valorizar o que você tem de melhor e prossiga. Seja orgulhoso de suas escolhas e suas conquistas. Ninguém melhor do que você mesmo para avaliar tudo que passou em sua própria vida, suas dificuldades, erros e acertos.

E após olhar para trás e se orgulhar do que fez, é importante manter sempre a humildade. Em nosso caminho, irão existir pessoas mais experientes, qualificadas e outras muito menos que nós. Por mais conhecimento, estudo e sucesso, não podemos nos esquecer desta premissa.

Valorize aqueles que torcem por você! Outro ponto importante é se lembrar de toda a ajuda que teve e procurar fazer o bem. Sou filha de pais separados e tive ajuda das minhas tias, que me auxiliaram financeiramente pagando meus estudos em escolas particulares e sou muito grata por isso.

Além disso, sempre pude contar com o apoio e suporte da minha família, do meu marido, de amigos incríveis e de mulheres admiráveis. Faço parte de grupos de trabalho relacionados ao Compliance, que agregam muito valor no meu trabalho, com trocas ricas e importantes sobre temas relevantes, como o *Compliance Women Committee* (CWC)[3] e o Jurídico de Saias[4].

---

[3] Compliance Women Committee - grupo de mulheres comprometidas com as pautas do empoderamento feminino e da cultura de integridade no ambiente corporativo.

[4] Jurídico de Saias - grupo formado por mulheres advogadas atuantes em departamentos jurídicos de empresas, associações ou entidades sem fins lucrativos.

Nessa linha, Melinda Gates adiciona:

> *"Se somos bem-sucedidas, é porque alguém, em algum lugar, em algum momento, lhe deu a vida ou uma ideia que a colocou na direção certa. Lembre-se de que você também tem uma dívida com a vida até ajudar alguma pessoa menos afortunada do mesmo modo que você foi ajudada."*

Eu, Compliance e propósito

Cristiane Souza da Luz

Mais de 20 anos de experiência profissional no mercado financeiro, atuando nas áreas administrativa, contábil, controles internos, Compliance, gestão de riscos (mercado, liquidez, crédito e operacional). Nos últimos cinco anos atuando em posições de liderança, fortalecendo equipes com foco em atendimento à legislação e perenidade dos negócios.

Formada em Administração de Empresas pela ULBRA Gravataí/RS, MBA em Finanças Empresariais pela FGV/RJ (Fundação Getulio Vargas), MBA em Controles Internos e Auditoria Bancária pela AVM/RJ, pós-graduação em Compliance e Integridade Corporativa pela PUC/MG (Pontifícia Universidade Católica).

Com certificações CICs (Certified Internal Control Specialist) pelo ICI/EUA, CPA10/CPA20/CEA pela ANBIMA (Associação Brasileira das Entidades dos Mercados Financeiro e de Capitais), PQO Compliance pela B3 e C31000 (Certified ISSO 31000 Risk Management Professional) pelo G31000.

Dedicatória

"Aos meus pais, Valtor Luz e Sônia Luz, que me ensinaram a crer nas coisas certas, sendo os meus primeiros professores de Compliance, com seus valores de ética e honestidade; ao meu marido, Cristhian Kieling, por sempre me apoiar em toda a nossa jornada que já completa quase 30 anos; aos meus filhos, Enzo e Bianca, por me fazerem uma pessoa melhor a cada dia e às minhas revisoras, Tatiana Costa e Clarice Koch, por lerem e avaliarem de maneira sincera este material, fazendo com que eu pudesse refletir sobre a minha trajetória de vida."

Os primeiros passos

Venho de uma família humilde da região metropolitana de Porto Alegre, no Rio Grande do Sul, que sempre prezou pelos estudos, mesmo em momentos que foram difíceis de manter este investimento para mim e para os meus irmãos, Viviane Luz e Roberto Luz. Tive uma formação em escolas de referência da região e fui livre para decidir o caminho que queria seguir, apesar de o meu pai sempre querer que eu, ou a minha irmã, fizéssemos Direito, o que ainda não aconteceu, mas pode ser que um dia aconteça. Meu primeiro emprego foi em uma rede de supermercados da região, depois em uma loja de roupas em um shopping, mas sabia que precisaria iniciar uma graduação para aprender e me desenvolver no mercado financeiro, que era meu objetivo. Então peguei a minha rescisão do último emprego e decidi iniciar minha graduação em Administração de Empresas na Ulbra, em Gravataí, no Rio Grande do Sul, motivada pela abrangência de possibilidades que este curso proporcionava.

Em 1998 busquei um estágio para arcar com os custos da minha graduação e mesmo não tendo experiência me candidatei para uma vaga em um Banco Cooperativo. Lembro-me que ficamos eu e uma outra menina como finalistas do processo seletivo que teve diversas fases, provas, dinâmica em grupo, enfim, a outra candidata já tinha feito estágio em uma instituição financeira e eu só tinha experiência em comércio, então, mesmo com todos esses desafios, para a minha surpresa e felicidade fui a escolhida.

Iniciei como recepcionista de um dos andares do prédio do Banco Cooperativo, auxiliando as atividades de secretária, porém esta posição era temporária, quando concluí o período estabelecido fui convidada para ingressar na área administrativo/contábil da Central Cooperativa deste sistema e aceitei de imediato.

O Compliance na minha vida

Na Central Cooperativa trabalhei em diversas atividades, administrativas, contábeis, folha de pagamento, orçamento financeiro, entre outras, como a gente falava na época, "que caiam de paraquedas".

Com esse cenário compreendi que havia novas oportunidades, mas também a necessidade de buscar uma nova qualificação, então realizei uma formação específica em Finanças Corporativas para me auxiliar com os meus novos desafios, cursando o MBA da FGV/RJ, trazido para Porto Alegre pela conveniada Decision, que recomendo para todos os que têm interesse em trilhar o Mercado Financeiro.

Naquele período conheci pessoas incríveis, que me auxiliaram na minha formação, me ensinaram atividades e conhecimentos que aplico até hoje, exceto a utilização do *fax*, que os que nasceram no século XXI não devem conhecer sua utilização, ou no mínimo devem achar meio inútil a possibilidade de enviar uma cópia de documento para outro lugar de modo instantâneo, porém, era de grande valia na época.

Em 2010, o Sistema Cooperativo passava por diversas mudanças e necessitava estruturar o atendimento à legislação sobre Controles Internos, Compliance, Risco Operacional, entre outras.

Nessa Central Cooperativa foi estruturada a área de Controles Internos e Compliance e eu fui convidada para ingressar neste desafio que era auxiliar as cooperativas na estruturação ao atendimento da legislação com foco nos Controles Internos, Compliance e Risco Operacional. O *start* deste processo se deu em evento promovido pelo Sistema Cooperativo em 2012, que contou com a presença do professor **Marcos Assi**, renomado consultor em assuntos ligados a GRC (Governança, Gestão de Riscos e Compliance), que nos fez refletir sobre os controles internos e cultura organizacional.

As mudanças na organização me oportunizaram reconhecimento e novos desafios e na busca por excelência nos resultados procurei novamente me qualificar na área, então cursei o MBA em Controles Internos e Auditoria Bancária da AVM/RJ, que me trouxe diversos *insights* para esse novo arcabouço. Neste mesmo período fiz a certificação internacional CICs (Certified Internal Control Specialists) pela Crossover, que me instigou a conhecer mais sobre controles internos, gerenciamento de riscos, SOX (Lei Sarbanes-Oxley) e Governança Corporativa. Nesta certificação tive a oportunidade de conhecer o professor **Eduardo Pardini** ao qual quero deixar registrado o meu agradecimento por ser um profissional que, além de formar os especialistas, acompanha o desenvolvimento e auxilia na trilha dos seus ex-alunos, sempre disponível, divulgando conteúdos e materiais de alta relevância.

A transição de profissional a mãe

Neste momento tive a experiência mais intensa e dolorosa da minha vida, pois, além de buscar uma carreira de realizações, também tinha o desejo de ser mãe. Minha primeira gestação não se desenvolveu, pensei que não conseguiria mais ter filhos e esse era um sonho que compartilhava com o meu marido.

Felizmente as coisas acontecem cada qual no seu momento e fui agraciada com o meu menino em 2012 e minha menina em 2015, que são a minha razão de querer sempre buscar o caminho correto, para poder ensiná-los que o caminho certo por vezes não é o mais curto, mas é o mais adequado e gratificante a longo prazo.

Os desafios da maternidade

Como mãe...	Como profissional...
Quando os filhos são bebês a alimentação e as funções básicas, como banho e troca de fraldas, são as mais intensas e preocupantes.	No início de carreira, se quer tudo, no menor prazo possível, com o maior ganho monetário, sem perder de vista a qualidade e o bem-estar.
Com o passar do tempo, as fases vão se alterando e a prioridade se torna cumprir os horários e auxiliá-los nas tarefas e nos temas de casa.	Na plenitude da carreira, tudo fica mais claro, quais os objetivos, o propósito e as metas de estabilidade.
Ainda não cheguei na fase de ficar acordada esperando que eles voltem em segurança de festas com os amigos.	Com a maturidade profissional se aprende a lidar com as mais diversas situações, com tranquilidade, firmeza e eficiência.

Vivenciei muitas situações corporativas, mas entender o sentimento, a experiência e a bagagem que cada um traz consigo é um desafio que exige trabalhar muito a empatia. Tive um episódio familiar que me fez refletir sobre esse tema. Estávamos eu, o meu marido e os meus dois filhos andando de bicicleta e de repente minha filha caiu e ralou o joelho, eu disse a ela que não era nada e que voltasse a andar; na outra esquina tranquei a roda da minha bicicleta em uma pedra e caí; meu filho mais que depressa gritou *"Oh, pai a mãe caiu!"* Nesse momento todos os olhares da praça se viraram para mim e enquanto eu levantava do chão com meu joelho também ralado minha filha me disse *"Mãe, agora tu sente o que eu sinto"*. Aquela frase me marcou, porque realmente vivenciei o que era empatia na pele, no caso, no joelho.

O modelo das três linhas de defesa do IIA

Em 2013, o Institute of Internal Auditors (IIA) publicou "As Três Linhas de Defesa no Gerenciamento Eficaz de Riscos e Controle", para propor uma maneira de organização corporativa nas empresas, definindo três grandes grupos com o papel de cada agente envolvido.

A **primeira linha** corresponde aos indivíduos que estão mais diretamente ligados com a entrega de produtos e/ou serviços aos clientes da organização, incluindo funções de apoio. A **segunda linha** compreende os indivíduos que darão apoio e fiscalização às atividades da primeira linha. É neste grupo que estão os especialistas em Compliance, gestão de riscos, entre outros. A **terceira linha** corresponde à auditoria interna, a qual é responsável pela avaliação e assessoria independentes sobre a adequação e eficácia da gestão de risco e governança corporativa. Este modelo tem se apresentado como importante recurso para os agentes de gerenciamento de riscos, governança, entre outros, na busca pelos objetivos da organização.

A minha evolução profissional

No trabalho, ao longo desse período fizemos diversas interações com as cooperativas, via eventos em Porto Alegre, visitas *in loco* e videochamadas periódicas com as equipes. Nosso grupo era multidisciplinar, minha formação era interna da Central Cooperativa e os demais colegas vieram de outras cooperativas, cada qual com sua expertise e formação.

Trabalhamos bastante no amadurecimento da Supervisão Cooperativa, tenho muito orgulho dessa fase e da experiência que me direcionou para o caminho que até hoje trilho que é a formação em Compliance como propósito de vida, tanto na esfera profissional como na pessoal.

Tive muitos contatos e experiências, pois recebíamos consultas das cooperativas com as mais diversas abordagens, fossem de atividades ligadas ao atendimento nos caixas às políticas de governança da Cooperativa, retornávamos as consultas sempre prezando pelo desenvolvimento e segurança do Sistema.

Nossa diretoria de Supervisão era composta pelas áreas de Controles Internos e Compliance, Auditoria Interna, Processos e Administrativo/Financeiro, desta forma, conseguíamos abordar diferentes temas com as cooperativas de forma consolidada. Minha atividade era mais relacionada à construção e descrição das matrizes de riscos e controles das Cooperativas, a cada matriz que era ligada a um tema/produto específico eu me desenvolvia e aprendia mais, foi uma experiência enriquecedora.

Entre 2017 e 2018 este Sistema Cooperativo passou por um período de reestruturação e muitos da minha diretoria de Supervisão foram desligados, inclusive eu.

Foi o fechamento de um ciclo de quase 20 anos que me trouxe: o medo do recomeço, a incerteza da mudança, a saída da zona de conforto e a possibilidade de moldar novos rumos.

Os ressignificados que convergem para o propósito

E após um mês e meio de busca no mercado de trabalho, iniciei em uma seguradora, um mercado em que eu tinha pouco conhecimento e pouco contato com as regulações da Susep. Foi uma experiência de novos produtos e desafios que me fortaleceram para o que viria.

Em 2019 aceitei o desafio de estruturar e consolidar a área de Riscos e Compliance de uma gestora de recursos de terceiros muito promissora, com profissionais de vasta experiência no mercado financeiro. Nessa gestora tive experiências mais focadas no mercado de capitais, que até então não haviam sido o meu foco de abordagens e me exigiu ampliar minha base de conhecimento e assertividade na condução de processos internos. Estruturei as matrizes de riscos e controles, consolidei os controles de riscos, revisei e complementei as Políticas e Normativos.

Nesse mesmo ano, iniciei minha pós-graduação em Compliance e Integridade Corporativa pela PUC/MG, que me trouxe conhecimentos específicos ligados à carreira de Compliance e me fez crer que fiz as escolhas corretas ao longo da minha trajetória. Para os que querem trilhar o Compliance, recomendo essa formação, tive professores excelentes e conteúdos muito ricos e consistentes.

Meus filhos nesse período ingressaram no ensino fundamental e me vi tendo que distribuir de forma mais assertiva o meu tempo para cada atividade, a organização da minha agenda e a deles foram para o meu calendário, notificações foram a minha alternativa para compromissos e todos os serviços e recursos que possuíam aplicativos foram para o meu celular.

Com menos de um ano de trabalho na gestora, instaurou-se no mundo a pandemia de Covid-19, que trouxe consigo muitas incertezas e desafios. Novas relações sociais e de trabalho foram estruturadas, o desafio estava em se manter isolado e ao mesmo tempo conectado. Muitas empresas encerraram suas atividades, outras tiveram que se adaptar ou se reinventar.

O Compliance, com o papel de mitigar desconformidades, evitar riscos legais e perdas financeiras, marcou sua presença no período de pandemia, zelando pela governança corporativa no atingimento dos seus novos objetivos, como se falou muito no "novo normal".

Vejo hoje que minha trajetória sempre esteve ligada ao Compliance e seus desdobramentos e que cada experiência, interação, aprendizado me fez crer que em todas as histórias de sucesso e perpetuidade de organizações o Compliance marca de forma expressiva sua presença, seja na governança corporativa ou na mitigação dos seus riscos. Como líder, a busca constante de apresentar os valores pelo exemplo é uma premissa que levo comigo.

Sobre o Compliance

As empresas devem estar preparadas para arranjos cada vez mais complexos, mais digitais e mais verdes, que se modificam a todo momento e desafiam o Compliance a acompanhá-los, utilizando-se sempre da premissa de que este investimento é relativamente inferior ao custo da Não-Conformidade.

Compliance vem do verbo em inglês *"to comply"*, que significa cumprir, executar, satisfazer, realizar o que lhe foi imposto, ou seja, *compliance* é estar em conformidade, é o **dever de cumprir** e **fazer cumprir** regulamentos internos e externos impostos às atividades da instituição, seja por reguladores, autorreguladores e sociedade.

A missão do Compliance é zelar pelo cumprimento das leis, regulações e autorregulações, normas internas e os mais altos padrões éticos, orientando e conscientizando quanto à prevenção de atividades e condutas que possam ocasionar riscos à instituição e seus *stakeholders*, permitindo o crescimento sustentável e a perpetuidade do negócio.

O Compliance Officer e suas funções

O *"compliance officer"* tem a missão de garantir a **integridade**, a **conformidade** e a **perenidade** da instituição; para tanto, deve desenvolver as seguintes atividades:

- Conhecer a dinâmica das **Atividades do Negócio**, entendendo as estratégias, desafios e propósitos da instituição, se mantendo atualizado com os processos e as inovações.

- Conhecer as **Leis e Normativos** dos reguladores e autorreguladores do mercado, verificando sua aplicabilidade na instituição, instruindo com precisão os envolvidos e desenvolvendo planos de ação para implementação, atuando como intermediador deste processo.

- Estruturar os princípios **Éticos e Normas de Conduta** da instituição, equalizando os princípios à cultura e valores da empresa e mantendo a disposição para todos os níveis hierárquicos da instituição.

- Desenvolver junto às demais áreas da instituição as **Políticas, Normas e Manuais Internos**, garantindo que os princípios, regras, processos e controles internos existam e que, além de haver um fluxo de governança para aprovação, sejam disponibilizados de forma eficiente aos envolvidos.

- Assegurar um sistema de **Segurança da Informação** que possua controles de acesso e que os dados necessários ao desenvolvimento das atividades estejam disponíveis aos respectivos colaboradores, preservando a confidencialidade e sigilos necessários, atendendo às legislações específicas, a exemplo da LGPD (Lei Geral de Proteção de Dados Pessoais).

- Estruturar a **Prevenção a Lavagem de Dinheiro**, com política específica aprovada pela Alta Administração, manuais de processos de negócios que incluam essa abordagem, treinamentos periódicos de colaboradores e terceiros, processos de conheça seu cliente (KYC), conheça seu colaborador (KYE) e conheça seu parceiro (KYP), implantar sistema de monitoramento para reporte de operações em espécie e segregação de operações atípicas que serão reportadas aos órgãos competentes dos falsos-positivos.

- Além dos itens citados é importante a participação no processo de aprovação e desenvolvimento de **Novos Produtos e Serviços**, garantindo a observância de eventuais riscos inerentes.

As medidas de Compliance não se limitam a essas, porém esses itens só terão sua eficiência consolidada se obtiverem o apoio da Alta Administração, porque o elemento-chave é o "**Tone at the Top**".

Dicas para a Carreira no Compliance

Para os que querem trilhar o caminho de Compliance, a revisão de leis e normativos é uma constante, principalmente a transformação desse atendimento em atividades e planos de ação para o seu cumprimento, sempre com o foco na jornada de cada produto e/ou serviço, associado ao apetite de riscos da instituição.

Recomendo também a obtenção de certificações, que são uma forma rápida e eficiente de adquirir, testar e comprovar os conhecimentos; tirei as certificações CPA10, CPA20 e CICs ainda no Sistema Cooperativo, quando ingressei na gestora tirei as certificações CEA, PQO de Compliance e ISO31000, cada qual com sua abordagem e delimitação de tema.

Apesar de o Compliance estar presente nas instituições do mercado financeiro, algumas com mais intensidade e outras com um pouco menos de regulações, o *compliance officer* deve acompanhar de forma contínua as evoluções destes arranjos cada vez mais complexos, como: real digital, criptoativos, sustentabilidade, entre outros temas que demandam novas abordagens e perspectivas futuras.

Além das Fronteiras

Cynthia Nesanovis Catlett

Vice-Presidente da empresa americana Charles River Associates (NYSE: CRAI), é graduada com distinção em Direito (Juris Doctorate) e Relações Internacionais nos Estados Unidos pela University of the District of Columbia e pela George Washington University, respectivamente. Com uma experiência de 17 anos na área de investigação de fraudes, corrupção e lavagem de dinheiro, ela é reconhecida pelo Global Investigations Review como uma das 100 mulheres mais notáveis no mundo das investigações (2021). Iniciou sua carreira no Departamento de Integridade Institucional do Banco Mundial, em Washington, DC, e também acumulou experiência na Procuradoria de Washington, DC. Atuando em consultoria há 15 anos no Brasil, ela também é membro do Comitê de Auditoria da Porto Seguro S.A. Além disso, lidera um grupo de empoderamento feminino que reúne mais de 500 executivas brasileiras. Como parte de sua contribuição acadêmica, já ministrou aulas como convidada especial na Fundação Getulio Vargas (FGV) do Rio de Janeiro e é autora de mais de 40 artigos sobre fraude, corrupção e lavagem de dinheiro.

Junho de 1999. Aeroporto Internacional de Guarulhos. Enquanto me dirigia ao portão de embarque, meu coração batia acelerado, repleto de expectativas e incertezas. Eu estava prestes a embarcar em um voo que transcendia a mera travessia geográfica. Era uma jornada transformadora, unindo duas terras que moldaram quem eu sou: o Brasil, meu lar e berço da minha identidade, e os Estados Unidos, um mundo de oportunidades que eu ansiava explorar.

Com uma bolsa de estudos reconhecendo meu desempenho acadêmico em mãos, eu estava a caminho da George Washington University, em Washington, DC. Mais do que uma porta de entrada para aprofundar meus estudos em Relações Internacionais, essa oportunidade representava meu ingresso no universo do empoderamento feminino. Eu participaria do programa "Women in Power and International Leadership" e residiria por um ano no campus exclusivamente feminino da universidade, o histórico Mount Vernon College. Era um passo ousado em direção ao meu sonho de deixar uma marca no mundo e, um dia, contribuir significativamente para o meu país.

Enquanto o avião ganhava altitude, mergulhei em reflexões profundas sobre minha trajetória. Cresci na Serra da Cantareira, em Mairiporã (SP), em uma família bicultural. Meu pai, engenheiro químico natural de Hodgenville, Kentucky, e minha mãe, advogada, brasileira, me presentearam com uma visão de mundo enriquecida por valores e perspectivas diversas.

Lembrei-me das intermináveis viagens diárias até a Escola Graduada de São Paulo, no coração do Morumbi. Três horas por dia cruzando a vastidão da cidade, que se tornaram meu laboratório pessoal de observação social. Nas horas solitárias dentro do carro, com o mundo desfilando pela janela, encontrei um cenário de aprendizado contínuo. A beleza da Mata Atlântica entrelaçada com a complexidade da vida urbana, comunidades vibrantes contrastando com áreas desfavorecidas – essa diversidade alimentou minha paixão pelas ciências sociais e humanas, moldando o propósito que definiria minha carreira, minha vida, minha busca por justiça social e meu questionamento sobre o delicado equilíbrio entre o certo e o errado, o justo e o injusto.

Aqueles momentos de contemplação, resiliência e sonhos, vividos na estrada e agora revisitados a 30.000 pés de altura, traçaram o caminho que me trouxe até aqui. Eu estava pronta para ir além das fronteiras do conhecido, expandir meus horizontes e abraçar o desafio de me tornar uma agente de mudança. A jovem que pousaria em solo americano era movida pela esperança de não apenas conquistar seu espaço no mundo, mas de abrir caminhos para outras mulheres trilharem.

Uma jornada de descobertas e desafios

Minha vida nos Estados Unidos foi uma experiência que moldou quem eu sou, pessoal e profissionalmente. Foi um período de crescimento acelerado, repleto de oportunidades incríveis e desafios inesperados.

No Mount Vernon College, mergulhei de cabeça nos estudos sobre empoderamento feminino e liderança. As discussões em sala de aula e os projetos na comunidade ampliaram minha visão sobre o papel da mulher na sociedade e me deram ferramentas para enfrentar os obstáculos que viriam. Concluir o curso com honras foi uma validação do meu esforço e um trampolim para alçar voos ainda mais altos.

Foi em 2003, quando decidi estudar Direito na David A. Clarke School of Law, que minha trajetória ganhou um novo propósito. Estágios em escritórios engajados em causas sociais e a participação em clínicas de direitos humanos me confrontaram com realidades duras e me ensinaram o poder da advocacia para promover mudanças. Cada caso, cada história de vida reforçava minha determinação de usar minha voz e habilidades para fazer a diferença.

Mas nada na vida é uma linha reta, e meu caminho nos Estados Unidos foi recheado de desvios enriquecedores. Ser garçonete em um pub irlandês me ensinou sobre trabalho duro e empatia. Como pesquisadora no Center for Economic and Policy Research, mergulhei na complexidade das políticas públicas. E, como telemarketer para a Feminist Majority Foundation, aprendi a arte de persuadir e mobilizar pessoas por uma causa. Cada experiência, por mais inusitada que fosse, agregava uma nova camada à minha compreensão do mundo e de mim mesma.

Após a faculdade de Direito, tive o privilégio de atuar em instituições que são referência global. Na Procuradoria Geral de Washington, DC, observei casos que me confrontaram com os desafios da justiça. No Banco Mundial, como parte do Departamento de Integridade Institucional, viajei para países como Rússia, Azerbaijão e Uzbequistão, testemunhando de perto o impacto da corrupção no desenvolvimento das nações. Foi nesse período que encontrei minhas grandes paixões profissionais: a pesquisa e o combate à corrupção.

Mas, após quase uma década nos Estados Unidos, a saudade do Brasil falou mais alto. A decisão de deixar o Banco Mundial e retornar a São Paulo surpreendeu a muitos. Meu orientador expressou preocupação de que eu estivesse "vendendo minha alma" ao migrar para o setor privado. Mas eu sabia, no fundo, que poderia encontrar propósito e realizar mudanças positivas em qualquer setor, desde que me mantivesse fiel aos meus valores.

O retorno ao Brasil foi um choque cultural reverso. Eu me sentia uma estranha no meu próprio país, "americana" demais para me encaixar facilmente. A escassez de mulheres em posições de liderança e os desafios de adaptação foram desanimadores a princípio. Mas persisti, e ao encontrar uma consultoria que valorizava minha experiência internacional pude finalmente vislumbrar meu lugar.

Hoje, 16 anos após meu retorno, ocupo com orgulho uma posição de liderança em uma multinacional, apoiada por uma equipe local excepcional. Integrar o comitê de auditoria de uma renomada empresa brasileira é a cereja do bolo, a validação de que todo o meu percurso, com suas reviravoltas e desvios, me trouxe exatamente para onde eu deveria estar.

Minha jornada nos Estados Unidos me ensinou que o crescimento muitas vezes está fora da zona de conforto e que a chave para o sucesso é manter-se fiel a si mesma e aos seus valores, não importa aonde a vida nos leve.

O papel da sorte e do mérito

Ao refletir sobre minha trajetória, não posso ignorar o papel que a sorte desempenhou em momentos cruciais.

No entanto, também percebo uma tendência, especialmente entre nós, mulheres, de atribuir grande parte do nosso sucesso à sorte, minimizando nossos próprios esforços e conquistas. Quantas vezes já ouvi colegas brilhantes dizendo "tive sorte de ser promovida" ou "foi sorte estar no lugar certo, na hora certa"? Embora a sorte seja um fator, ela não é a única explicação para o nosso sucesso. Esse viés de autossabotagem feminina é tão enraizado que, mesmo quando recebemos *feedbacks* externos positivos, muitas vezes o atribuímos à gentileza ou sorte, em vez de ao nosso mérito.

Reconhecer o impacto desse condicionamento cultural em minha própria jornada foi libertador. Passei a questionar meus pensamentos automáticos de desvalorização das minhas conquistas. Sim, a sorte desempenhou um papel, mas meu trabalho duro, habilidades e resiliência foram igualmente, senão mais essenciais, para o meu sucesso. Percebi que, quando minimizamos nossas realizações, também perdemos a oportunidade de nos colocarmos como exemplos para outras mulheres. Se não pudermos reconhecer nosso próprio brilho, como podemos encorajar outras a brilhar?

Hoje, faço questão de celebrar minhas vitórias e de atribuí-las não apenas à sorte, mas principalmente à minha dedicação. Isso não significa ser arrogante ou negar o valor das oportunidades que recebi. Significa encontrar um equilíbrio saudável entre humildade e autoconfiança.

Meu convite a todas as mulheres é que reflitam sobre suas próprias jornadas e se permitam reconhecer o mérito por trás de cada conquista.

Minha jornada pessoal: superando desafios, conquistando espaços

Meu caminho rumo ao crescimento profissional foi pavimentado por desafios extraordinários e conquistas gratificantes. Como uma das poucas mulheres liderando uma prática de uma consultoria estrangeira no Brasil, eu estava quebrando barreiras invisíveis a cada passo.

Hoje, olhando ao redor, vejo com alegria cada vez mais mulheres emergindo nesse cenário, reivindicando seus espaços de direito. Um dos pontos altos da minha trajetória veio em 2021, quando fui nomeada para o Global Investigations Review e reconhecida como uma das 100 mulheres mais notáveis do mundo na área de investigação. Essa honraria não apenas validou meu trabalho, mas também destacou a importância da representatividade feminina em posições de destaque.

Sempre me recordo dos meus primeiros passos. Esses estágios iniciais me ensinaram a importância da humildade, o valor de cada indivíduo e a necessidade da empatia em relações profissionais. Essas lições se tornaram os pilares da minha abordagem de liderança.

Tive a sorte de encontrar mentores excepcionais ao longo do caminho, líderes que acreditaram em mim e me transmitiram valores essenciais como generosidade e comprometimento com a equipe. Mesmo sem treinamento formal em gestão de pessoas, tracei meu próprio caminho nesse mundo, aprendendo com cada interação e desafio.

Um momento marcante dessa jornada foi quando recebi meu primeiro convite para falar sobre corrupção em um evento da HSM Expomanagement. Apesar da minha aversão inicial a falar em público, reconheci que essa oportunidade era crucial para o meu desenvolvimento. Ao invés de recuar, decidi encarar o desafio de frente. Contratei dois *coaches* para me guiar na arte de falar em público, investindo no meu próprio crescimento. No dia do evento, subi ao palco preparada e confiante, pronta para compartilhar meu conhecimento e paixão com a audiência.

Essa experiência me fez refletir sobre meus tempos na faculdade de Direito nos EUA, onde o medo dominava sempre que eu precisava me manifestar nas aulas devido ao método socrático. Quantas vezes escolhi o silêncio para evitar a exposição, perdendo a chance de participar ativamente do meu próprio aprendizado?

Hoje, após enfrentar inúmeros desafios na arte de falar em público, olho para trás com carinho e orgulho. Cada palco, cada plateia, cada microfone representou uma oportunidade de superar meus medos e ocupar meu espaço. Meu conselho para todas as mulheres é simples: aja, mesmo quando o medo estiver presente. Nas palavras de Nelson Mandela, "A coragem não é a ausência de medo, mas o triunfo sobre ele".

Navegando entre culturas e encontrando propósito

Navegar entre as culturas americana e brasileira tem sido um desafio constante, mas também um privilégio. Essa dualidade cultural moldou quem eu sou, ampliando minha visão de mundo e me capacitando a encarar complexidades com uma perspectiva única. Hoje, abraço essa dualidade como parte intrínseca da minha identidade. Com um pé em cada cultura, sigo em frente, ansiosa pelas oportunidades e aprendizados que o futuro reserva.

Minha jornada intercultural é uma fonte inesgotável de crescimento pessoal e profissional, me preparando para enfrentar os desafios de um mundo cada vez mais globalizado.

Compliance: a intersecção de propósito e identidade

Minha escolha pela área de Compliance não foi por acaso. Suas raízes estão profundamente ligadas à minha história pessoal e à minha vivência. Compliance se mostrou perfeitamente alinhada com meus valores e minha visão de mundo, oferecendo uma oportunidade única de aplicar princípios universais de ética e integridade em um contexto global.

Trabalhar no setor privado poderia ser visto como uma contradição para alguém com fortes convicções sobre justiça social e equidade. No entanto, descobri que é exatamente nesse campo de Compliance que posso ser uma agente de mudança, promovendo ética e governança nas empresas. Meu papel me permite vivenciar meus valores na prática, influenciando positivamente a cultura corporativa e contribuindo para um ambiente de negócios mais íntegro.

Ao longo da minha jornada, percebi que Compliance vai muito além de um conjunto de regras e regulamentos. É uma ferramenta poderosa e dinâmica para promover a responsabilidade corporativa, a transparência e a boa governança. Nessa área, encontrei um terreno fértil para criar um impacto positivo na sociedade.

Através do Compliance, posso influenciar a tomada de decisões estratégicas, garantindo que as empresas atuem de forma ética e responsável. Posso contribuir para a criação de uma cultura organizacional baseada em valores sólidos, onde a integridade é o norte que guia todas as ações. E posso fazer isso em escala global, trabalhando em empresas multinacionais que impactam a vida de pessoas ao redor do mundo.

Inspiração para o futuro: abraçando a dualidade, transformando o mundo

Assim como eu, muitas mulheres vivenciam a constante busca por equilíbrio em um mundo profissional ainda dominado por normas e expectativas masculinas. O sentimento de não pertencimento é uma realidade compartilhada, fruto de uma luta diária para se encaixar em ambientes que nem sempre compreendem ou valorizam nossas perspectivas únicas.

Quantas vezes já nos sentimos como estrangeiras em nossas próprias carreiras, sempre nos adaptando, continuamente tendo que provar nosso valor? Desde os estágios iniciais até as posições de liderança, o desafio de ser ouvida, reconhecida e respeitada é uma constante. É como uma dança delicada, em que precisamos encontrar a confiança para liderar e tomar decisões, mesmo quando somos questionadas ou subestimadas.

No entanto, é nessa jornada de não pertencimento que

encontramos nossa força. Assim como eu descobri resiliência ao navegar entre culturas, muitas mulheres transformam sua luta por igualdade e equidade em determinação inabalável. Cada obstáculo enfrentado se torna uma oportunidade de crescimento, cada desafio superado nos torna mais fortes e preparadas para o próximo.

É essa força que nos impulsiona a desafiar o *status quo*, a ocupar espaços onde nossas vozes possam ecoar e a construir um futuro em que a diversidade seja celebrada em todas as suas formas.

Lembro-me das sábias palavras de Oprah Winfrey: "A coragem é como um músculo. Precisamos exercitá-la todos os dias para que se torne forte em nossas vidas". Esse é o convite que faço a todas as mulheres que, como eu, ousam trilhar seus próprios caminhos e desafiar as expectativas da sociedade. Cada desafio enfrentado, cada vitória conquistada é um passo em direção à melhor versão de nós mesmas. Não é uma questão de sorte, mas sim de determinação e coragem.

Que a nossa jornada compartilhada de não pertencimento se torne nossa maior força. Que o nosso ponto de vista, feminino e maternal, seja celebrado como um presente, um diferencial que nos permite enxergar o mundo de maneira única e útil. E que a nossa coragem seja o legado que deixaremos para as próximas gerações de mulheres, mostrando que é possível, sim, desafiar o *status quo* e construir um futuro mais justo e igualitário para todos. O futuro nos pertence, e juntas somos realmente mais fortes.

Ser ou estar em Compliance: escolho SER na vida pessoal e profissional

Eliane Pereira da Silva

Mulher negra, mãe do Pedro Henrique e da Maria Luisa, advogada, gestora pública – coordenadora de Políticas de Integridade Pública no Instituto Estadual de Engenharia e Arquitetura, especialista em Administração Pública pela Fundação CEPERJ, especialista em Políticas Públicas pelo CLACSO. Vice-presidente do Instituto Ubuntu de Defesa dos Direitos Humanos, vice-presidente da Associação Advocacia Preta Carioca, diretora administrativa no Instituto Juristas Negras, presidente da Comissão de Compliance do IBRAPEJ, membro da Comissão de Compliance da OAB/RJ, certificada CPC-A pela LEC, consultora em Diversidade e Inclusão. Coautora do livro "Trazendo Carolina Maria de Jesus para o Direito", pela OAB. Compliance como instrumento estratégico de gestão de riscos para transformação social.

Os caminhos abertos

Falar da minha trajetória profissional é trazer minha base familiar como construção da minha identidade. Filha de Maria Eliani da Silva, servidora pública, e Guarany Pereira da Silva, auxiliar de serviços gerais, nasci na Maternidade Praça XV, no Centro da Cidade do Rio de Janeiro, vindo a morar no Morro da Mineira, onde construí memórias afetivas com uma família amorosa que a todo momento me incentivou a estudar. Na tenra idade, estudar para mim sempre foi um mergulho em um mar brilhante, abertura da mente e diante da famosa pergunta "o que você vai ser quando crescer?", respondia inúmeras profissões, com a pureza de uma criança que ainda não entendia a construção da sociedade brasileira.

Muitas perguntas sem respostas em um determinado momento passaram a ter resposta no decorrer da minha vida, e com isso a compreensão do que é ser uma menina/mulher negra. As respostas vieram na escola, na faculdade e no ambiente de trabalho, de forma sutil ou aberta, ocasionando obstáculos com feridas profundas, capazes de paralisar, entretanto, segui, porque era necessário e urgente. No primeiro ano do ensino médio cursei o magistério, pois tinha a certeza que seria professora; ao término do primeiro ano decidi cursar contabilidade e concluí o ensino médio ávida por uma colocação no mercado de trabalho e em cursar a faculdade de Direito. As oportunidades de trabalho não eram muitas e meu primeiro emprego foi em uma rede de supermercados, onde ingressei como empacotadora e, de imediato, fui transferida para o setor administrativo. Ressalto que, na minha infância, minha mãe, servidora pública, assistente administrativa, hoje aposentada, me levava para o seu trabalho e eu ficava fascinada com o ambiente e as atividades que ela desempenhava.

Após atuação no comércio e indústrias, decidi cursar Direito e dividia o tempo entre o curso, trabalho e relacionamento, visto que no decorrer da faculdade engravidei do meu primeiro filho. Como escrevi inicialmente, minha experiência como uma pessoa negra inicia-se na escola, com a percepção de pessoas não negras sobre mim, que muitas vezes nos coloca em um não lugar, não pertencimento. Contudo, foi na universidade que me vi como uma mulher negra, grávida, que ouviu da professora que certamente eu iria desistir da graduação, uma vez que havia engravidado e isso era o fim. Procedi com o trancamento do semestre, em face do nascimento do meu primogênito, permaneci trabalhando, retornei à faculdade, concluí a graduação e me tornei advogada. Essa jornada, sempre apoiada pelos meus pais e de suma importância na família, uma vida pautada na ética, que suleia meu caminhar pessoal e profissional, orientando meu comportamento, sobretudo, no servir ao público, uma vez que desde a graduação ocupei cargos no âmbito da administração pública e prezo pela integridade e retidão.

Trazer minha vivência familiar diz muito sobre minha atuação no serviço público e privado, como agente pública, advogada, palestrante, consultora, mentora, coautora e, o mais importante, como cidadã. Sempre pautei a educação na minha vida, contudo, importante destacar que nós, mulheres negras, partimos de um ponto distinto do estabelecido socialmente. Há muitas barreiras para que possamos alcançar os nossos objetivos. Muito se fala no teto de vidro, mas para nós as portas sequer se abrem para que possamos olhar por esse teto. Atuando em diversas áreas da advocacia, o direito público é uma paixão, assim como a atuação do servidor público com a coisa pública. Meu primeiro contato com o setor público foi no Procon, depois na Companhia Estadual de Habitação e logo após no Instituto Estadual de Engenharia e Arquitetura, como assessora de recursos humanos, estando à frente da Coordenação das Políticas de Integridade Pública da Autarquia.

O tema *compliance* fazia parte da minha vida e eu ainda não sabia, quando na pós- graduação em Administração Pública, cujo tema do meu artigo foi "A Responsabilização dos Prefeitos perante o Tribunal de Contas do Estado do Rio de Janeiro", com o objetivo de evidenciar a efetividade da prestação de contas e de controles efetivos, que para além de buscar culpados, e se existirem, que sejam punidos com o rigor da lei, mas buscando efetividade nos controles de forma que contribuam para uma boa governança, pautada em uma gestão eficiente e íntegra, onde o gestor deve atuar com responsabilidade para a proteção do interesse público.

O meu interesse por Compliance e integridade surge a partir de 2017, diante dos escândalos envolvendo setores públicos, privados e diante das capacitações que ocorriam na administração pública, que já trazia o tema, sobretudo com a edição da Lei nº 7.753, de 17 de outubro de 2017, que estabeleceu a exigência do Programa de Integridade às empresas que contratassem com a administração pública do Estado do Rio de Janeiro. O tema me intrigava cada vez mais e decidi me aprofundar, buscando conceitos e doutrinas que me fizessem compreender o motivo de o tema estar em voga no âmbito privado e na administração pública. O Compliance se insere como um instrumento de gestão de riscos para que as empresas se previnam, evitem violações e se pautem em uma cultura organizacional ética. Na esfera internacional, ocorriam muitos escândalos de corrupção e, no Brasil, o pacto de corrupção entre entes públicos e privados seguia a níveis imensuráveis. Diante deste contexto, considerando que a empresa que possua um programa de Compliance pode ter a multa reduzida, em casos de corrupção comprovada, imediatamente pensei: as esferas de poder do Brasil estão se superando quanto ao privilégio econômico!!! Criaram um mecanismo para atenuar suas condutas corruptivas! No entanto, ao me aprofundar cada vez mais no tema, constatei que uma cultura de integridade e Compliance vai além do cumprimento de normas e leis, até porque cumprir legislações e normas constitucionais é a regra, assim, não basta ter um programa de Compliance, o mesmo deve ser eficiente e comprovar que suas políticas internas são capazes de prevenir, reduzir e combater a corrupção na organização. A partir desta concepção, me tornei uma entusiasta e estudiosa do tema, compreendendo a magnitude de empresas e instituições públicas que possuem um bom programa e assim contribuem para o seu crescimento organizacional, que envolve pessoas, crescimento econômico e o fundamental, através de políticas não permeadas pelo lucro destrutivo, possam contribuir com a transformação da sociedade.

Determinação e oportunidade

Atuar na área é um desafio, mas viver também é. Na busca por conhecimento sobre o tema, acesso artigos, assisto palestras, conferências e sempre faço o teste do pescoço, que nada mais é do que movimentar o pescoço e verificar quantas pessoas negras há no recinto. De forma automática, sempre faço esse movimento nos espaços em que me encontro e a resposta é sempre a mesma, nenhuma ou pouquíssimas pessoas negras, participando ou palestrando. Inicialmente, citei como a educação é transformadora, contudo, não podemos cair na armadilha da meritocracia, uma vez que partimos de pontos distintos no que se refere ao estudo e mercado de trabalho. A atriz Viola Davis, em um discurso incrível, disse que "a única coisa que separa as mulheres negras de qualquer outra pessoa é oportunidade".

Minha determinação em compreender que Compliance é uma potência transformadora fez com que algumas portas se abrissem e ainda abrirão, ocasionando oportunidades de expandir e levar meu conhecimento. Minha determinação e a estratégia de Mãe Oxum criaram as oportunidades.

Oxum, assim como Oyá, é chamada de ialodê, posição que implica assumir posições, tomar decisões e negociar frente a frente com homens. Oxum nos apresenta, assim, uma concepção de equidade de gênero nos espaços públicos. (A Justiça é uma Mulher Negra, Lívia Vaz e Chiara Ramos, p. 275)

Liderança: tê-la ou conquistá-la?

Estou pronta! Mas será que a sociedade está? A ascensão de mulheres em áreas tradicionalmente dominadas por homens é um tema cada vez mais relevante e inspirador e a construção da minha identidade me transformou na mulher que sou hoje e, diante disto, sigo ocupando espaços importantes. Advogada como profissão, coordenadora de Políticas de Integridade e cargos em organizações sem fins lucrativos, às quais me sinto pertencente e nelas exerço os cargos de diretora administrativa e vice-presidente e me sinto feliz por contribuir para a criação de uma cultura organizacional mais ética e focada na conformidade. Liderar é motivar, incentivar bons resultados e requer habilidades relacionadas a pessoas e, para acessar essa expertise, minha trajetória pessoal contribui significativamente, considerando minhas experiências que enriquecem minha atuação, sobretudo com uma escuta ativa, ouvindo atentamente as preocupações, ideias e sugestões das colaboradoras, demonstrando interesse genuíno em suas perspectivas. Assim sendo, verifica-se a importância de uma liderança diversa, equitativa e inclusiva, para fortalecer e enriquecer as organizações.

Você é a soma de tudo que já viu, ouviu, comeu, cheirou,

disse, esqueceu – está tudo lá. Tudo influencia cada um de nós, e por isso eu tento ter certeza de que minhas experiências são positivas. (Maya Angelou)

Uma semente de Compliance

Na busca por certificação, em 2022 realizei o curso na LEC, no projeto Sementes de Compliance, no qual a prova para obter a certificação estava inclusa. Houve um processo seletivo para participar do programa e fui contemplada, uma vez que estavam buscando profissionais que pudessem germinar sementes de Compliance nas instituições. Concomitantemente, já atuando no Instituto Juristas Negras, Instituto Ubuntu e Associação Advocacia Preta Carioca, onde a convivência nas referidas entidades agrega e me ensina a cada dia, posto que as mulheres negras representam a alta direção, o que me ajuda a compreender melhor as necessidades, preocupações da instituição e também exercitar a liderança com seriedade, comprometimento, conhecimento, simpatia e leveza, naturais da minha personalidade.

Equilíbrio entre a vida pessoal e profissional

Atuando em diversas frentes, urge a necessidade de estudar cada vez mais, o que demanda tempo, sendo um desafio conciliar as demandas da carreira com as responsabilidades familiares e pessoais e não limitar as oportunidades de crescimento.

O equilíbrio entre vida profissional e pessoal é um desafio significativo, devido às demandas intensas e à natureza altamente regulamentada do trabalho, como a necessidade de cumprir prazos e lidar com questões urgentes e em um campo como o Compliance, onde a conformidade com regulamentações é crucial, pode haver uma expectativa implícita de disponibilidade constante, o que pode dificultar a desconexão do trabalho. Para lidar com essa rotina, exerço o autocuidado, com psicoterapia,

terapia de florais e grupos de acolhimento e a escrita também é uma grande aliada e é libertadora, pois escrevendo me expresso, trago memórias repletas de ancestralidade. Escrever suaviza meu dia, acalma minha mente e, citando a fala da grande escritora Carolina Maria de Jesus, "a vida é igual a um livro, só depois de ter lido é que sabemos como encerra". A referida escritora me inspira e me impulsionou a analisar e escrever sobre políticas públicas e direito sob a perspectiva do seu livro "Casa de Alvenaria", onde fui coautora do livro "Trazendo Carolina Maria de Jesus para o Direito".

O ocidente sempre se pauta na razão e emoção para justificar atos humanos, como candomblecista compreendo que a mente e o coração estão ligados e se complementam e para mim o sentir é o que me direciona para equilibrar vida pessoal e profissional.

Com toda adversidade cotidiana, ambos devem estar alinhados, por isso a importância de ambientes laborais com uma cultura de respeito ao tempo pessoal das colaboradoras, com suporte para lidar com o estresse das demandas diárias da organização.

A ética como cultura organizacional

A sociedade, com o passar do tempo, muda seu comportamento, por isso, de forma panorâmica, importante trazer a questão filosófica da palavra ética. E trago, inicialmente, sob a análise da filosofia africana, em Kemet – Egito Antigo, a sociedade, muito bem organizada administrativamente, inclusive, tomava suas decisões com base na Maat, princípio pautado na retidão, ética, justiça, parte integrante da sociedade, e garantia de ordem pública (Origem do Egito – Cheik Anta Diop). Na perspectiva europeia, a palavra ética vem do grego "ethos", e amplamente estudada por estudiosos da época, como relativo aos costumes, valores humanos. Ora, queridas leitoras, há anos a palavra vem sendo estudada, e norteia ou desnorteia as relações sociais. E não por acaso, inicialmente trouxe a etimologia da palavra ética por uma visão africana, porque na caminhada evolutiva dos seres humanos devemos sulear (redirecionar) o nosso horizonte com consciência e responsabilidade. E como promover a ética nas organizações? Não é tarefa fácil, pois exige o fortalecimento institucional com uma cultura alinhada à identidade e integridade da instituição. Frisando que não devemos romantizar os programas de conformidade, como se fossem solucionar todos os problemas. Nosso país secularmente vive em desconformidade, pois temos leis para "inglês ver" desde o ano de 1800. Vivemos em um país onde as legislações não são cumpridas e os dilemas éticos ocorrem e exigem mais do que formação e bom senso. As decisões privadas e públicas devem ser tomadas com probidade. Citando o professor Alexandre Di Miceli, "um programa de conformidade sem mudança da cultura ética está fadado ao insucesso, porque não existe organização saudável, em uma sociedade doente".

A internalização da ética vem do topo, que deve pautar seus comportamentos na integridade. E como se pautar, se inúmeras instituições possuem um sistema darwinista, dirigido pela ganância. A alta administração deve exercitar a ética cotidianamente, em decisões e comportamentos, com uma política estratégica de riscos e governança, para que não haja brechas ou terreno fértil para a decadência moral. A ética urge e é inadmissível em todos os níveis de uma organização o racismo, assédio, homofobia, ou qualquer tipo de discriminação. Clamamos por ética, e Compliance é um importante instrumento de transformação social, para trazer mais confiança da sociedade, agregando valor e longevidade à organização privada e pública. Devemos enraizar uma cultura ética. E para finalizar deixo uma provocação, citando o economista da África Oriental, do Malauí, Saulos Chilima: "Para ter um programa eficaz de conformidade e ética, tenhamos nitidez sobre o que é moralmente correto no nosso país, questionando nossa mentalidade cultural, legal e de governança".

Ser ou estar em Compliance: escolho ser na vida pessoal e profissional

Muitas vezes nos deparamos com recompensas por fazermos atos básicos na vida, seja entregando uma carteira com dinheiro, seja devolvendo um celular esquecido no carro de aplicativo e na vida laboral não é diferente, quem não conhece a frase "fazer o certo, mesmo que ninguém esteja vendo, sobretudo quando determinadas atitudes em organizações podem ter grande repercussão e podem até abalar sua reputação, o maior ativo de uma empresa. Estar em Compliance nos remete ao cumprimento de normas e leis, simplesmente por mera obrigação ou para que não incorra em uma penalidade, enquanto ser Compliance consiste na responsabilidade e consciência de fazer parte de uma organização e o cumprimento de políticas e normas acontece de forma orgânica, porque coaduna com a identidade da empresa, que perpassa pela diversidade, inclusão e pertencimento. Comprometer-se internamente com o que dissemina externamente. A capacidade de se indignar é um componente para quem atua na área privada ou pública, uma vez que tal capacidade vem sendo testada a todo momento, por isso sou Compliance, acredito e amo o que faço!

Tenha honra.
Seja uma mulher de caráter

LINKEDIN

Érika Wilza Brito de Assis Lorenzo Alves

Advogada por formação, gestora de pessoas por paixão. Filha de Maria de Lourdes e mãe da Angelina. Mentora. Especialista em Gestão Empresarial e Gestão Estratégica de Pessoas pela FGV (Fundação Getulio Vargas). Formação Executiva em Inovação e Liderança na Gestão de Projetos pelo ISCTE – Lisboa. Destaca suas certificações em Liderança Feminina e em Comunicação Não Violenta. Após 16 anos na Equatorial Energia S.A., atualmente responde pelas áreas de Compliance, Riscos e Controles Internos no Grupo Mateus. Atuação no Pacto Global da ONU no Brasil, nas iniciativas da Plataforma de Ação Contra a Corrupção – ODS 16 e, ainda, no Compliance Women Committee – CWC MA.

Eu sei que vou conseguir!

Impossível iniciar este relato sem antes apresentar a vocês uma pessoa essencial na minha vida: Maria de Lourdes Brito de Assis, minha mãe. Nascida e criada no interior de Pernambuco, em uma cultura que ainda exalava resquícios de uma sociedade escravagista, aquela mulher negra ousou sonhar e fazer diferente. Foi a única filha (entre seis) a ir morar em outro Estado, estudou, casou-se, foi mãe de três meninas, dentre elas, eu, a mais velha. Professora da educação infantil, especializada em educação inclusiva, conhecia profundamente desde Skinner até Montessori e sempre acreditou que a educação muda o mundo.

Mainha (como a chamávamos e como era conhecida por todos) tinha muitos ditados e "pérolas" de sabedoria que compartilhava frequentemente com as filhas, sempre com o propósito de nos impulsionar para algo maior. Uma de suas várias frases ficou na minha memória e só muito depois entendi que ali estavam as raízes do Compliance que em mim habita. Ela dizia: "Tenha honra. Seja uma mulher de caráter".

Hoje, Mainha observa sua obra de outro plano, nos deixou muito cedo, com apenas 60 anos. Brava, altruísta, generosa e corajosa, sempre teve uma visão muito própria dos impactos do bem praticado: "Observe e cuide das suas ações". Ela viverá para sempre em meu coração e o que construo de legado é uma continuidade dela. *Essa é por ti, Mainha!*

Também sou filha de Luis Rodrigues de Assis, um homem de pouca formação, que ficou cego na adolescência (mas nunca foi menos feliz por conta disso) e que moldou a minha existência para o olhar de empatia e respeito para pessoas com deficiência. Alguém que tem muito orgulho da sua filha "dotôra", mesmo eu sempre respondendo que não tenho doutorado.

Por todas que vieram antes de mim, pela história da minha ancestralidade presente em cada célula do meu corpo, por tudo que vivi, busco sempre fazer o exercício (nem sempre fácil ou simplista) de olhar para contextos e refletir sobre recortes de: classe, gênero, raça, idade e deficiência. É sobre esse tipo de Compliance que vou falar aqui com vocês.

Para transformar algo, se mobilize

Agora que vocês já conhecem Mainha e Painho, preciso falar um pouco da Érika Wilza, filha mais velha e irmã da Elda e da Elem, advogada de formação, gestora de pessoas por paixão, mentora, esposa do Ângelo e mãe de Angelina. Sempre fui a aluna exemplar, boas notas, laureada na graduação e leitora voraz. Mas não se enganem ao ler esse cenário como o de uma mulher passiva. Não!

A orientação que recebíamos em casa era: "Preste atenção na aula, se comporte e, caso não concorde com algo, fale com a professora ou vá na direção". Em retrospecto, vejo que essa mensagem moldou meu senso de ordem e justiça, me fazendo entender, desde muito cedo, a necessidade de mobilização para transformação.

Mainha dizia que eu poderia ser o que quisesse, bastava estudar e me dedicar. E assim, com muito esforço dos meus pais, pudemos ter acesso a escolas particulares e uma educação que realmente pudesse ser transformadora. Hoje sei que existe um quê de romantismo nessa crença, mas naquela época era o incentivo que eu precisava. Acreditei em cada palavra e fui rumo ao Direito.

Eu sei que vou conseguir!

Iniciei minha caminhada profissional quando ainda estava na graduação. Tive oportunidades de experimentar algumas atuações que são possibilidades para quem abraça o mundo jurídico, mas foi em 2008 (ainda como estudante) que encontrei o lugar que me faria descobrir o Compliance: a Equatorial Energia S.A., que naquela época era apenas CEMAR – Companhia Energética do Maranhão. A oportunidade surgiu como um estágio e abracei, fazendo o meu melhor. Afinal, para transformar algo eu precisava me mobilizar.

Após a formação em Direito, passei na OAB e, mesmo com uma jornada de trabalho ocupando minhas manhãs e tardes, fui me desenvolvendo em áreas que começaram a instigar minha caminhada. Foi aí que concluí o MBA em Gestão Empresarial e na sequência o MBA em Gestão Estratégica de Pessoas, ambos na FGV, me descobrindo uma apaixonada por essa temática.

Nessa época da minha vida, já não mais residia na cidade em que nasci (Teresina, Piauí) e estava em São Luis, no Maranhão. Minha família havia ficado e fui em busca do meu caminho. Acredito que lar é onde nosso coração está, portanto, não costumo pensar que estou fora de casa, ao contrário, sempre tenho em mente o trecho de uma canção que me traz força em dias mais difíceis: "Filho, você irá longe na vida. Se fizer isso certo, vai amar qualquer lugar que for".

Um Compliance para todos

Estava há sete anos naquela empresa e vinha cumprindo meu propósito de fazer a diferença. Implementei um projeto ainda como estagiária e logo fui contratada. Na nova posição segui repensando formas de atuação e fui convidada para replicar o modelo de gestão do processo que eu acompanhava localmente, mas em uma nova posição, com o olhar para todo o Estado. Depois veio a mudança para a área jurídica da cia., onde novamente pude gerir projetos, redesenhar estruturas, adequar processos internos.

Quando surgiu a necessidade de se estruturar uma área de Compliance, não havia dúvidas de que o desafio era grande. Eu estava em um contexto de grandes mudanças, a companhia tinha iniciado um processo de expansão há poucos anos, virando uma *holding* (saindo de uma empresa para seis), a temática era relativamente nova no mercado nacional, eu precisava montar um time do zero e seria uma primeira grande experiência na minha trajetória de atuar em todos os ativos da empresa, que já estava com uma operação bem capilarizada. Era nesse ambiente que eu deveria implantar o Compliance.

Tive medo? Sim! Não daqueles que nos paralisam, mas do tipo que nos deixa com vontade de nos movimentar. Inevitavelmente, lembrei-me de Mainha: "Se a educação muda até o mundo, imagina o que pode fazer só comigo!!". Mergulhei na temática, buscando várias formas de me capacitar: realizando cursos, conversando com profissionais que já atuavam na área, assistindo a alguns bons documentários e lendo vários livros que abordavam o tema de forma direta e indireta. Eu era uma mulher jovem, filha de pessoas simples, diante de uma oportunidade aceitei e abracei o desafio: eu queria fazer a diferença.

Entrei de cabeça no desafio munida de coragem, vontade e perseverança. Não tinha um extenso repertório em Compliance, mas minha vontade de aprender era do tamanho da oportunidade. Não tinha a equipe necessária para tocar o projeto, porém tinha coragem de fazer sozinha, se essa fosse a única opção (que bom que acabou não sendo). E, finalmente, tinha perseverança que não me deixava abalar com os diversos obstáculos que surgiam.

Olhando em retrospecto, espero que este momento sirva de inspiração para tantas outras mulheres para que, em momentos cruciais de oportunidades em suas carreiras, tenham a coragem, vontade e perseverança de dizerem sim, mesmo sem as melhores condições possíveis. Ali foi dado o primeiro passo de um Compliance que seria para todos.

Eu sei que vou conseguir!

Gosto mesmo é de construir!

Desafio aceito, foi iniciada a jornada de implantação. Logo no início algo que me chamou a atenção e empolgou: foi o envolvimento direto com a área de gente (recursos humanos, cultura organizacional, capacitação e desenvolvimento, etc.). Após o preparo teórico para colocar aquele projeto de pé, tudo partiu de uma premissa básica: "Como comunicar isso às pessoas e como efetivamente se promove uma adequação cultural?".

Sem que eu percebesse, ali estava lançada a semente de um projeto que iria me mobilizar para a vida, uma vez que no Compliance consigo promover o encontro da minha formação jurídica, minha paixão pela gestão de pessoas, além do olhar para cultura e desenvolvimento de liderança.

Era necessário ir além dos requisitos teóricos, um Compliance realmente efetivo dentro das organizações precisa ir além da filosofia e regras descritas, ele precisa se materializar em ações concretas e efetivas que façam sentido na realidade de cada pessoa lá dentro, então não basta só olhar para a alta gestão e falar de suas responsabilidades legais como administradores ou mesmo só capacitar o time jurídico no tema. Enquanto todos não estiverem envolvidos não há como afirmar a real efetividade de um Programa de Compliance.

Um outro aspecto bem importante é a interconectividade, no sentido de que somos influenciados e influenciamos pessoas e sistemas que estão ao nosso redor. Aqui, gosto de exemplificar com a analogia de um rio: imagine que a correnteza é a sociedade na qual estamos inseridos, agora considere que neste rio temos vários barcos onde cada um representa as organizações. Sabemos que a correnteza impacta diretamente no fluxo do barco, ao mesmo tempo, cada barco é capaz de promover pequenas mudanças na correnteza.

Dito isso, convido todos a não desistirem. Deixar-se levar pelo discurso pessimista-realista de que estamos no Brasil e algumas questões simplesmente são do jeito que são nos faz abandonar o leme e ficar totalmente à mercê da correnteza. Vamos todos nos encher de coragem, preparo, intencionalidade e resiliência para nos apropriar do real poder de influência e transformação que o Compliance possui.

Sempre lembro de uma leitura que fiz, há mais de uma década, em que o autor falava sobre a felicidade que tinha ao brincar de construir cidades em miniatura com seu melhor amigo e da tristeza que sentia ao finalizar a construção. Aquilo me marcou tremendamente pois imediatamente identifiquei em mim esse sentimento: gosto mesmo é de construir! E que maravilha saber que nunca estará acabado o trabalho de transformação pelo Compliance. Sempre haverá o que fazer, e:

Eu sei que vou conseguir!

Uma cultura de Integridade

Colocar aquele Programa de Compliance de pé não foi tarefa de uma pessoa só (felizmente), tampouco de uma única área. E aqui já fica um aprendizado que levo para a vida: trabalhos colaborativos são potentes e necessários. Sozinhos até podemos chegar mais rápido, porém juntos chegamos mais longe.

Após o envolvimento daquela primeira área, fomos aos poucos identificando diversos outros parceiros internos que estavam conosco no propósito de efetivamente atuar em prol de uma cultura de integridade dentro da organização. Também fez diferença poder contar com consultorias especializadas no tema, pois já traziam toda uma bagagem de melhores práticas nacionais e até internacionais.

E assim o projeto foi avançando, com ações de capacitação, linguagem adequada ao respectivo público, exemplos direcionados e específicos, foco nas lideranças como figuras capazes de transformar pelo exemplo, monitoramento e acompanhamento. Tudo isso sem esquecer os novos ativos incorporados e o entendimento de que a cultura vai amadurecendo ao longo do processo e não podíamos perder isso de vista.

Hoje contabilizo 16 anos de atuação na organização que lá atrás iniciei com um estágio e um sonho: fazer a diferença! O Grupo (holding Equatorial Energia e suas controladas) atua de forma integrada no setor elétrico brasileiro, em geração, comercialização, transmissão e distribuição, assim como nos segmentos de saneamento, telecomunicações e serviços. É a primeira empresa *multiutilities* do país, sendo hoje o 3º maior grupo de distribuição do Brasil em número de clientes.

Sou uma entusiasta e realmente acredito no impacto positivo que profissionais e organizações íntegras provocam no seu entorno. E depois de todo o caminho que percorri com Compliance posso afirmar que nesse tempo o mercado avançou muito e possibilita diversas formas de atuação para o profissional que abraça esse propósito: consultorias especializadas, escritórios de advocacia, organizações privadas e o poder público (o qual, inclusive, tem crescido consideravelmente nos últimos anos).

A área de Compliance expandiu seus horizontes e em determinado momento duas reflexões me ocorreram. Primeira: após vencer as etapas iniciais de adequação, seguido da maturação das práticas (com definição de estratégias para alcançar o objetivo maior de uma cultura íntegra), o olhar precisa se voltar para o micro e não para o macro. Pequenas ações realizadas de forma constante podem ter mais relevância do que grandes ações realizadas esporadicamente. É uma questão de abrangência e frequência. Segunda: é necessário falar sobre algo que escuto pelos corredores e nas capacitações: integridade não é apenas para organizações.

Levar adiante uma cultura organizacional com práticas de integridade enraizadas requer ir além do *"by the book"* e se conectar com o propósito daquela instituição, compreendendo o que é importante para ela: sua missão, visão, valores – a essência de sua cultura. Então não é uma questão de simplesmente buscar "as melhores práticas" e replicar o que já fizeram. Aqui é necessário transpiração e intencionalidade, todos precisam estar conectados com "a causa".

E para o profissional de Compliance não é diferente: muitas vezes nos deparamos com biografias incríveis e podemos pensar se conseguimos "ser como aquelas pessoas" fantásticas. Se formos mulheres, então, as dúvidas e questionamentos podem surgir com bem mais frequência do que gostaríamos. E novamente vos digo: não é uma questão de simplesmente buscar os maiores e melhores exemplos e replicar o que já fizeram. É necessário, antes de tudo, saber quem somos e o poder da nossa história!

Plantando Tâmaras

Hoje, após quase uma década atuando com Compliance e, em paralelo, abraçando diversos outros desafios profissionais e pessoais, posso falar que não é uma questão de existir regramento, norma, lei, etc. Compliance é cultura, comportamento e requer ações intencionais para que continue efetivo no longo prazo.

Também quero destacar a importância de ver cada vez mais mulheres abraçando uma área tão impactante quanto essa. E aqui não vou falar de boa aparência ou imagem pessoal focada apenas naquilo que alcança os olhos. O que realmente gostaria de deixar como mensagem é que nunca esqueçam quem são, saibam se conhecer e se posicionem: como mulheres e como profissionais de Compliance.

Costumo contar a histórias das tâmaras. Para quem não sabe, ao se plantar tamareiras, essas levam aproximadamente 70 anos até gerar frutos. E o que isso tem a ver com Compliance?! Ouso dizer: tudo.

Primeiro, porque estamos falando de futuro intencional, daquela consciência de que o fruto virá. Ainda que pareça demorar, o resultado acontece e somos agentes ativos nesse processo. Eu quero realizar esse plantio. Segundo, porque fala sobre legado: ainda que não desfrutemos diretamente dessa plantação, alguém vai desfrutar. Essa será minha contribuição para o futuro. Por fim, mas não menos importante, se todos pensassem em realizar ações que os beneficiassem diretamente, hoje não desfrutaríamos de tâmaras.

Claro que sempre hão de existir desafios, uma vez que os cenários não são isolados e os contextos não são perenes. E possivelmente, por pelo menos algumas décadas (mas quero sonhar que menos), ainda estaremos falando sobre como as mulheres precisam se desdobrar ainda mais para contribuir nesses espaços. Então, se você é mulher e está diante de uma oportunidade, ou está construindo sua oportunidade, ou só está refletindo sobre possibilidades, eu te digo:

*Eu sei que **vais** conseguir!*

"No fim do dia, Compliance não é sobre leis, é sobre o potencial de transformação pelas pessoas." A autora

Compliance – construindo a cultura de integridade

Felícia Lapenna Hauache

Formada em Direito pela PUC-SP, MBA em Gestão de Projetos (USP-ESALQ), cursando MBA Executivo Internacional (FIA BUSINESS SCHOOL), Conselheira de Administração (CCA IBGC) e certificada como Advisor de Statup (Anjos do Brasil). Exerceu cargos executivos desde 2011, atuando como responsável por áreas Jurídica, Compliance, Regulatório, Privacidade de Dados, Auditoria Interna, Riscos e Controles Internos. Na Beneficência Portuguesa de São Paulo foi Diretora Executiva e Sponsor de Programas Estratégicos como: Integridade, Gestão Integrada de Riscos Corporativos, Conformidade à LGPD, Gestão de Contratos e Gestão de Licenças e atuou como Membro do Comitê de Assessoramento ao Conselho. Atualmente é executiva associada da JUMP HUB e conselheira consultiva associada à Mesamind, mentora na Anjos do Brasil e no Instituto IVG.

Podemos chamar de missão, propósito ou simplesmente alinhar formação, carreira e competências para apoiar organizações e pessoas numa jornada complexa, mas gratificante, quando conquistamos o espaço para estabelecer de forma empática e estruturada uma cultura de práticas éticas, morais, lícitas e anticorrupção.

Desafios e metas audaciosas

Criar uma Área de Compliance em um ambiente que se autorregulasse parecia uma meta improvável e por demais complexa. Mas este era meu objetivo quando iniciei minha jornada como responsável por essa área, em 2019, na Beneficência Portuguesa de São Paulo – BP, instituição de saúde na qual permaneci por oito anos (2014 a 2022, quando iniciei meu tão sonhado e planejado sabático). Naquela oportunidade, como diretora-executiva, já liderava as áreas Jurídica e Regulatória, e viria a assumir também, as áreas de Auditoria Interna, Riscos e Controles Internos e Privacidade de Dados.

Desde 2015, a BP já vinha reforçando um de seus valores institucionais: "credibilidade se cultiva", por meio de atualização de seu código de conduta e dicionário de risco corporativo e ações de sensibilização junto aos seus colaboradores e parceiros, sobre cultura ética. Entretanto, foi somente em 2019 que se estruturou com objetivos e alcance claros o Programa de Integridade da BP, o qual me orgulho de ter liderado.

Ainda que desde o início dos anos 2000 o Brasil já fosse signatário das principais convenções internacionais de combate à corrupção e que em 2013 tivesse sido promulgada a Lei n.º 12.846 (Lei Anticorrupção), o mercado e as rotinas empresariais denunciavam que a existência exclusivamente formal de programas de Compliance não garantiam por si só as mudanças comportamentais necessárias, que ressoassem a cultura de integridade das organizações (exemplo: Operação Lava Jato).

Muito por isso, meu desafio ao assumir a Diretoria de Compliance em 2019 era não só o de garantir a execução, aprimoramento e sustentação do Programa de Integridade, como mapear, instituir e implementar procedimentos internos de incentivo às denúncias e irregularidades, aplicação efetiva do Código de Conduta, Políticas e Procedimentos e, também, o de alcançar o Compliance humano, ou seja, o *mindset* de conformidade *bottom up*, a partir da base da instituição.

Em linhas gerais, o Programa de Integridade da BP tinha como objetivos a gestão eficaz dos riscos de corrupção e de conformidade, o fortalecimento da marca e preservação da reputação da instituição além do aculturamento de práticas éticas, morais, lícitas e anticorrupção, prevenindo e mitigando riscos relacionados.

Até aquele momento, a área de Compliance era uma estrutura enxuta, subordinada à Auditoria Interna, sem independência e autonomia orçamentária. O canal de denúncia, recém-instituído, era bastante burocratizado e subutilizado. Já as políticas de Compliance, recém-publicadas, ainda eram pouco conhecidas pela instituição.

Copo meio vazio ou meio cheio?

Na minha visão, uma oportunidade: o momento era ideal para ressignificações e reposicionamentos com foco nas pessoas!

A jornada da transformação cultural

Com apoio irrestrito da CEO, Denise Soares dos Santos, e do Conselho de Administração, a área de Compliance se posicionaria como verdadeiro agente para fortalecimento e impulsionamento de uma Cultura de Integridade, com foco em pessoas.

Com essa premissa clara, o *drive* impositivo e legalista de Compliance foi direcionado para o de o facilitador e condicionador de comportamentos éticos, lícitos e íntegros.

Esse foi, de longe, um dos meus maiores desafios, pois o ambiente corporativo era parte importante no processo de transformação que se desenhava e o cenário era complexo.

A instituição, que historicamente contava com aproximadamente sete mil colaboradores, três mil associados e mais de três mil médicos credenciados e que atendia anualmente por volta de 220 mil clientes, estava sofrendo os impactos da pandemia de Covid 19.

Não bastasse este pano de fundo, o Programa de Integridade viria a coexistir em curto espaço de tempo com pelo menos mais três Programas Institucionais, os quais também tive a oportunidade de liderar: o Programa de Privacidade de Dados, o de Gestão Estratégica de Riscos Corporativos e o de Gestão de Contratos.

E foi neste contexto de crise e de exposição de fragilidades humanas e empresariais que, liderada por uma CEO inspiradora e suportada por um time de executivos com tantas outras mulheres e homens igualmente incríveis, a BP estava buscando respostas e voltando a fazer planos.

De forma muito intuitiva, durante a pandemia, praticamos a empatia, o senso de coletividade e a colaboração, fato que a partir da significância dada por todos a estes valores rapidamente me convenceu de que a Cultura de Integridade naquela Instituição, como projeto de todos e para cada um, viraria verdade.

Era hora de agir, fomentar e, acima de tudo, gerar mudanças!

Sabendo que as escolhas do presente impactarão o futuro da instituição, me comprometi a buscar as sinergias entre os programas e áreas que eu liderava, propus modelagens diferentes de trabalho que combinavam diversidade geracional incluindo vivências e formações, além de múltiplos pontos de vista e *skills*.

E não parei por aí; dei voz à minha intuição e não tive receio em fazer perguntas óbvias, flexibilizar convicções, ouvir e me inspirar em tantas outras lideranças presentes naquele ambiente. Eu estava praticando a polinização cruzada de conhecimentos, vivências e formações para potencializar os saltos de qualidade na execução deste compromisso pessoal com a Cultura de Integridade da BP.

Longe de ter a pretensão de esgotar o mapeamento de todos os riscos possíveis, estava comprometida e empenhada em preparar a instituição para reagir instintivamente e com agilidade em um cenário futuro e incerto.

Não tenho dúvidas de que a disposição genuína em aceitar divergências para então convergir provou ter sido fator crítico de sucesso dos excelentes indicadores atingidos em todos estes programas.

Olhando em perspectiva como diretora-executiva de Compliance, cujos desafios eram a integração eficiente e com mínimo impacto, entre valores institucionais, ambiente corporativo e comportamento, atribuo a efetividade do Programa de Integridade da BP aos seguintes eventos interconectados: **OPORTUNIDADE,** um bom **PLANEJAMENTO**; e, acima de tudo, **APOIO!**

A BP pratica a diversidade tendo muitos dos seus cargos chave ocupados por mulheres. Denise Santos foi a primeira CEO mulher da instituição. Eu, a primeira diretora-executiva jurídica.

Também foram ocupados por mulheres os cargos de Diretoria Executiva de RH; de Inovação e de novos Negócios. O clima sempre foi de sororidade.

Desde sempre tive a oportunidade e fui incentivada a protagonizar minha própria carreira, assumindo novos desafios, buscando novas capacitações, desenvolvendo novos comportamentos e conexões. Como resultado desta oportunidade, acolhida com muito foco e determinação, após cinco anos como diretora-executiva jurídica, assumi as áreas de Auditoria Interna e Compliance (com *report* ao Conselho de Administração), participei de Comitês de Assessoramento ao Conselho e em 2021 implementei e liderei a área de Privacidade de Dados da instituição. Estava escrevendo a minha história.

Já o Planejamento, de forma resumida, se pautou essencialmente em três pilares: Governança, Cultura e Pessoas.

Integrando governança, cultura e pessoas

Meu ponto de partida foi assegurar que os objetivos de Compliance e do Programa de Integridade estivessem alinhados com os valores e expectativas da Conselho de Administração. Defendi a independência e autonomia da Área de Compliance em relação à Auditoria Interna, o que foi prontamente chancelado pelo Conselho.

Na sequência, era importante revisitar, respeitado o grau de maturidade da cultura de integridade instalada, os principais papéis e responsabilidades dos agentes de Compliance, bem como alçadas decisórias institucionais. Para isso, promovi a criação e revisão de normativos e a atualização da terceira versão do Código de Conduta da BP. Também garanti o alinhamento quanto às recorrências e pautas junto ao Comitê de Governança, Riscos e Compliance (GRC), assim como do Comitê de Conduta. E, por fim, sugeri e liderei o Programa de Gestão Integrada de

Riscos Corporativos, cujo produto viria embasar futuras discussões estratégicas sobre apetite de risco, tomada de decisão com base em risco e gestão sistêmica de riscos na instituição.

Nesta oportunidade, também dediquei esforços para construção colaborativa de iniciativas que foram de trilha educativa à "pílula" de conhecimento, bem como eventos na Semana de Ética. Tais iniciativas contaram com contribuições efetivas do Conselho de Administração e da Diretoria Executiva da BP e deram o tom de como deveríamos nos comportar, nos relacionar e fazer negócios, fomentando a consolidação da cultura de integridade.

Aqui cabe uma reflexão do poder das nossas experiências na construção da nossa história. Ter trabalhado diretamente com o Conselho de Administração e acompanhar a sofisticação das discussões colegiadas nesta "nova arena política" e seus impactos para o negócio e sociedade despertou em mim o desejo de atuar como conselheira. Desde julho de 2023 sou formada pelo IBGC como Conselheira de Administração e atuo com mentoria de *startups* e pequenas e médias empresas.

No quesito cultura, meu compromisso com o fortalecimento da integridade estava muito além de garantir o cumprimento de regras preestabelecidas em legislação, código de conduta, políticas e procedimentos internos. Envolvia o desejo de "fazer parte" da construção da cultura de fazer "o certo" por instinto. Era um ganha-ganha, para a instituição e para a sociedade.

Eu estava genuinamente comprometida em garantir, a partir da clareza e reforço dos valores institucionais, o *mindset* adequado dos nossos colaboradores e parceiros, em situações de prevenção, tratamento e resposta aos riscos, pavimentando o ambiente propício à autorregulação no longo prazo.

Um *insight* de extrema importância nesta frente foi incentivar, com apoio dedicado da área de Recursos Humanos, Treinamento e Desenvolvimento, abordagens de melhores práticas de integridade e Compliance, de forma transversal a todas as unidades de negócio juntamente com a conscientização e disseminação do Compliance como sendo de responsabilidade de TODOS.

A tão desejada Cultura de Integridade era sobre isso!

Quando se tem o engajamento de todos e se pratica a escuta ativa, surge uma oportunidade única para mapeamento de vulnerabilidades e oportunidades de melhoria de um processo ou área, que legitima abordagens de remediação e responsabilização assertiva, assim como garante a efetividade de ações de comunicação para sensibilização e treinamentos de impacto.

Minha experiência atesta que ter a humildade para estimular práticas colaborativas, pautadas na confiança mútua, em busca do melhor entendimento do que fazer, como fazer e o que não fazer, pode garantir oportunidades fundamentais de aceleração no processo de fortalecimento da cultura de integridade, ainda que em pequenas etapas. Não preciso dizer que a vitória é resultante, exatamente, da superação de pequenas etapas. Era preciso seguir em frente.

À medida que fomos posicionando a área de Compliance como guardiã da cultura de integridade, disseminadora de conhecimento e impulsionadora de melhores práticas, como verdadeira parceira na mitigação de riscos, as áreas foram espontaneamente aderindo aos controles internos vigentes, assim como passaram a protagonizar e acelerar melhorias em processos e normativos vigentes, inclusive em nosso Canal de Denúncias.

A escuta ativa gerou interesse na busca pelo conhecimento, permitiu maior engajamento em nossa semana de ética e Compliance, viabilizou "lugar de fala" para que novos "Embaixadores de Compliance" surgissem e se destacassem como referências em integridade, em nosso ambiente organizacional.

Temas como ética, integridade e Compliance naturalmente passaram a fazer parte de pautas ordinárias das áreas de Tecnologia e Inovação; Compras e Suprimentos; Expansão e Novos Negócios, inclusive das Áreas Médicas e de Qualidade Assistencial. Era evidente que o engajamento da alta administração, aliado aos esforços de disseminação de boas práticas, reforçaram o compromisso coletivo da BP na identificação de riscos de Compliance e de integridade, na avaliação de desfechos, assim como no exercício para se ter pronta resposta a estes riscos no melhor tempo e prazo possíveis.

A permeabilidade e transversalidade destes temas, assim como o afloramento do instinto comportamental da conformidade, evidenciavam os acertos em nossos esforços comuns e organizados na construção da Cultura de Integridade da BP. Estávamos nos tornando, de fato, agentes de transformação cultural.

Diversidade de talentos, complementaridade e colaboração foram meus focos no quesito pessoas. Naquele momento, minha formação multidisciplinar acenava mais uma vez para a convicção de que a pluralidade de ferramentas e perspectivas dentro da nova equipe que se formava forjariam os caminhos e escolhas mais assertivos e consistentes que garantiriam a longevidade da Área de Compliance.

Nosso time era diverso em formação, idade, repertório e conexões. Nos permitimos ensaios não convencionais que abriram espaços para novas experiências, que trouxeram consigo motivadores muito particulares de engajamento. E, muito embora tenha explorado a experimentação na formação de times e criação de rituais de convivência e coesão, meu foco sempre foi certeiro: estimular meus liderados a conhecer em profundidade o *core business* da instituição e garantir o alinhamento e sinergias das áreas sob minha gestão; afinal, tínhamos o desafio e o privilégio de conhecer e gerenciar os riscos corporativos da instituição. Não havia, portanto, escolha que não fosse a de trabalharmos bem e trabalharmos juntos.

Estimulei a aproximação entre equipes e áreas, o entendimento de necessidades particulares e o atendimento personalizado de soluções. Adicionalmente, busquei parcerias com especialistas de mercado, bem como encorajei a participação do meu time em comitês e comissões internas e externas à instituição. Busquei de forma obstinada a ampliação dos canais de comunicação existentes, conversas mais transparentes e desfechos mais coerentes. Neste contexto aprendi muito sobre o poder da reciprocidade que sigo praticando e difundindo com muito entusiasmo até os dias de hoje.

O que falar sobre o apoio? Seja em minha trajetória profissional na BP, seja exclusivamente em meu desafio como diretora de Compliance, em ambos os contextos com profundas alterações de perspectivas, venci pensamentos que sutilmente sabotam a nós mulheres, quando refletimos sobre quem somos e o que esperam de nós.

A que atribuo essas vitórias?

Ao autoconhecimento adquirido no processo de amadurecimento pessoal e profissional. Participei de sessões de Coaching, em sessões individualizadas e em grupo. Na verdade, participo até hoje e, para além de grandes gurus, acumulei excelentes amigos.

Às validações pessoais dos meus pontos fortes, ao viver novas experiências e superar diferentes desafios aumentaram minha capacidade de reação. Sou curiosa, proativa e conectada com diferentes pessoas e ecossistemas. Sigo sempre em movimento praticando o *lifelong learning*.

Às tantas mentorias formais e informais que clarearam meus caminhos e direcionaram minhas escolhas.

Às sessões de *feedback* 360º das quais participei com muita coragem e disposição para ouvir, assimilar e sustentar ajustes comportamentais importantes.

Aos amigos sinceros que me acolheram e apoiaram em momentos de inquietação.

E à minha amada família, que sempre foi o alicerce dos meus sonhos e a inspiração dos meus dias.

Sabemos que a vida é ampla de possibilidades e na singularidade da sua existência é única. Valorizar sua intuição, a partir de suas vivências e experiências, se cercar de uma rede de referência e apoio, assim como se permitir experimentações por vezes não lineares, o manterá vigilante para identificar as oportunidades certas, seguir em frente e conquistá-las.

O programa de Compliance e o impacto no consumidor final

Fernanda Augusta Costa Ferreira

Formada em Direito, com MBA em Compliance pelo IBMEC, possui carreira desenvolvida ao longo de 18 anos na área de Ouvidoria no mercado de seguros. Gerindo melhorias através de processos, atuando na área de normas e prevenção a fraudes desenvolvendo procedimentos de Compliance dentro da empresa. Atua diretamente com melhoria de processos, buscando maior eficácia, agilidade de tratativa para os clientes e reduções de custos para a empresa. Desenvolvimento de projetos para implementação de novas áreas, desde o desenho de processos, alinhamento entre todas as áreas da empresa e atingindo grandes resultados que se tornaram referência dentro da empresa e benchmarking para o mercado de seguros.

Uma Jornada de Superação e Determinação

Meu nome é Fernanda Augusta, mas me chamam de Nanda desde que me conheço por gente. Nasci e cresci em São Paulo, sou filha única e muito orgulhosa de ter pais que me proporcionaram acesso aos estudos e sempre me incentivaram a ir atrás dos meus sonhos, mesmo se eles fossem impossíveis na visão de alguns.

Sou formada em Direito, e durante o decorrer da minha vida corporativa passei a me interessar pelo mundo do consumidor. Passei da área comercial para a Ouvidoria, e quando vi, já estava completamente apaixonada por toda jornada que envolvia relações consumeristas, desde a reclamação até a normatização e controles legais para melhor atendê-lo.

Hoje, me encontro em transição, não só de carreira, mas também de ritmo de vida, devido a alguns ocorridos, então, nada como uma tempestade para mudarmos o rumo do navio.

Começo a minha história voltando um pouco no tempo, compartilhando com vocês o que me levou a mudar a minha trajetória e a repensar os caminhos que trilhei e os quais ainda vou trilhar.

O impacto do Compliance na experiência do consumidor

Em 2021, tive o diagnóstico que nós, mulheres, mais tememos receber: o de um câncer agressivo de mama. Estava no auge da minha carreira, terminando um MBA de Costumer Experience, retomando a vida social após a pandemia, cheia de planos no trabalho e com uma viagem de intercâmbio já praticamente fechada. Tive que aprender a respirar, parar e tomar decisões em dias, já que essa doença não lhe dá chance de pensar muito. No meio do turbilhão, mais uma dor irreparável: perdi minha mãe.

Mas, é o que sempre dizem, precisamos perder o chão para aprender a voar. Conheci uma força que jamais pensei que tivesse, algo meio Mulher Maravilha, vesti minha melhor armadura, peguei as armas que tinha e lutei da melhor forma, sempre acreditando que dias ruins sempre acabam. E, sim, acabou em junho de 2022, quando fiz minha última sessão de quimioterapia e pude ficar calma.

Ainda em 2022, tive mais uma virada de chave, fiz 40 anos! Geralmente, é uma evolução natural em nossas vidas, os 40 anos normalmente são associados a mudanças físicas, emocionais e sociais, já que passamos por uma fase de reflexão das nossas conquistas e objetivos, e vem aquele dilema: onde consigo o equilíbrio entre vida pessoal e profissional? Lógico que cada pessoa é única, e esse sentimento não é igual para todos. Mas, para mim, veio como um cometa, fazendo quimioterapia, fragilizada, aprendendo diariamente que nem tudo eu controlo... e aí veio a minha melhor decisão, algo que, sim, eu podia decidir e conduzir: ia me dedicar a mudar de área e me especializar em algo que sempre amei, COMPLIANCE.

Conselhos para uma Carreira de Sucesso em Compliance

Assim que tive alta do tratamento, passei a buscar cursos que eram referência no mercado, e já no segundo semestre de 2022 me matriculei no MBA de Master em Compliance, e entrei de coração aberto para essa nova oportunidade. Não posso deixar de trazer meu pai para esse pedaço da história, já que ele me deu todo apoio e incentivo necessário, inclusive me levou no primeiro dia de aula, como forma de validação e amor incondicional.

A escolha pelo Compliance foi algo natural: durante muitos anos, fui responsável pela condução e construção de Normativos, Políticas e Procedimentos na Ouvidoria, os quais estabelecem orientações do comportamento e operações dentro da organização. Essas normas ajudam a promover a consistência, transparência e a conformidade com os regulamentos aplicáveis. Tudo isso pode parecer insignificante para o consumidor final, já que ele não tem acesso às normas internas, mas, eu comecei a refletir o quanto era significativo e benéfico para a empresa e para a relação de consumo em geral.

Quando uma empresa segue rigorosamente as regulamentações e padrões éticos, isso pode interferir indiretamente no serviço (ou produto) de melhor qualidade, com segurança e promovendo confiança na marca, já que os interesses estão protegidos e regulamentados. Sim, isso é o cenário ideal, mas, na prática, não é tão fácil assim. Lembre-se do ponto mais importante e frágil: todo processo envolve pessoas, e precisamos, de uma forma lúdica e fácil, mostrar a elas que aquilo agrega valor. Para quem não é do ramo, ou não gosta de se apegar a detalhes regulamentares, esse tema não passa de uma grande bobagem, entrave do processo, fluxo desnecessário, ninguém vai saber se eu não fizer isso e por aí vai (sim, escutei várias vezes esses comentários).

A área de atendimento ao cliente é composta por várias frentes, e nem todas são fáceis de lidar. Veja, não se trata apenas de receber a manifestação, ler e definir se cabe ou não atender o pleito do consumidor. Existem vários processos internos, regulamentos, leis, condições gerais, comitês, direcionamentos, decisões comerciais, tudo isso impacta em cada processo, em cada decisão que precisa ser tomada. Junta tudo isso e acrescenta a necessidade de seguir regras, se atentar a detalhes, solicitar documentos para não infringir a LGPD (13.709 – Lei Geral de Proteção de Dados). Não é fácil, mas é delicioso. Tudo isso me deu uma paixão sem fim, e passei a cada vez mais me aprimorar da parte de aderência a leis e normas.

Em posse de toda essa experiência, e já com o MBA em curso, em 2023 resolvi dar a virada na vida profissional. Eu já tinha em mente que precisava me provocar e buscar um desafio, e assim o fiz, após sair da empresa em que fiquei por 15 anos, arrumei minhas malas e fui fazer um intercâmbio nos Estados Unidos, mais precisamente em Orlando, onde existem os parques que são as maiores referências em atendimento ao consumidor, gestão de marca e excelência operacional. Mais uma vez, uni o útil ao agradável, e passei meses mergulhada em conhecimento na prática, observando cada detalhe na capacidade que eles possuem em trazer experiências memoráveis e serem pioneiros em diversas áreas (nem preciso citar o nome da marca, já que 99,99% das pessoas conhecem esse parque).

Voltei de lá com a certeza de que fiz a melhor escolha, e agora estava mais que pronta para iniciar minha nova jornada. Conversei com muitas pessoas, tanto da área quanto do meu ciclo de amizades, e todos foram unânimes em suas opiniões: mudar dói, mas o sabor da conquista é impagável.

Diante de tudo isso, vamos ao que interessa: o que me motivou a entrar na área de Compliance? O que mais contou foi a minha experiência com gestão de projetos, com a parte legal de programas de Compliance, sempre com foco na qualidade e garantia de entrega de um trabalho de excelência ao consumidor e aos clientes e parceiros.

Ao fortalecer e estabelecer as práticas de conformidade nas empresas, conseguimos não só garantir a criação de normas, procedimentos, políticas, mas também promovemos a ética nos negócios, prevenindo irregularidades e mitigando riscos legais e reputacionais. Quem lida com atendimento ao cliente sabe o quanto é dolorido ver a sua marca sendo citada nas páginas de registros de reclamações, ou acionada por meio das redes sociais. Existem danos irreparáveis e, com a velocidade que a comunicação anda nas redes, fica cada vez mais inviável deixar processos sem controles.

O Papel da Ética e da Integridade na Jornada Profissional

A implementação de um programa focado na qualidade e conformidade dentro do atendimento ao consumidor não se resume apenas à criação de regras, envolve também a parte de treinamentos e educação, não somente dos colaboradores diretamente ligados à empresa, como também de terceiros e dos consumidores finais. É de suma importância que todos os envolvidos na jornada compreendam a importância de agir em conformidade, e o principal, que saibam o porquê desses controles. A satisfação do consumidor está diretamente ligada à imagem da empresa, ou seja, se a empresa é preocupada com sua conformidade e imagem, ela traz segurança ao consumidor.

O trabalho de conformidade e qualidade é contínuo, ele não acaba com a implementação do programa. No decorrer da minha carreira, tive a oportunidade de conduzir um projeto Green Belt (programa de melhoria contínua – *lean six sigma*), e com toda certeza ele me ajudou a compreender a importância de sempre monitorar processos, verificar as oportunidades de melhorias, reportar as áreas envolvidas e garantir a efetividade das ações a serem implantadas. Sem dúvida, quanto mais nos aperfeiçoamos, mais conseguimos enxergar as junções de todos os nossos trabalhos.

Não pensem que é fácil, nesses 18 anos de carreira, não passei um ano sem estudar ou me especializar em algo. Ainda escuto piadinhas de algumas pessoas, falando "nossa, você só estuda?". Pois é, ainda vivemos uma era em que uma mulher que se dedica aos estudos e conhecimentos é vista como estranha. Mas, digo a vocês, isso é o que mais me motiva a querer crescer e trilhar mais caminhos no mercado. Não desistam, não deixem para amanhã, a virada de chave está nos detalhes, no que ninguém mais faz. É supercompensatório você poder parar e ver o quanto tem para compartilhar. O convite para fazer parte do livro como coautora me fez refletir e reconhecer que sou boa no que faço. Muitas vezes entramos no automático e esquecemos o quanto já aprendemos, como construímos nossa carreira e quanto ainda temos para agregar e aprender. Pode parecer um pouco filosófico demais, mas com a correria e rotina acabamos nos perdendo e esquecendo que somos especiais.

A área de Compliance é encantadora, nos proporciona oportunidade de cada dia aprender algo novo. E, vamos ser sinceras, não existe nenhuma empresa que sobreviva sem um programa eficaz de Compliance. Se existir, me informem, será interessante entender como conseguem sobreviver e ter lucros. Ainda, temos que validar que o Compliance existe em todos os cantos do mundo, você consegue ótimas oportunidades de construir uma carreira internacional, fazer estudos de *cases*, implantar processos. Quem não sonha em levar a sua experiência para outro país? Oportunidades existem, temos que saber como conquistá-las.

O que mais me move é saber que anos atrás esse mercado era completamente dominado por homens, e hoje ter tantas mulheres excelentes no mercado é uma grande alegria e motivo para celebração. Eu, particularmente, acho crucial ter a figura feminina no Compliance, por várias razões. Em primeiro lugar, a diversidade de gênero traz perspectivas únicas e abordagens diferenciadas para resolver problemas e tomar decisões éticas, já que nós, mulheres, temos uma sensibilidade incomum de empatia e um supersenso de justiça. Em segundo lugar, ter mulheres em cargos de gestão promove um ambiente mais inclusivo e equitativo, o que fortalece a cultura de conformidade dentro da organização e serve de exemplo para meninas que estão em processos de formação de carreira, para se espelharem e se sentirem empoderadas para conquistar o mercado de trabalho. Por último, e não menos importante, ajuda a mitigar o viés de gênero em tomada de decisão, garantindo uma abordagem mais justa e imparcial na aplicação das políticas de conformidade. Nós, mulheres, somos detalhistas e até um pouco detetives por natureza, e isso, óbvio, é um diferencial dentro do Compliance.

Para quem quer entrar na área de Compliance, eu deixo alguns conselhos: estude! Busque obter uma formação sólida, seja em Direito, Administração ou áreas correlatas, e, claro, ter certificação específica em Compliance. Vale também buscar conhecimentos regulatórios, mantenha-se atualizado sobre as mudanças principalmente na sua área de atuação, já que é impossível conhecer todas as leis e resoluções existentes. Cultive a integridade e a ética no seu dia a dia, pois o Compliance envolve lidar com questões sensíveis; é importante que a conformidade faça parte da sua rotina. Um olhar atento a tudo que pode infringir a ética nos deixa cada vez mais afiadas e atentas nos processos.

Muito importante também construir uma rede de contatos profissionais na área de Compliance, participando de eventos, grupos de discussões, conferências. Tudo isso ajuda a aprender com outros profissionais e a ficar sempre por dentro das novidades no mercado.

E, por fim, esteja sempre preparada para aprender e se

adaptar. A área de Compliance está sempre evoluindo, dessa forma, esteja sempre aberta a aprender continuamente e adaptar-se às mudanças nas regulamentações e melhores práticas do mercado nacional e internacional.

Encare o mercado como uma grande escola. É tímida? Bora fazer um curso de oratória! Quer trabalhar em uma multinacional ou fora do Brasil? Comece estudando inglês e treinando conversação (hoje existem aplicativos apenas para treinar línguas). E não tenha medo de arriscar, isso é fundamental para trabalhar com conformidade ou em qualquer área que você sonha trilhar.

Construindo uma carreira resiliente e impactante no Compliance

Não existe uma fórmula mágica ou pronta para alcançar o sucesso, o que vale para todas as carreiras. Mas o mercado de Compliance exige uma combinação de habilidades técnicas, habilidades interpessoais e um compromisso contínuo com a excelência e a ética. Flexibilidade e adaptabilidade são essenciais nessa área, e não é mais uma dica clichê. O mercado em geral está mudando rápido, com novas regulamentações, tecnologias e práticas que até então não existiam. Imagine ter que lidar com ética no mundo virtual? Ou até mesmo denúncias de assédio ou lavagem de dinheiro em redes sociais? O que era novo hoje amanhã já será assunto batido. Por isso, se puder deixar mais um conselho, é: estude e vá atrás de temas que estão em discussão.

Não se apegue somente ao seu campo de atuação. Eu tenho formação em Direito, com pós-graduação em Direito do consumidor, e de dez anos para cá fiz vários cursos que não teriam tanta conexão com a minha carreira, se eu me prendesse apenas no meu campo de formação. Fiz curso de marketing digital, *social medias*, gestão de conflitos, detecção de mentiras, mediação de conflitos, teatro, oratória, LGPD, MBA em *costumer experience* e Compliance. E não pararei por aí, já estou de olho em especialização de direitos digitais, o qual em minha opinião será a carreira do futuro e está interligado ao Compliance de forma fundamental. Temos questões como privacidade online, segurança cibernética, propriedade intelectual, crimes de lavagem de dinheiro virtual e por aí vai.

Quando colocamos amor no que fazemos, todo processo fica mais fácil, conseguimos enxergar nosso propósito. Não adianta nada apenas estudar por estudar. Inicialmente, aquilo precisa fazer sentido para nós. Não conheço um profissional bem-sucedido que não tenha brilho no olhar quando compartilha sua trajetória e suas conquistas. Como eu já contei, sou apaixonada pelo mundo do consumidor e tudo que envolve atendimento, e o Compliance surgiu na minha vida como a cereja do bolo, era a peça que faltava para compor o trabalho que desenvolvi ao longo dos anos.

Hoje, após alguns anos de experiência, posso falar com orgulho que trabalho com o que gosto, que consigo medir a cada atuação o quanto impacto na vida do consumidor e na minha. O olhar analítico e crítico passa a nos seguir em várias áreas da vida. Já me peguei, na sala de espera do médico, prestando atenção em como tratam os dados dos pacientes, ou, na área de embarque do aeroporto, prestando atenção em como as equipes lidam com a segurança, cooperação com as autoridades regulatórias e até mesmo se seguem as regras para garantir um ambiente seguro e eficiente para os passageiros. Sim, ao longo do tempo, vamos ficando atentos a processos que para muitos passam batidos. E isso é a magia de trabalhar com conformidade, poder ter o olhar crítico e aguçado em tudo que nos cerca, mas sempre sem perder a suavidade, para não se tornar uma pessoa que só enxerga o copo meio vazio.

Compliance não é apenas uma obrigação legal, seguir regras, é um compromisso moral com a honestidade e a responsabilidade. É como construímos a confiança de nossos clientes, parceiros e comunidade em geral, com transparência em tudo que é feito.

Sabe a máxima de "sempre fazer a coisa certa, mesmo quando ninguém está olhando"? Isso é viver o Compliance!

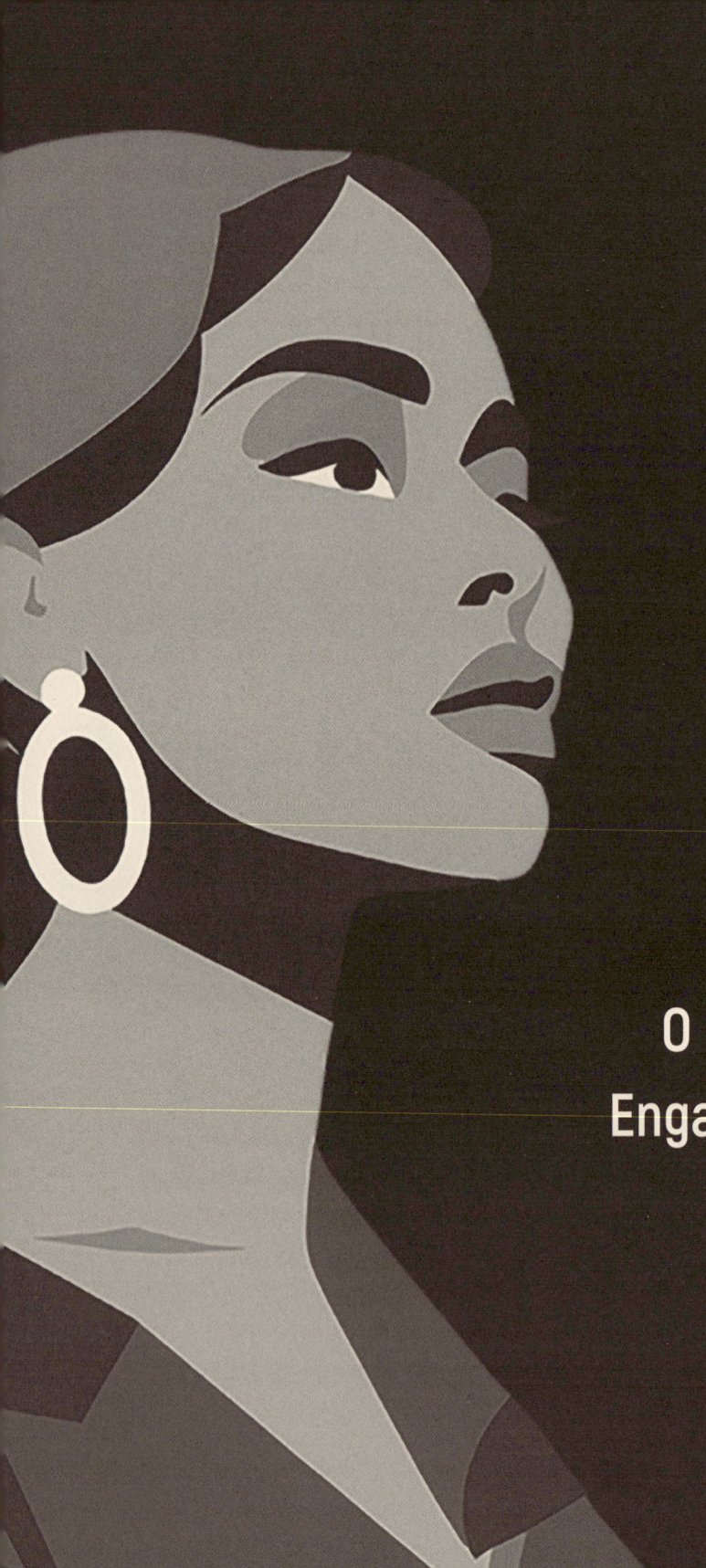

O poder do
Engajamento

Francine Alves Melo

Graduada em Administração de Empresas, com MBA em Compliance e Investigação a Fraudes pela Trevisan, MBA em Auditoria e Controladoria pela FGV (Fundação Getulio Vargas). Certificada no Programa de Qualificação Operacional – PQO Compliance e PQO Riscos pela Ancord – Associação Nacional das Corretoras e Distribuidoras de Títulos e Valores Mobiliários, Câmbio e Mercadorias. Experiência superior a 15 anos em Auditoria Interna, Controles Internos, Gestão de Riscos, Compliance e em Sistemas de PLD/FTP, atuando em instituição financeira global. Atuação em elaboração, quality assurance e formalização de COS – Comunicação de Operação Suspeita ao COAF; tratamento de bases extraídas de BIG DATA; elaboração de relatório de auditoria interna, acompanhamento e implantação. Casada, mãe, e doadora de sangue regular.

"Acredite em você. Não deixe as pessoas te desanimarem. Não importa de onde venha, se tiver coragem e determinação chegará ao seu objetivo!"

Guerreira

Ao completar 40 anos, uma líder que havia me contratado na empresa em que atuo veio me parabenizar e utilizou essa palavra.

Na mesma hora pensei: "Oi? Está mesmo falando comigo? Eu sou pacífica, não brigo com ninguém, como assim 'Guerreira'?"

Sinceramente, pensei: "Ela conhece tanta gente, possui várias pessoas em sua equipe, deve ter confundido a minha história com a de alguém".

Sou uma Leonina que passou muito tempo de sua vida adormecida. Foi ao ter minha cria, meu menino Pedro, que esse Leão acordou com a intensidade que jamais imaginei que teria. A partir daquele momento, não seria responsável apenas pela minha vida, mas também de um ser tão pequeno e frágil! E assim o seria por toda minha vida, essa responsabilidade que só quem é mãe sabe do que estou dizendo. Não que ao ser pai não seja necessária essa responsabilidade, mas é diferente.

Somos nós, mulheres, que temos o milagre da vida. Somos nós, MULHERES, que geramos uma vida dentro de nós. E isso é mágico! É realmente inacreditável que geramos unhas, cabelos, ossos, e todos os órgãos de um ser dentro de nós, mulheres. O dom da vida!

Sim, é divino. E com certeza é a maior responsabilidade que um ser humano pode ter em toda a sua vida. Desde o momento da concepção, tudo que ingerimos durante toda a gravidez e amamentação, toda nossa alimentação influenciará aquele outro ser por toda a sua vida. E eu amamentei meu menino até um mês antes dele completar três anos. Foram quase quatro (gravidez + três anos) de não ingestão de refrigerantes. Consumo quase zero de cafeína (tomava duas ou três xícaras pequenas por semana), zero salgadinhos industrializados. Sim, até feijão durante os primeiros 90 dias eu deixei de consumir, pois a sabedoria antiga dizia que daria "gases" no bebê.

Hoje em dia, ele está com sete anos, eu estou consumindo tudo que abdiquei por um tempo conforme descrito acima (claro, sempre em poucas porções, mas não passo vontades, rs) e o mais engraçado é que durante aquele tempo eu realmente não sentia vontade de comer nada daquilo. Porque em minha mente se eu comesse eu sabia que poderia prejudicá-lo, e isso era o suficiente para fechar minha boca sem o menor sentimento de culpa. Culpa eu teria se consumisse algo e ele tivesse cólicas ou algo do tipo!

Nós, mulheres, temos responsabilidade com nossos pais, nossos maridos, filhos, e com o nosso trabalho. Temos uma sociedade que por muito tempo delegou apenas a nós a criação dos filhos e os cuidados da casa. Agradeço a Nosso Senhor imensamente pelo marido que tenho, que divide comigo todos os afazeres domésticos e cuidados com nossa cria, afinal, ambos somos responsáveis por tudo que construímos juntos. E é esse o legado que queremos passar para nosso filho. De uma sociedade igualitária entre homens e mulheres, e é dando o exemplo que esperamos conseguir o que almejamos.

Minha vida profissional se iniciou aos 14 anos (sim, há 20 anos isso era possível, com carteira registrada e tudo!), sou a caçula de três mulheres, e filha de pais separados. Minha mãe é costureira, e meu pai sempre foi ausente tanto física quanto financeiramente. Por esse motivo sabia que deveria iniciar minha trajetória assim que pudesse, pois desejava ajudar em casa e conquistar minhas coisas, sem a dependência de minha mãe, que já tinha a responsabilidade enorme de ser mãe, pai, e arcar financeiramente com todos os custos de uma casa e toda sua família.

Estudos recentes realizados por instituições como o DIEESE (Departamento Intersindical de Estatística e Estudos Socioeconômicos) revelam que, atualmente, a maioria dos domicílios no Brasil é chefiada por mulheres, ou seja, como as principais responsáveis pelo sustento da casa e dos filhos. Dos 75 milhões de lares, 50,8% tinham liderança feminina, correspondente a 38,1 milhões de famílias. As mulheres negras lideravam 21,5 milhões de lares (56,5%) e as não negras, 16,6 milhões (43,5%), no 3º trimestre de 2022.

"Os indicadores mostraram o que se vivencia na prática: um contingente de mulheres que ganha menos se insere de forma precária e leva mais tempo em busca de colocação no mercado de trabalho. Esse quadro faz com que seja perpetuada a situação de vulnerabilidade não só da mulher chefe de família, mas de todos os familiares, com a transferência de milhares de crianças e jovens da escola para o mercado de trabalho, para que contribuam com a renda da família. Os últimos anos foram de retrocessos no país, devido à falta de investimentos e políticas capazes de garantir emprego, saúde e até mesmo a vida das mulheres. O caminho para uma sociedade mais justa e com igualdade de gênero parece ter ficado ainda mais longo." mulheres2023.pdf (dieese.org.br)

Dessa forma, fui trabalhar meio período em uma papelaria. Cursava a oitava série do ensino fundamental de manhã e trabalhava à tarde, aos sábados e domingos. Mas era muito tímida, retraída, e com um ano fui demitida. Quanta tristeza! E agora, o que seria de mim, aos 15 anos, desempregada! Agora que já tinha sentido o gostinho de comprar um batom aqui, um sapato ali, com o meu próprio dinheirinho! Bom, só me restava ir à luta. E fui trabalhar dessa vez em uma loja de roupas, artigos de couro. Passei a estudar à noite e trabalhar o dia inteiro, mas infelizmente dessa vez sem o registro em carteira, algo tão comum em nossa sociedade.

> *"A média anual de trabalhadores sem carteira de trabalho assinada atingiu 12,9 milhões em 2022. O número é recorde para o indicador desde o início da série histórica da Pesquisa Nacional por Amostra de Domicílio Contínua (PNAD), em 2012. O número de pessoas nessa situação aumentou 14,9% em relação a 2021, quando havia 11,2 milhões de trabalhadores sem carteira assinada. Os dados foram divulgados pelo Instituto Brasileiro de Geografia e Estatística (IBGE)." Emprego sem carteira assinada atingiu volume recorde em 2022|Agência Brasil (ebc.com.br)*

E lá trabalhei por dois anos, até que cheguei ao último ano do ensino médio e havia a opção de fazê-lo junto de algum curso profissionalizante, porém, somente na cidade vizinha, e somente no período noturno, então mais um dilema para aquela jovem adolescente: continuar trabalhando, ou pedir as contas para ir fazer o curso Técnico de Contabilidade?

Pois bem, eu não tinha condições de pagar por uma faculdade, e não queria trabalhar para sempre no comércio, aos sábados, domingos, feriados... Conversei com minha mãe, que me apoiou em minha escolha, mesmo ficando desempregada. E lá fui eu, aprender sobre processos financeiros, cálculo de tributos, análise patrimonial, e afins.

Depois de um tempo consegui outro emprego, em outra

papelaria, onde conseguia administrar o horário de saída do emprego e o início das aulas em outra cidade, pegando ônibus para uma viagem de meia hora. E assim foi até terminar o curso.

> *"Um em cada cinco jovens brasileiros não estuda nem trabalha, diz IBGE. Dos 9 milhões de brasileiros na faixa dos 15 aos 29 anos em todo o País, 20% não estudam nem trabalham. Essa é a chamada geração nem-nem: nem estuda nem trabalha. Os números são da **Pesquisa Nacional por Amostra de Domicílios Contínua (PNAD)** – Educação, 2022, divulgada nesta semana pelo Instituto Brasileiro de Geografia e Estatística (IBGE). Um em cada cinco jovens brasileiros não estuda nem trabalha, diz IBGE | CNN Brasil*

Sem dinheiro para pagar uma faculdade particular, sem as mínimas condições de bancar uma moradia numa universidade federal, lá fui eu fazer cursinhos de curta duração (três meses) pela Prefeitura da cidade: telemarketing, espanhol, empreendedorismo. E continuei juntando o dinheirinho do trabalho com a intenção de no ano seguinte conseguir pagar a mensalidade da faculdade no primeiro ano.

Optei pelo curso de Administração de Empresas, pois era mais amplo que Contabilidade, e eu poderia arrumar emprego com mais facilidade. E assim foi, me matriculei e realizei uma prova para conseguir uma bolsa, e consegui no valor de 50%. Me perguntaram "mas e depois? Você só vai fazer um ano, vai gastar dinheiro à toa!" E eu, com toda energia positiva do mundo e toda minha fé, tinha lá no fundo de meu coração que iria encontrar um emprego melhor. E consegui! Um estágio em uma grande instituição financeira, na mesma cidade onde fiz o curso de Contabilidade! O contrato era de dois anos, mas com pouco mais de um ano foi aberta uma vaga de assistente comercial na cidade onde morava, fui convidada a fazer uma entrevista com o gerente geral, e no final dela ele já me disse para providenciar os documentos, pois já seria contratada!

Atuei na agência por alguns anos, passando de assistente para gerente. Finalizei a faculdade e já entrei no MBA na FGV de Auditoria e Controladoria, e no final do curso surgiu uma vaga de Auditora Junior, participei do processo seletivo e fui uma das selecionadas.

Por meio da atuação na auditoria conheci o Brasil inteiro, pois atuava na rede de agências, sendo necessário visitá-las presencialmente para a realização do trabalho. Foi nesse momento que tive o primeiro contato real com a Prevenção a Lavagem de Dinheiro, um tema que fez meus olhos brilharem, e a vontade de aprender mais e mais sobre o tema.

A lavagem de dinheiro e financiamento ao terrorismo tem como objetivo transformar os recursos obtidos de atividades ilegais (tráfico de drogas, armas, pessoas, sequestros, roubos, entre outros) em fontes legítimas, se utilizando das instituições autorizadas pelo Banco Central. Cabe a essas instituições combater tal ato através de políticas, procedimentos e sistemas, que devem estar em conformidade com as obrigações regulamentares e as boas práticas internacionais.

Com o passar do tempo, a vontade de ser mãe bateu em minha porta, e com a quantidade de viagens que fazia havia certa incompatibilidade, por isso decidi procurar novos desafios. Foi então que passei para a auditoria de empresas coligadas, onde tive a oportunidade de aprender vários outros temas a fundo, como Ouvidoria, SAC, correspondentes bancários, entre outros, e passei a viajar menos. Mas o tema PLD sempre foi minha paixão. Por isso, me tornei a auditora responsável pelo tema PLD na auditoria, como ponto focal de apoio.

E assim foi por alguns anos, até vir a pandemia, que novamente me fez repensar minha carreira e prioridades. As viagens eram em quantidade menor, mas ainda ocorriam, o que não me agradava mais, pois meu menino já estava com dois aninhos e eu o amamentava. Então uma oportunidade surgiu dentro da mesma instituição, e vejam só: onde mais poderia ser? No Compliance, é claro, para atuar no Quality das comunicações ao COAF – *Conselho de Controle de Atividades Financeiras,* que é a unidade de inteligência financeira brasileira, sendo o órgão responsável por produzir e gerir inteligência financeira para a prevenção e combate à lavagem de dinheiro, ao financiamento do terrorismo e da proliferação de armas de destruição em massa. Não pensei duas vezes! Aceitei o desafio e lá permaneço até hoje, com muita felicidade e satisfação!

Ao avaliar a qualidade das comunicações ao órgão responsável se fez a necessidade de estar aberta à equipe para ouvir, entender e ensinar. Com isso tive de desenvolver a liderança, e trazer a equipe para junto de mim. Só assim para chegarmos aos objetivos desafiadores que a área enfrentava.

O Compliance e o poder do engajamento

As organizações são compostas por indivíduos com valores distintos, portanto, a governança somente terá sucesso se tiver a capacidade de criar valores convergentes aos indivíduos de toda a organização.

Os colaboradores são pessoas em constante mudança, e têm percepções diferentes da realidade, pois cada pessoa veio de um berço diferente, cada uma tem em si aquilo que sua família ensinou. O comportamento pessoal é algo difícil de ser modificado, dessa forma, dentro de uma organização é um dos maiores desafios.

E, para se construir uma organização sólida, é necessário o envolvimento do negócio como um todo, com a governança corporativa, conselhos, diretores, gerentes, supervisores, e principalmente, todos os colaboradores! Mas como fazer isso? Engajando! Um funcionário engajado se sente "uma parte de um todo", realizando seu trabalho da melhor maneira possível, compreendendo a importância da conformidade e colaborando para um ambiente agradável e seguro.

Para promover o engajamento a empresa deve focar no desenvolvimento profissional dos colaboradores, fazer com que eles se sintam únicos e sustentar isso a longo prazo. As pessoas precisam estar alinhadas com a cultura, objetivos organizacionais e capacitadas para desempenhar bem suas tarefas. Com isso, conseguirão identificar mais rapidamente as ineficiências nos sistemas e processos, permitindo as devidas correções. E, principalmente, estarem motivadas! Para isso os líderes devem ser inclusivos, com a capacidade de ouvir e perguntar, pedindo *inputs* de pessoas de todos os níveis, eles devem "ouvir com empatia" compreendendo o ponto de vista do outro, e promovendo uma confiança mútua entre as partes envolvidas.

Para isso, o líder deve conhecer muito bem sua equipe, analisando o grau de maturidade de cada indivíduo, entendendo seu nível de experiência e conhecimento. Dessa forma, saberemos quais tarefas direcionar para cada pessoa, obtendo assim o melhor resultado possível.

Os níveis que vemos no mercado são júnior, pleno e sênior.

Mas é necessário saber a maturidade de cada integrante da equipe, visto que ela não se dá apenas no cargo que o colaborador atua, e sim em suas experiências anteriores, compreensão da atividade que exerce, motivação, empenho, disposição para assumir responsabilidades.

Conhecendo realmente o colaborador é onde vemos se precisamos treinar, apoiar, ou somente direcionar. Dessa forma, o comportamento do líder será acompanhar os colaboradores menos maduros, e conforme ele for se desenvolvendo precisará cada vez menos desse apoio, passando a atuar cada vez mais seguro de si.

Já os colaboradores de nível mais alto se sentem confortáveis e executam bem suas tarefas, necessitando de apoio para manter as entregas, indo em direção à autonomia.

E por fim os colaboradores seniores possuem habilidades e conhecimento, atuando de forma autônoma, podendo assumir responsabilidades de liderança.

Também é importante promover uma comunicação aberta, garantir que as pessoas não tenham medos ou receios de falar algo, elas precisam se sentir à vontade e confiar que se for necessário realizar alguma denúncia ficará em sigilo, e elas não sofrerão nenhuma penalidade quando realizada de boa-fé.

E finalmente, aquilo que me faz brilhar os olhos: a importância da prevenção à lavagem de dinheiro para toda a sociedade! A compreensão da relevância do nosso trabalho para a construção de um sistema financeiro mais preparado, ético e eficiente na identificação da tentativa do uso do sistema em atividades ilegais.

Guerreira

Sim. Isso mesmo que você leu acima. Hoje eu sei e me reconheço nesta palavra: G-U-E-R-R-E-I-R-A, com letras maiúsculas, e com muito orgulho! :)

Genuinamente Compliance: Opa! Cultura de Compliance nos processos administrativos já

INSTAGRAM

Glória Cortez

Trabalhou 15 anos na Companhia de Saneamento de Alagoas (CASAL), como assessora chefe de auditoria interna – Assessora de Governança Transparência Compliance e Ouvidoria. Exerceu atividades na Controladoria Geral do Estado de Alagoas (CGE). Graduada em Ciências Contábeis. Pós-graduada em Auditoria e Gestão Pública. Certificada pela PKMG – Compliance. Pela LEC – Legal Ethics – Profissional Compliance Anticorrupção – CPC-A. Pelo IBGC, especialista em Governança Corporativa. E pela Associação Brasileira de Ouvidores (ABO) Santa Catarina. Em 2020 foi reconhecida pela SEPLAG/AL, e.book, coautora, capítulo: Guia de Serviços do Estado de Alagoas: ferramenta de governança e transparência. Conferencista CLAI 2011 e 2012 – *cases* de auditoria preventiva. 2011 – Prêmio pela ABES - *case* de Auditoria Preventiva.

Agradecimentos

A Deus, por guiar minha vida sempre; à minha família, minha maior riqueza; à Editora Leader, por acreditar no meu potencial, pois estou muito feliz por este momento em minha vida. Compartilhar um pouco da literatura de Compliance é sem dúvida semear o valor de se fazer o correto sempre e contribuir para um mundo melhor.

Compliance e eu

Na minha adolescência, recordo que meu pai tinha palavra de rei, a palavra dele valia por um contrato assinado. Confesso que achava muito valiosa a sua ação, mesmo refletindo pela falta de um documento comprobatório. E, nesse ambiente familiar, somos dez filhos. Praticamente todos os dias brincava com meu irmão. Divertimo-nos jogando dominó, varetas, ludo e outros jogos. Mas, antes de começar o jogo, eu já editava a seguinte regra: não pode enganar nem roubar. E todos os dias meu irmão fazia de tudo para ganhar o jogo e a confusão estava feita. O interessante, mesmo com os conflitos, evoluímos nas brincadeiras, crescemos e os conflitos foram eliminados.

Por sua vez, minha mãe agia de forma incrível para garantir que não deveríamos usar de má-fé. Ela ficava de olho em tudo, bastava um lápis diferente encontrado em minha bolsa e o questionamento vinha à tona, sobre de quem era aquele lápis.

Com o processo educativo dos meus pais fui gostando cada vez mais do que é certo, sempre tive o discernimento de que o certo é verdadeiro e a verdade espelha a própria justiça. Para se ter uma ideia, sou católica e tenho por devoção, desde que eu era criança, São Miguel Arcanjo, por representar e ser a justiça divina.

Sou casada, tenho dois filhos, uma menina e um menino. Meus filhos receberam os ensinamentos de tudo o que é certo ou errado, já quando começaram a andar e falar. E tudo que minha mãe me ensinou sobre a boa-fé repassei para os meus filhos. Poxa! Gratificante, pois até hoje eles lembram e colocam em prática a ética, o respeito, o dever a ser cumprido, a conformidade, etc. Lembro-me dos questionamentos dos meus filhos entre eles quando algo não era adequado.

Atualmente sou vovó de duas meninas, que recebem diariamente de mim ensinamentos éticos a respeito de tudo que se encontra ao seu redor. Uma tem cinco anos e a outra três, mas já entendem o que é certo ou errado. Geralmente, quando vamos ao shopping entramos na loja de brinquedos ou na que vende maquiagem, e sempre uma alerta a outra que só pode abrir ou levar o produto depois que pagar. Estes momentos são divinos para mim, pois sei que elas estão no caminho certo de serem mulheres transparentes e com a base de Compliance intrínseca aos seus crescimentos.

Há uma felicidade que não dá para explicar quando a minha netinha de três anos de idade entra em conflito com a irmã, porque esta não está agindo de forma correta, então ela diz: "Isto não é correto, vovó, e não é justo". É isso mesmo, respondo, e lá vou explicar os fatos e o que não se pode fazer para invadir a privacidade da outra, bem como respeitar os espaços e a justiça diante das ocorrências das brincadeiras que se tornam conflitos entre as duas. Mas tudo é resolvido e o aprendizado fica sempre.

E nesse ambiente familiar me tornei uma mulher com sonhos para construir ou colaborar para um mundo melhor. É algo especial ao meu espírito, pois sempre estou a refletir sobre o que criar para direcionar as ações em algo concreto para o bem geral. É isto mesmo! Compliance transforma a pessoa de modo a criar um círculo de integridade em todos os segmentos profissionais e pessoais. Assim, não consigo tomar posse do que não é meu. Se recebo valores a mais quando faço um pagamento, com certeza devolvo de imediato. Seja o que for, não dá para ficar com o que é alheio ou tirar vantagens das situações.

Meu sonho

No meu ambiente profissional e pessoal as pessoas me chamam de *compliance*. E ainda dizem "*compliance* chegou, meu Deus". Alguns achavam uma ilusão, mas quando perceberam a realidade nas organizações disseram "você tem razão, Glória", eram advogados, contadores, supervisores e outros profissionais. E meus filhos reafirmam: "tudo dela é *compliance*".

Como realizar o meu sonho para construir um mundo melhor? Confesso: foi uma caminhada cheia de expectativas, desafios, obstáculos e sucessos, tendo sempre os estudos como a base de integração entre a essência do ser humano com suas ações. Sem sombras de dúvidas era a legalidade, a conformidade, a ética, a integridade, a seriedade, a autenticidade, a responsabilidade e o comprometimento que eu presencio no meu mundo. Isso mesmo, cada pessoa tem um mundo, **e o meu é Compliance**.

E Compliance é uma conexão maravilhosa que planta uma paz enorme, é por isso que convido as mulheres a entrarem nesse ramo, pois há não apenas sentimentos com o dever cumprido, mas a satisfação de olhar o seu mundo e afirmar que vale a pena lutar pela integridade e a ética.

A minha caminhada

Mulheres, seja qual for a área da sua vida, sigam com ética se querem ser lembradas como exemplos dignos, porém, às vezes sendo elogiadas e outras criticadas, mas não importa, porque sempre haverá quem aceita Compliance ou não. **Eis aí o desafio!**

Chegou a hora de escolher a minha profissão, escolhi Ciências Contábeis, mas com o desejo de ser uma auditora. Em toda a minha trajetória como contadora atuei com o processo de auditoria no setor contábil. Assim, já havia uma curiosidade de estudar sobre Compliance. Fiquei fascinada com a literatura da área.

Vale destacar que a minha caminhada profissional é toda sustentada pela legislação nacional e internacional, fato que direciona a sinergia ética sempre sem vacilar. E a minha área pessoal tem pilares de Compliance que bloqueiam quaisquer negociações diante do que é legal. Confesso que muitas vezes fui chamada de "estrela, excelência de Compliance" e outros nomes. Então, lembro-me de um diretor que chegou na companhia e nos primeiros momentos fui apresentada a ele, que acrescentou: "Que bom conhecer você pessoalmente, pois já a conheço de muito tempo". E explicou com todo respeito sobre os meus procedimentos na companhia com o que é legal. Fiquei feliz, pois eram os resultados de Compliance informal que eu tinha implantado na companhia com a força de trabalho.

Então, **2016 chegou, chegando mesmo**! Fui promovida a assessora de governança – Compliance – transparência e ouvidoria. Aqui o desafio foi extraordinário, pois além de dominar a legislação eu tinha que liderar as ações para atender à governança, Compliance, transparência e ouvidoria. Imediatamente, o trabalho inicial foi voltado para a cultura organizacional. Logo, foi necessário capacitar os superintendentes, gerentes, supervisores e os demais funcionários, pois havia uma cobrança implacável da Controladoria Geral do Estado de Alagoas (CGE) e, posteriormente, da Secretaria de Planejamentos do Estado de Alagoas (SEPLAG), então o apoio da alta administração foi relevante e os processos internos começaram a fluir. Naquele momento, os funcionários tinham adquirido conhecimentos com o Compliance informal, o que facilitou a aceitação das mudanças organizacionais.

Muito trabalho! Possibilitou-nos implantar as exigências da legislação, bem como, atender à CGE e à SEPLAG, e assim a companhia recebeu vários prêmios com relação a transparência. Eu até mesmo recebi prêmio como servidora destaque pelos trabalhos desenvolvidos. E, ainda, participei do E-book – SEPLAG/AL – Artigo: Guia de Serviços do Estado de Alagoas: ferramenta de governança e transparência.

Olha que reflexão passo agora para vocês, mulheres! Não desaminem em nenhum momento, pois mesmo com as premiações que a companhia recebeu, bem como o meu sucesso pessoal, por várias vezes fui abordada com palavras e ações negativas, porém venci todas as abordagens de desaprovação e tudo só contribuiu para me fortalecer cada vez mais. Lembre-se: as discórdias são verdadeiras oportunidades para o crescimento de qualquer projeto.

Atuar como assessora de governança - Compliance – transparência e ouvidoria foi fenomenal diante da superação dos desafios organizacionais, tornando-me uma profissional com atuação do meu planejamento de trabalho sempre com planos "A", "B" e "C", pois as mudanças acontecem de forma rápida. Naquele ambiente, senti uma satisfação enorme em atuar no desenvolvimento da cultura de Compliance.

Vale destacar que na minha área profissional e pessoal entre meus colegas de trabalho, a minha família e familiares o Compliance já é a minha marca. Mas o que poderia fazer para assegurar o Compliance no meu ambiente de trabalho? Então, entre 2020 e 2022, com a pandemia em alta, resolvo investir em cursos e analisar a literatura de Compliance e o seu segmento na organização. Após os estudos percebi a necessidade de criar algo mais para garantir o Compliance efetivo. Assim, criei o **Termo de Responsabilidade com Compliance Efetivo (TRCE)**, que também oferece oportunidades para desenvolver a cultura de Compliance de forma consistente, reflexiva, avaliativa e com a oportunidade de os servidores ou funcionários adquirirem mais conhecimentos sobre "SER" e "ESTAR" em *compliance*. Portanto, "Ser *compliance*": é conhecer as leis, políticas, normas, regulamentos e outros. "*Estar em compliance*": é colocar em prática toda a legislação e regularização.

É isto: na minha caminhada, o meu legado é sensibilizar as pessoas a agirem com ética como a essência vital, além do mais, adotar um espírito de integridade intrínseca em todas as ações, promovendo o desenvolvimento organizacional e profissional para inserir a organização nos mais altos padrões de conduta empresarial.

E assim foi dada a largada para o conhecimento de Compliance: Ensino/aprendizagem de "Ser e Estar" em Compliance

Compliance não é "moda", sua essência é sustentada pela conformidade, pela ética, valores e integridade em todo contexto que envolve o ser humano, então, faz-se necessário que as organizações invistam no setor de Compliance para solidificar a gestão proativa.

As ações de Compliance mudam radicalmente o ambiente corporativo, pois quebram e eliminam os vícios de gestão, como também provocam rejeição de alguns servidores, o que gera um conflito entre o que é certo e o que já fazemos há muitos anos na gestão, ou ainda, "sempre foi assim que executei e será sempre assim".

As resistências às mudanças possibilitaram-me criar o **Termo de Responsabilidade com Compliance Efetivo (TRCE)** para contribuir com a gestão corporativa na construção de um ambiente organizacional consciente, íntegro e ético com os ditames de Compliance e sua sustentabilidade **já inserida nos processos administrativos.**

Entendo que a criação deste Termo valida toda a sistemática de governança no ambiente intrínseco dos órgãos públicos, e também poderá servir de base para a formação de indicadores para avaliar a gestão pública.

O que me fascina no desenvolvimento de Compliance não é só o cumprimento das leis e normas de um órgão ou de uma companhia, mas também o cumprimento de um determinado padrão de conduta sistêmica, na conjuntura profissional e pessoal, com atitudes éticas, íntegras e transparentes.

O TRCE é uma declaração que fará parte do processo administrativo de forma harmônica e responsável, pois a pessoa ao tramitar o processo administrativo terá consciência dos conhecimentos contidos em seu escopo, oportunizando eliminar as dúvidas e as não conformidades. No momento da tramitação do processo administrativo já fica validada a responsabilidade da pessoa, pois o processo administrativo terá a seguinte declaração:

DECLARAÇÃO DO TRCE NO PROCESSO ADMINISTRATIVO

> *Declaro conhecer a política de Compliance, bem como as leis, normas e regulamentos que norteiam as minhas atividades e reconheço minha responsabilidade em cumprir e fazer cumprir a conformidade legal e gerencial da organização, estando ciente e de acordo que a devida inobservância da base legal que norteia este processo está sob minha responsabilidade e será passível de sanções e medidas administrativas disciplinares, caso venha a ser detectada alguma ilegalidade. (Resultado de estudos – Glória Cortez e Allan Kovalscki.)*

Atenção: você deverá criar uma defesa de conhecimentos e argumentos, pois haverá conflitos nas rotinas dos funcionários com apenas uma declaração, e a rejeição vem à tona, vindo de alguns deles. Mas, como já enfatizei anteriormente, toda e qualquer rejeição será uma oportunidade para aperfeiçoar o processo.

E ainda destaco:

- O TRCE contido no processo administrativo, não importa a modalidade do processo, isto é, manual ou eletrônico, irá garantir um fluxo consistente entre os setores envolvidos, bem como individualmente, uma vez que os servidores validam o seu conhecimento de "SER e ESTAR" em Compliance.

- O setor de Compliance deverá elaborar questionários com três questões a serem respondidas pelos servidores ou funcionários. Os resultados deverão ser tabulados, analisados, discutidos e inseridos em relatórios, que enfocarão também os riscos de Compliance.

Perceba que o **TRCE servirá para quaisquer fatos e atos, não importa o assunto ou setor. É um Termo universal no ambiente organizacional.**

Lições aprendidas

Com a premissa de que as crianças são verdadeiros e excelentes alunos na aprendizagem de Compliance, tendo a família a ética e a integridade como base fundamental no desenvolvimento do ser humano, certamente iremos formar grandes potenciais humanos voltados para a conformidade em todo o contexto que envolve as ações de vida.

As conclusões, resultados e lições sobre o TRCE oferecem uma visão sistêmica do processo administrativo com a ética e conformidade de forma autêntica e com seriedade, o que aumenta o valor da imagem da companhia, e ainda:

- Sucessivamente, haverá um despertar de cada servidor de sua responsabilidade com sua conduta sistêmica, surgindo a integridade.

- O TRCE obriga a alta administração a adotar uma postura de apoio ao setor de Compliance.

- Para alcançar resultados na área de Compliance são necessárias as seguintes ações: realizar periodicamente e reavaliar o diagnóstico organizacional para identificar e avaliar os riscos e o sistema de controles internos para um processo de melhorias.

- Promover treinamentos periódicos com os ditames do Compliance e da transparência, com a participação da alta administração e dos servidores ou funcionários de todos os setores.

Resultados imediatos

- Apoio da alta administração ao setor de Compliance.
- Acrescenta valores à imagem do órgão ou companhia.
- Motivação no ambiente organizacional.
- Toda força de trabalho com os conhecimentos de Compliance efetivo.
- Processo administrativo construindo a base para indicadores de Compliance.
- Criação de indicadores setoriais e organizacionais com a base para o desenvolvimento do planejamento estratégico.

Resultados futuros

- Gestores comprometidos com o Compliance efetivo.

- Construção de um ambiente organizacional ético.
- Órgãos de fiscalização externa e interna com a identificação dos envolvidos na gestão pública dos atos e fatos praticados.
- Reconhecimentos organizacionais com "Selos Éticos" e outros.

Conclusão

Hoje sou realizada pelos caminhos que trilhei até chegar no momento dos ensinamentos de Compliance para os colegas de trabalho, família, familiares e amigos. Sei exatamente que as sementes plantadas a cada dia surgem em uma pessoa com o desejo de prosseguir com ética, integridade, conformidade e outros.

O TRCE desenvolve a cultura organizacional de forma consistente, reflexiva, com seriedade e autenticidade no comprometimento com as práticas de Compliance e, ainda, avaliativa diante das responsabilidades individuais de cada servidor ou funcionários com a legalidade, refletindo uma relação de confiança e fidelidade. Os desafios poderão desmotivar, mas não devemos nos deixar vencer, faz-se necessário agir pelos objetivos que desejamos para um mundo melhor. Então, forças sempre!

"Compliance é simples assim: ética." Glória Cortez

Trajetória de sucesso: superando desafios e alcançando sonhos

LINKEDIN

Isabella Felippe Pinto

Graduada em Administração e MBA em Gestão de Riscos e Compliance, pela FECAP (Fundação Escola de Comércio Álvares Penteado). Atuo na área de Investigação, Riscos e Compliance desde 2015. Durante minha trajetória tive a oportunidade de liderar equipes e participar delas em projetos complexos em empresas multinacionais. Em 2021, iniciei minha trajetória como especialista de Compliance na GOL, dedicada exclusivamente ao desenvolvimento, manutenção e aprimoramento do Programa de Integridade da companhia. Os projetos foram realizados com base nas melhores práticas de mercado, FCPA, UKBA e Lei Brasileira Anticorrupção. Meu objetivo é promover o comportamento ético nas empresas e reduzir o risco de fraude e corrupção. Dentre minhas experiências, destacam-se: ministração de treinamentos, elaboração de procedimentos, realização de investigações.

As melhores coisas acontecem por acaso (Procurando Dory)

É engraçado relembrar de onde tudo começou, mas você deve estar se perguntando o porquê de eu estar aqui escrevendo este livro. Eu acredito que compartilhei essa história com poucas pessoas, as mais próximas, na verdade. Me formei em 2014 e concluí meu estágio em uma empresa de comércio exterior. Assim, em 2015, estava em busca do meu primeiro emprego - e sabemos o quão desafiador isso pode ser. Depois de meses e muitas entrevistas, o cérebro começa a se autossabotar, e foi aí que comecei a considerar fazer outra faculdade - quando digo outra, refiro-me a artes plásticas, algo totalmente diferente da minha primeira formação. No final das contas, decidi passar alguns meses em um intercâmbio no Canadá. Mesmo após essa decisão, continuei a participar de alguns processos seletivos, incluindo o da EY - se você leu meu currículo, isso provavelmente foi um spoiler e sabe que foi meu primeiro emprego. Enfim, eu estava com o formulário do processo seletivo em mãos e deveria preencher a área de atuação dentro da consultoria – e, claro, o nome FIDS (Forensics, Investigation and Dispute Services) chamou minha atenção imediatamente. A descrição da área não era nada que eu tivesse visto antes, era diferente, envolvente e curiosa, fazendo meus olhos brilharem de uma maneira que ainda não havia experimentado. Um mês depois, recebi a ligação com a devolutiva e a tão sonhada aprovação no processo seletivo. Este foi um dos motivos pelos quais decidi adiar minha viagem ao Canadá e aceitar a proposta da EY para trabalhar com investigações e Compliance.

Fiquei me perguntando o motivo e lembrei que minha mãe costumava dizer que, quando eu era mais nova, eu tinha um senso de justiça muito forte. Isso pode parecer clichê, mas, quando criança, meu sonho era ser juíza. Bom, anos se passaram e eu não me via cursando Direito. Optei por Administração de Empresas, assim, eu poderia explorar um pouco de tudo e decidir o que mais me encantasse.

Meu primeiro estágio foi em um concurso, na área de atendimento ao público. Lembre-se, o cliente sempre tem razão; foram dias em que, como estagiária, estava no balcão de atendimento inicial, recebendo gritos, pessoas inconformadas, agressivas, praticamente sem nenhum apoio de um gestor ou mentor. Foi nesse momento que prometi a mim mesma que, quando me tornasse gestora, isso não aconteceria. Eu seria diferente. Após três meses, recebi uma proposta de estágio na empresa de comércio exterior e atuei na área de logística até minha formação.

Como mencionei, ser uma mentora diferente sempre esteve entre os principais objetivos da minha carreira. Eu queria ser alguém que, quando uma pessoa perguntasse: "Qual mentor mais te marcou?" Ou: "Cite algum mentor que fez a diferença na sua carreira", meu nome aparecesse nessa lista.

Um dos meus maiores sonhos profissionais, além de escrever um livro – acredite se quiser, eu tinha um post it colado no meu armário quando eu era mais nova - é possuir três principais certificações do setor de combate à fraude e Compliance. Dois desses sonhos eu consegui realizar em 2023/2024. Então, bem-vindos ao capítulo 1 da minha vida: A realização de um dos meus sonhos.

> *"Agora, pode parecer que você não consegue fazer qualquer coisa, mas é só porque você não é uma árvore ainda. Você só precisa se dar mais tempo, você ainda é uma semente." (Flirk – Vida de Inseto)*

Uma das grandes vantagens de começar sua carreira em uma consultoria é entrar na companhia como trainee e acompanhada de pessoas – em sua maioria – que não sabem absolutamente nada da parte técnica sobre o assunto. Mas como isso seria um ponto positivo? Crescer com essas pessoas e acompanhar a trajetória delas tem sido uma grande alegria e satisfação. Ter o privilégio de poder ver onde começamos e onde estamos agora, e ver o quanto batalhamos, crescemos e aprendemos durante esses anos é uma conquista incrível.

Embora ingressar no mercado de Compliance tenha sido uma feliz coincidência e surpresa, permanecer nele e buscar constante aprendizado e contribuição representam um desafio diário.

Qualquer um pode cozinhar (Ratatouille, 2007)

Como qualquer outra área, também não estamos excluídos de termos profissionais que apenas querem fazer um *check the box*. Algumas pessoas não entendiam o real significado da área, alguns simplesmente não viam o valor agregado que cada treinamento e comunicação trazem à empresa e outros só queriam que o dia terminasse.

Trabalhar nesta área é um desafio constante, e é por isso que a considero tão gratificante.

Uma das lições que mais aprecio é a oportunidade que a área nos oferece, semelhante à frase de um dos meus filmes favoritos da Disney: "Qualquer um pode cozinhar". Acredito realmente nisso, pois tenho colegas de profissão com formações diversas, desde administradores, como eu, até jornalistas, contadores, hoteleiros, marketeiros, advogados e muitos outros. Isso é o que mais amo em nossa área: você não precisa entrar na vida acadêmica sabendo que seguirá essa carreira, pois ela o chama.

Como mencionei, eu entrei no mercado de Compliance muito jovem e por meio de uma feliz coincidência da vida. Mas por que, entre tantas opções no processo seletivo, marquei essa área? Buscava uma área dinâmica, que lidasse com diversos desafios e quebra-cabeças e exigisse constante reinvenção. E não tenho dúvidas de que todos esses objetivos foram atingidos. Ao longo de minha carreira na EY, tive a oportunidade de participar de diversos projetos dinâmicos e desafiadores, que contribuíram significativamente para meu desenvolvimento profissional e pessoal. A experiência de trabalhar com diferentes empresas e indústrias, cada uma com suas peculiaridades e características únicas, impulsionou meu constante aprendizado e exigiu incessante reinvenção de todos os envolvidos.

Seja quem você é agora (Toy Story 4)

Após dois anos de experiência em consultoria, alguns colegas e eu decidimos que seria um momento propício para realizarmos uma pós-graduação. Hoje, ao revisitar aquela época, identifico pontos positivos e negativos em minha decisão. Por um lado, minhas responsabilidades eram menores, proporcionando mais tempo para me dedicar ao MBA. Por outro lado, me faltava a experiência prática que só o tempo de trabalho proporciona. Esse é um dos meus principais conselhos: não tenha pressa e não tente adiantar etapas, pois cada um tem seu ritmo e tempo. Na época, eu era a aluna mais nova da turma e, apesar de ter boas experiências com investigações, ainda me faltava tempo de trabalho. Sem dúvida, hoje eu poderia contribuir mais nas discussões em sala de aula. Então, entenda a necessidade e seu momento de carreira, saiba como diferenciar o que é melhor para você do que as outras pessoas fazem — cada pessoa tem seu tempo, sua trajetória e sua carreira.

Outro grande momento de virada de chave foi quando tomei a decisão oficial de deixar a consultoria. Após seis anos na empresa, eu era conhecida e apreciada pela liderança, pares e subordinados. Então, por que sair? Sentia-me acomodada e buscava novos desafios. Além disso, a principal razão que me motivou a procurar outro emprego foi o desejo de acompanhar toda a trajetória da organização. Não me entendam mal, a consultoria oferece tudo o que se espera em termos de experiências diversificadas e aprendizados dinâmicos em diferentes ambientes, agregando muito ao histórico profissional e pessoal. Mas eu queria acompanhar todo o processo, ver o outro lado da mesa e entender os principais desafios do Compliance na indústria.

Leva ela para a lua por mim! (Bing Bong - Divertidamente)

Em um dia de trabalho recente, debatemos um caso de cortesia. Apesar de sua simplicidade, a classificação oscilava entre brinde e doação. No fim, respondemos à consulta com rapidez, e o gestor mencionou que, em seus dez anos na empresa, nunca havia se sentido tão acolhido em uma interação.

Parece simples, mas é meu propósito: ser uma área parceira e acolhedora, onde as pessoas se sintam à vontade para buscar apoio. Não acredito, não quero nem acho que devemos ser vistos como uma área que é vista como polícia e burocrática.

Meu diretor atual faz uma afirmação que considero crucial: "Não há fiscalização suficiente para controlar todos", então é essencial que as áreas se sintam acolhidas e seguras ao trazer seus problemas, preocupações ou ideias. Mas como mudar essa percepção?

Em uma das minhas sessões de estudo, deparei-me com as principais teorias de comportamentos criminais e suas ligações com a prevenção de fraudes. Apesar de acreditar que este não seja o momento ideal para um debate aprofundado sobre o tema, gostaria de compartilhar uma reflexão. Na época de trainee, questionava se treinamentos e comunicações realmente preveniriam fraudes. Hoje, com base em diversas teorias e experiências, acredito que essas ferramentas são essenciais para auxiliar as organizações na prevenção e combate a fraudes. A grande virada de chave para mim foi entender como a comunicação e o treinamento podem influenciar positivamente os colaboradores, mesmo que engajar pessoas seja complexo.

São os seus defeitos que fazem de você uma pessoa única. (A Bela e a Fera)

Uma das principais vantagens de trabalhar em uma consultoria é aprender a lidar com diferentes pessoas, projetos, habilidades e estilos de comunicação. Essa experiência foi essencial para a construção da minha postura profissional. E, é claro, é natural cometer erros, e se você for como eu, vai se sentir péssima por isso, mas entenda que faz parte do processo de aprendizado. Se você fez o seu melhor com os recursos disponíveis no momento, não se martirize. Somos humanos e erramos, por isso, mesmo que seja difícil, tente sempre ser gentil consigo e com os outros. Acredite: você vai errar, chorar, e tudo bem. Vire a página e faça o seu melhor sempre que puder.

Construir sua postura profissional exige autoconhecimento. Realize uma autoavaliação para identificar seu perfil e suas características principais. Quizzes e testes podem ser ferramentas úteis, mas não são obrigatórios.

Eu sou uma pessoa que tem uma característica que muitas vezes pode ser diferente do estilo da maioria: eu sou uma pessoa direta e prática. Há dois pontos que preciso destacar com relação a isso: treinamentos me desafiam a me tornar mais dinâmica, algo crucial para quem busca uma posição de gestão. Essa mudança exige esforço e dinamismo, mas é extremamente importante para o desenvolvimento profissional. O segundo ponto é com referência à minha praticidade, que me impulsiona a resolver problemas, o que é positivo, mas também pode gerar ansiedade e me levar a agir impulsivamente. Reconhecer quais características impactam nosso ambiente de trabalho e postura profissional é essencial para o nosso desenvolvimento. Mesmo com quase dez anos de experiência, continuo aprendendo e buscando aprimorar minha postura profissional, comunicação e clareza. Cometer erros faz parte do processo, e cada experiência me ajuda a crescer e evoluir.

Não enxergue o mundo como ele é, enxergue como ele poderia ser. (Cinderela, o Filme)

Ao ingressar no mercado de trabalho, notei a discrepância na representatividade feminina em cargos de gestão. Apesar do crescimento gradual, mulheres ainda ocupam menos de 20% desses cargos, segundo pesquisas recentes.

> *A participação feminina na presidência das empresas e em outros cargos de liderança no Brasil cresceu de 2019 a 2022, segundo o Panorama Mulheres 2023, estudo feito pelo Talenses Group com o Insper. As mulheres passaram de 13% a 17% dos CEOs do país. "E a tendência é claramente ascendente. No próximo ano, a proporção deve passar de 20%" (Fonte: Site Forbes).*

Uma estrutura de Governança e Compliance bem estabelecida contribui para um mundo de negócios mais sustentável. Através dela, podemos auxiliar organizações a serem melhores, promovendo mudanças positivas, mesmo que pareçam utópicas. Cada pequeno avanço é crucial para construir um futuro mais ético e responsável.

Você pode fazer tudo aquilo que quiser. (Jenny, Procurando Dory)

Eu amo ler, e não apenas livros técnicos como eu fazia na época da faculdade, mas ficção, fantasia e romance. E acredite em mim quando eu digo: leia – não importa o que, mas leia. Ler traz aprendizados únicos. Queria dedicar um tempinho para falar da Jane Austen – lembrando que eu não sou habilitada para falar tecnicamente ou tenho formação em Letras, é apenas algo para refletirmos.

Jane Austen nasceu em 1775 – peço licença para parafrasear corretamente:

> *O mundo – e, por mundo, devemos aqui entender especialmente a Europa – estava em convulsão. Entre 1789 e 1848, passamos por três grandes revoluções: a Francesa, de 1789, que derrubou o Absolutismo; a Liberal, de 1830, retratada por Victor Hugo em "Os Miseráveis"; e a Primavera das Nações, de 1848, com as revoltas do proletariado.*

Um dos meus livros favoritos é "Orgulho e Preconceito", e pensar que nessa época Jane Austen teve a coragem de escrever sobre uma mulher que recusou um pedido de casamento, pois ela acreditava que esse homem não tinha os mesmos valores que ela – em uma época em que o casamento era a única opção para as mulheres. E se Jane Austen teve coragem de se colocar à frente do seu tempo, eu acredito que todas nós podemos fazer o mesmo.

Eu sou jovem e relativamente nova na área, acredito que muitas mulheres que contribuem para este livro incrível tenham experiências maravilhosas para compartilhar, então, aproveitando o meu gancho de leitura, aqui vão alguns conselhos de um outro livro que eu amo:

1. Para trabalhar feliz só há um jeito: fazer com prazer e cada vez mais bem feito;

2. De que adianta lutar se não vamos vencer? Quem não luta perde sempre, senhor;

3. No "Castelo", as armas com que lutam são o trabalho, o companheirismo, a paciência, o perdão, a vida sadia.

O mundo costuma ser hostil aos novos talentos, às novas criações. O novo precisa ser incentivado. (Anton Ego, Ratatouille, 2007)

No final do dia, meu desejo é contribuir, mesmo que um pouquinho, para um mundo de negócios sustentável sendo uma gestora que apoia, ensina e aprende diariamente. É ser gentil e saber que no final de cada dia eu dei o meu melhor, dei tudo o que eu pude.

Com isso, eu gostaria de deixar um agradecimento especial a todas essas pessoas, que cresceram comigo e nunca soltaram a minha mão.

Um agradecimento especial à minha família, que me deu suporte e está sempre ao meu lado me apoiando em todas as decisões – eu não estaria aqui sem vocês. Ao meu pai, que não importa a hora, sempre me levou e me buscou quando eu precisava. À minha mãe, uma ouvinte incrível que sempre esteve ao meu lado. À minha irmã, uma profissional de quem eu tenho orgulho demais. E ao meu hoje marido, mas durante esses bons anos de trabalho meu namorado, pela paciência e por me ouvir chorar sempre que preciso.

Da resiliência à realização: uma jornada de aprendizado e superação

Karen Langhanz

Mestre em Controladoria pela UFRGS, mesma universidade em que realizou sua graduação em Ciências Contábeis. Também possui MBA em Controladoria pela Unisinos. Com atuação nas áreas de finanças, auditoria, compliance, riscos e controladoria, desde 2006, atuou nos setores financeiro, prestação de serviço, manufatura e varejo. Tem formação adicional em cursos de extensão realizados presencialmente na Espanha, Alemanha e Estados Unidos. Dentre outras experiências, participa de conselhos consultivos de empresas de diversos setores, atuou como gerente de auditoria externa pela Deloitte, gerente de Riscos e Compliance em uma instituição financeira, gerente de Controladoria em uma consultoria ambiental e, mais recentemente, atua como Head de Controladoria em um grupo de soluções financeiras.

Minha base

Não tenho a ambição de contar uma história de heroína. Costumo dizer que reservo esse papel a pessoas melhores do que eu. Mesmo assim, os desafios que já enfrentei na vida me permitem talvez servir de inspiração para outras pessoas. Por isso, aceitei o desafio de compartilhar minha história. Minha trajetória é pautada por querer aprender. Acredito que o nosso destino não está traçado, mas sim, será o que fizermos dele e, no meu caso, ele é marcado pelo aprendizado.

Meus pais saíram do interior do Rio Grande do Sul na década de 80 e, apesar do pouco estudo, conseguiram se estabelecer como comerciantes na capital do estado, Porto Alegre. Meu pai, católico fervoroso, trabalhou como caminhoneiro e rodou o Brasil para garantir nosso sustento. Minha mãe, uma moça trabalhadora que sempre esteve pronta para o que viesse a seguir, venceu o desafio de criar uma criança sem rede de apoio ao mesmo tempo em que trabalhava bastante.

Mesmo na simplicidade da educação que tiveram, meus pais sempre foram unidos pelo comprometimento e pela integridade. Com eles, aprendi a não esmorecer, a perseverar e nunca desistir. Eu os vi trabalhando incessantemente como comerciantes, inclusive aos fins de semana, e prometi para mim mesma que eu encontraria nos estudos um caminho mais flexível.

Recordo-me como se fosse ontem de vê-los receberem mercadorias em sua loja de calçados, as quais eram conferidas com descritivo e quantitativo das notas fiscais. "Mas para que conferir?" - eu perguntava. "Ué, minha filha, tem que conferir". "Ter que conferir", pra eles, significava fazer as coisas dentro das regras, com integridade e retidão. Eu acredito que foi ali que formei o traço mais importante da minha bagagem profissional: o compromisso com fazer as coisas certas.

Nossa família viveu momentos de vacas gordas e magras e aqui enalteço a resiliência deles. Hoje, com todo conhecimento que tenho, compreendo os desafios que eles passaram em momentos em que os negócios não iam bem e quando meu pai passou a conviver com uma doença renal crônica (o que limitou sua capacidade de trabalhar). Apesar disso, eles conseguiram me manter em uma escola particular e sempre deixaram claro que eu deveria estudar para buscar o meu caminho (seja ele qual fosse).

Minha carreira

Ao final do ensino médio, entendi que minha identificação seria com a carreira executiva e decidi que cursaria Ciências Contábeis na graduação. Com a doença do meu pai e minha mãe dedicada aos cuidados que ele demandava, as dificuldades financeiras começavam a nos rondar. Somente uma universidade caberia no nosso orçamento: a pública. Tive de me dedicar muito aos estudos para ingressar na universidade federal e, neste período, recebi muito carinho dos meus pais – isso foi determinante para que eu tivesse sucesso no vestibular daquele ano.

Logo no começo da faculdade, entendi que a melhor forma de ingressar na carreira que eu almejava seria trabalhando em uma das Big Four (grandes empresas de auditoria e consultoria tributária), pois elas eram verdadeiras escolas para jovens devido ao seu programa fortíssimo de *trainees*. No segundo ano da faculdade ingressei justamente num desses programas, na

Deloitte Touche Tohmatsu. A Deloitte foi minha segunda casa por sete anos! Este trabalho vai ser para sempre a linha mais importante do meu currículo profissional, pois foi lá que aprendi técnicas e desenvolvi habilidades que usaria em toda a minha vida.

Assim que me tornei auditora, aprendi o quão importante seria dominar o inglês – e notei que as melhores oportunidades iam para quem tinha essa habilidade. Meu salário de *trainee* era singelo e o valor era quase que integralmente gasto em aulas de inglês. Ainda que o orçamento da minha família fosse apertado, pude investir meu salário em aprendizado. Não sobrava muito orçamento para lazer e diversão, mas isso não era exatamente um problema.

Como eu viabilizei meu estudo de inglês é uma história da qual muito me orgulho: identifiquei a escola com menor custo da cidade e logo agendei minhas aulas para os sábados pela manhã bem cedo: eram às 7 horas no centro de Porto Alegre. Eu pegava transporte público às 6h. A Karen que acordava sábado cedo para ir ao curso de inglês carregava o cansaço da semana (de muito trabalho e de muito estudo na faculdade), mas também a esperança de se destacar no trabalho do presente e, sobretudo, do futuro.

Neste ponto acho interessante destacar a importância de termos foco em um objetivo maior de longo prazo. Jamais abra mão do que desejas para o futuro, mesmo que isso signifique fazer concessões no presente!

Meus aprendizados como auditora

Como auditora, efetuei trabalhos nas maiores empresas do Rio Grande do Sul (e do Brasil). Além dos trabalhos como auditora, trabalhei em projetos especiais de fusão e aquisição como *due diligences* e *IPOs*. Sempre achei que era nova demais para fazer parte desses projetos especiais. Bobagem minha! Com os anos de carreira aprendi que a síndrome do impostor aparece para todos, mas que é imprescindível não deixar que a insegurança nos bloqueie. Temos que confiar em nossa capacidade e ir atrás do que nos é confiado!

Após meus primeiros anos de Deloitte eu compreendi que tinha a **capacidade de aprender a aprender**. E como eu gosto de aprender! Cada projeto novo me motivava a aprender mais e efetuar meu trabalho com maior excelência. Eu havia achado meu rumo como profissional. Senti a carreira "clicar" e tinha orgulho do que fazia! Com isso, logo entendi que, se me dedicasse trabalhando horas adicionais, nos finais de semana, nos feriados, eu aprenderia mais e mais. Sendo, assim, uma auditora cada vez melhor, atuando em projetos mais desafiadores, ficando apta para os próximos desafios da carreira. O resultado disso? Um *burnout* e remédios controlados antes dos 30 anos.

Com isso também aprendi a lição de que devemos observar os sinais que nosso corpo dá. Foi assim que descobri a força da terapia. Dediquei-me a sessões semanais por alguns anos e pude perceber a força do autoconhecimento e da importância de se acolher nos momentos em que o corpo nos dá sinais de que algo não está bem. Anos depois eu também acabaria me encontrando com o Yoga.

Acho importante compartilhar que diversas vezes na carreira, não só quando tive *burnout*, senti medo, insegurança. Jamais deixei esses sentimentos me impedirem de efetuar um projeto ou de realizar alguma entrega importante. O que eu faço quando esses sentimentos aparecem? Nada. Acolho o sentimento e sigo com insegurança e com ansiedade mesmo.

Esse contratempo não me impediu de ser gerente numa empresa gigante como a Deloitte – algo que vislumbrava desde quando era *trainee* – e eu consegui! Peguei menos pesado na minha autocobrança e segui mais três anos na Deloitte. Saí do *burnout* mais forte do que entrei nele. Ficou o aprendizado.

Minha paixão pela conformidade

Foi na jornada de auditora externa que consolidei minha identificação com fazer as coisas certas – aquilo que aprendi com o "tem que conferir" que ouvia dos meus pais na infância. No mundo corporativo isso também pode ser traduzido como **conformidade**.

A indústria com a qual mais me identifiquei no período de auditora foi a instituição financeira. Nos bancos, além de o Compliance ser *sine qua non*, ele também representa um setor chave para a gestão de riscos. O Banco Central define que "o gerenciamento de conformidade objetiva garantir que as atividades sejam conduzidas de acordo com as normas. As principais entregas desse processo são a construção e manutenção do inventário de obrigações, bem como a coordenação das avaliações de conformidade, o que permite a identificação de vulnerabilidades em controles e o planejamento de ações corretivas".[1]

Este trecho entre aspas também poderia ser descrito como aquilo-que-a-Karen-ama-fazer. Tendo essa paixão em mente, eu entendi que meu próximo passo de carreira deveria ser em uma instituição financeira. De auditora **externa**, passei a ser auditoria **interna** em um banco holandês. O desafio era grande e meu aprendizado do inglês seria posto à prova.

Chegando nessa nova empresa, passei por um grande choque cultural. Ali, não só as habilidades técnicas eram importantes. Passei a estudar mais sobre habilidades de relacionamento, negociação e comunicação. Foram muitas lições aprendidas! Depois de dois anos como auditora interna, superei alguns poucos percalços com a língua inglesa e fiquei muito satisfeita com tudo que pude aprender! Não fosse o sacrifício que fiz de estudar inglês, alguns anos atrás, esse passo da minha carreira jamais teria se concretizado.

---

[1] https://www.bcb.gov.br/acessoinformacao/riscosecontroles

Em seguida fui convidada pelo vice-presidente de Operações a participar do processo de seleção para coordenar o time de Operações do Brasil. Esta não era exatamente a minha ambição, mas fiquei honrada e agradecida com o convite e percebi que aquela seria uma grande oportunidade de desenvolvimento e de adquirir novos conhecimentos.

O desafio de liderar uma equipe tão grande me motivou bastante, mas também trouxe de volta fantasmas do passado: insegurança e síndrome da impostora. Para lidar com isso, além da terapia (que sempre esteve em dia) passei a praticar yoga e a me dedicar bastante a esse *hobby*. Isso me ajudou muito! Percebi que meu foco, minha concentração e meu bem-estar foram para outro patamar e isso com certeza foi determinante para eu dar conta deste novo desafio.

Esse novo desafio era composto por uma equipe com moral baixa, indicadores tímidos em pesquisas de clima e resultados muito aquém da meta. Um dos primeiros desafios – além da gestão dessas pessoas - seria estruturar a nova corretora de seguros do grupo. Entretanto, apesar desse importante projeto, havia outros pratinhos que precisavam também ser equilibrados e o "bicho estava pegando". Foram dias sob muita pressão interna, de muito trabalho e dedicação para conseguirmos transpor os desafios e colocar o novo sistema da corretora de seguros no ar.

Profissionais que atuam como gestores devem sempre estar com a saúde do corpo e da mente em dia, pois isso é determinante para a gestão da equipe. Sem isso não é possível viabilizar a escuta empática e proporcionar desenvolvimento para seus liderados. Quando encontramos a nossa melhor versão, somos capazes de proporcionar que nossos liderados também busquem a sua melhor versão!

Nesse banco, o projeto do qual mais me orgulho em ter participado foi o de Compliance: a implementação do novo procedimento antilavagem de dinheiro. Foi uma grande honra ter sido convidada para liderar a parte operacional desse projeto, mesmo não fazendo parte da equipe de Compliance daquela instituição!

Na prática, o resultado não poderia ser mais gratificante: programa de lavagem de dinheiro implementado, melhoria nos índices de clima organizacional da minha equipe, redução de 25% do orçamento de setor e auditorias internas sem apontamento de problemas. Entretanto, isso não foi suficiente para impedir um desligamento surpreendente que me fez aprender a estar sempre pronta para o pior. Por algumas semanas acolhi o luto e o sentimento de ansiedade que sentia. Mas, novamente, não deixei a ansiedade me impedir de fazer algo. E "fazer algo" agora era buscar uma nova oportunidade!

Minha melhor versão

Com essa mentalidade, eu não tinha medo do mercado. Eu me apoiava nas minhas principais valências. Eu tinha um baita currículo! Contadora pela universidade federal, MBA em Controladoria, vivências no exterior (na Alemanha, no Vale do Silício e na Espanha), falava inglês e espanhol. Eu sabia que novas vagas estratégicas estariam previstas no orçamento do próximo ano em muitas companhias. E assim foi. Comecei o ano de 2020 realizando diversas etapas de processos de seleção para cargos nas áreas de finanças, riscos e Compliance. As expectativas eram as melhores – pelo menos era o que eu pensava e sentia.

Eu só não contava com a pandemia e com a paralisação de contratações por todas as empresas naquele março de 2023. Inquieta, eu fui atrás da minha melhor versão corporativa. Fiz uma curadoria de carreira com uma excelente profissional especialista nesta área e trabalhei minhas *soft skills*. O processo foi transformador! Com essa profissional aprendi quem eu realmente era e onde queria estar. Trabalhamos nas habilidades que ainda precisavam ser lapidadas e reforçamos as habilidades que são minha fortaleza. Desde então, inclusive, espantei a síndrome do impostor para um lugar em que acho que ela será incapaz de voltar a me assombrar.

Resolvi empreender e atuar como consultora. Eu estava muito feliz com a minha empresa de consultoria, atuava como conselheira em diversas empresas do Brasil e formava turmas de mentoria em métodos ágeis. Mas ao mesmo tempo eu desejo voltar ao mercado. E logo eu, que vi meus pais trabalhando tanto como comerciantes, estava prestes a me tornar auditora interna na instituição financeira da maior varejista do Brasil, a Renner. Foi lá onde eu aprendi uma grande lição, que aparentemente é sobre jornada de cliente, mas que diz muito sobre gestão de pessoas: "quem encanta é encantando".

Lá eu aprendi e reconheci a importância dos ritos de cultura que fomentem a celebração das conquistas e que deem espaço para o *feedback* espontâneo entre colegas. O reconhecimento pelas conquistas e a valorização das entregas feitas em equipe são determinantes para a autoestima do time e representam uma grande ferramenta de engajamento.

Meu retorno à universidade

Durante a pandemia, em regime 100% *home office*, entendi que possuía algumas horas ociosas e resolvi, então, voltar à universidade federal, dessa vez como mestranda em Controladoria. Queria alimentar minha sede por conhecimento e seguir redobrando meu compromisso com a minha paixão por aprender.

Foi aí que outro grupo varejista do Rio Grande do Sul estava colocando de pé uma *fintech* e meu próximo desafio residia em estruturar um departamento de Compliance. Foi a realização de um sonho! Pude novamente estruturar um programa antilavagem de dinheiro, reestruturar a gestão de riscos da instituição. Orgulho-me muito de ter implementado o programa "Café com compliance", que servia como momento de alinhamento para participar a todos da instituição o papel do Compliance e do regulador. Uma vez por mês, nós nos reuníamos para falar de assuntos de conformidade e de Banco Central. O engajamento e o interesse dos colaboradores foram surpreendentes!

Em seguida tive meu escopo aumentado nesta instituição, entretanto, decisões com as quais eu não compactuo foram tomadas e minha permanência perdeu a razão de ser. Considero que sair dessa posição foi um ato de muita coragem, pois eu dei um passo em direção ao incerto. Mas a verdade é que eu queria mais e, se tem uma coisa que minha jornada até agora me ensinou, é que querer mais traz consigo uma tendência repetitiva de entregar uma recompensa no final.

Quando algo não nos faz mais brilhar os olhos, temos que nos movimentar!

Quando não estamos satisfeitos, devemos mudar o rumo da história. Temos sempre que tomar as rédeas da nossa carreira e desenhá-la de forma que nos mantenha encantados.

Meu desafio atual

Eu havia recém-concluído meu mestrado em controladoria e pensava: quais seriam meus próximos passos de carreira? Bingo! Fui para o setor de controladoria. O desafio, dessa vez, seria contribuir na construção da controladoria em uma empresa de consultoria ambiental. Logo nos primeiros meses fui reconhecida com a promoção a gerente de controladoria. O que mais me cativa neste novo desafio? O **aprendizado** de um tema com o qual eu não possuía familiaridade até então.

Transcendendo Limites: além do Teto de Vidro

Laís Codeço

Mais de seis anos de experiência na área de Compliance, voltada principalmente para a área financeira. Head de Compliance da FRAM Capital DTVM e da FRAM Capital Gestão. Graduanda no MBA de Advocacia Empresarial pela UERJ e formada em Direito pela Universidade Anhembi Morumbi. Certificada pela LEC em Compliance Financeiro e pela WIPO no Curso de Propriedade Intelectual. Fluente em inglês, além de conhecimento intermediário em alemão. Gestora especialista na implantação de padrões mais elevados de liderança, tanto na criação do Conselho ou Comitê Executivo, quanto nas demandas mais específicas de Comitê de Compliance ou ESG.

LINKEDIN

Trajetória profissional e pessoal: um caminho único

Vim de uma família em que as mulheres nunca ocuparam, oficialmente, um cargo de gestão. Na verdade, muitas delas sequer trabalharam externamente, pois apenas cuidavam da casa, com o intuito de gerir uma família obstinada.

Sempre fui muito determinada e persistente. Minha mãe me teve muito nova (com 20 anos) e, como toda mãe de primeira viagem, se preparou para as novas atribuições cotidianas que uma criança necessita. Ocorre que a minha independência a limitou de certa maneira, pois, enquanto todas as mães faziam adaptação no colégio, ela nem teve a oportunidade de me ver chorar de saudades no 1º dia de aula.

Na minha infância, mesmo tendo muito amor, meus pais sempre foram muito rígidos, me incentivando a ser uma pessoa correta, honesta, educada, saudável, com objetivos, com grandes feitos, que se alimenta bem, que é instruída e esforçada. Para eles, esse era o mínimo a ser entregue por mim, a miniprodígio deles, que na época e para eles, era o melhor que eles enxergavam a ser feito para que eu alcançasse algum objetivo ou fosse alguém na vida. Há profissionais da Psicologia que dizem que isso frustra uma criança ou provoca um amadurecimento precoce, mas olhando para trás e observando meu perfil, vejo que pude absorver inúmeras lições deste tipo de educação, além dessa criação ter tido impacto significativo em quem eu sou hoje.

Cada criança possui um instinto e os pais necessitam de inteligência emocional suficiente para explorar o potencial individual.

Ao observar que cada criança possui sua característica marcante, me faz entender que o espírito de liderança é inerente ao ser humano, e mesmo que não nasçamos com ele, nossos pais, mentores ou pessoas que estão nos direcionando, deverão nos observar bastante para desenvolver não essa característica, mas o melhor que temos a oferecer, além de nos transformar nos atributos em que ainda necessitamos de aprimoramento.

Nossas escolhas determinam nosso caminho

A dinâmica estudantil pregada no Brasil pratica que um adolescente, de 17 anos, determine o que ele fará dali em diante em sua vida profissional. Porém, esta não é uma tarefa nada fácil, pois muitos jovens ainda nem tiveram o contato necessário com a profissão que pretendem escolher, para entenderem o trabalho que será desempenhado. Como uma aluna dedicada na escola, me formei aos 17 anos no ensino médio. Prestei ENEM e apliquei para o curso de Economia em todas as faculdades. Minha nota não havia sido excelente (como as notas do colégio que eu atingia), mas era possível conseguir uma vaga em faculdade pública ou bolsa em uma faculdade particular.

Quando criança, eu nunca tinha expressado interesse em uma profissão (em específico), mas sempre quis desempenhar algo para deixar uma mensagem no mundo, fazer a diferença de alguma maneira. Como eu era boa em matemática, acreditava que o curso de Economia era uma ótima escolha. Ocorre que, um dia antes da escolha final do curso no ENEM, eu acordei com o propósito de cursar Direito e foi o que eu fiz.

Meus pais sempre nortearam minhas escolhas, mas ao mesmo tempo estimularam os meus planos e criatividade. Assim, iniciei no Direito e segui, a partir do início da faculdade, em estágios, passando desde o TJ/RJ até a área de M&A (fusões e aquisições) na Av. Faria Lima.

Eu fui escolhida pelo Compliance

Passei a fazer parte da área de Compliance em 2019, mas, antes disso, ele sempre esteve presente na minha vida (não é à toa que o significado do meu nome em grego é é "a democrática").

A experiência adquirida antes de eu fazer parte da área, proporcionou que hoje eu conseguisse entregar uma área de Compliance eficiente, íntegra e flexível.

Vivenciei diversas experiências nos estágios, sempre no intervalo maior do que um ano cada uma. Como eu estudei em mais de uma faculdade (apesar de ter sido no mesmo curso), acabei prolongando um tempo a mais a graduação.

Apesar de pensarmos que prolongar a graduação se trata de perda de tempo, foi ótimo para amadurecer o meu entendimento sobre a profissão. Dentre as práticas vividas, aprendi a importância de um processo judicial; o valor da boa comunicação no ambiente de trabalho; como redigir uma petição judicial; a estruturação/edição de contratos de diversos nichos; auditar empresas e "sofrer" auditorias da melhor maneira, fazer compra/venda/fusões/cisões/aquisições de empresas; gerenciar escritórios terceirizados para realização de mutirões de conciliação, dentre outros.

Por último, e talvez mereça maior destaque, passei a integrar na área, propriamente dita, de Compliance já na FRAM Capital, em uma oportunidade de estágio, em que eu deveria dividir horas com o departamento jurídico.

Em todos os cargos ocupados até aqui, eu fiz o meu melhor

e nesse jamais seria diferente, pois eu tinha certeza de que o reconhecimento viria.

Dessa forma, resolvi agarrar a oportunidade com unhas e dentes, com o intuito não de atingir as expectativas da empresa, mas sim superá-las, pois as minhas escolhas moldariam a minha trajetória.

Na etapa básica, aprendi o que era o Compliance. Efetuava leitura das normas sem entender sequer uma vírgula, e as relia, incansavelmente. Durante o dia, resolvia tudo que estava ao meu alcance; questionava colegas de trabalho sobre demandas não compreendidas, assim como buscava auxílio para desempenhar as tarefas ainda incompreendidas. A partir dos meus aprendizados, estruturei um manual *"To do"*, que era um livro com todos os conhecimentos obtidos e os ainda "a realizar" e como estes deveriam ser desempenhados.

Depois de ultrapassar a fase inicial de aprendizado do Compliance, nunca mais parei. Sempre trabalhei por longos períodos, arraigando aprendizados diariamente e buscando entregar o meu melhor.

E essa foi a maneira que eu encontrei de conduzir a minha carreira, via aprendizado na prática, que é a mesma forma que eu indico a todos os integrantes das minhas equipes a conduzirem a deles.

Ao realizar entrevistas para fazer novas contratações, eu escuto muitos candidatos/candidatas dizerem que nasceram para fazer Compliance, mas ao menos sabem dizer o significado, em sua essência, da existência da área.

As escolhas pessoais e profissionais das pessoas determinam o caminho que será percorrido por elas e se a área de Compliance for a sua, estude! Indico que determine o nicho dentro do Compliance que pretende seguir; que ouça grandes nomes da área como inspiração, assim como eles iniciaram suas carreiras;

que você aprenda com clareza o primordial; faça cursos e certifique-se, além de ir em busca de oportunidades na área, pois fazendo as escolhas certas a oportunidade irá aparecer, mas, se você não estiver preparada, pode ser que a deixe passar.

Raízes da resiliência: a jornada no Compliance

O ramo do qual faço parte, que é o Mercado Financeiro, não é para amadores. Para fazer parte deste nicho, o profissional precisa de preparo e entendimento suficiente para compreender que a prioridade é servir ao melhor interesse do investidor e essa decisão demandará esforços significativos da empresa e de seus colaboradores. Isso se dá devido à cultura de trabalho exigente no meio, em que o ambiente de trabalho, na maioria das vezes, é competitivo, o que pode criar desafios adicionais para as mulheres, especialmente aquelas que estão tentando equilibrar suas carreiras com responsabilidades familiares.

Eu iniciei ainda jovem na área de Compliance, mas já estava morando com o meu atual marido. A jornada era cansativa, porém, como eu possuía um parceiro incrível, tive suporte fora do comum para que eu desenvolvesse minha carreira de maneira excepcional.

É importante ressaltar que, quando falamos sobre desigualdade de gênero, comprova-se através de dados do Think Tank Official Monetary and Financial Institutions Forum (OMFIF)* que mulheres representam apenas 18% dos profissionais certificados pela CFA, certificado fundamental para atuar no mercado financeiro, e no Brasil esse índice diminui para 11%.

Outra grande dificuldade também enfrentada por mulheres, ainda mais jovens, é a falta de representação em posições de liderança, pois as mulheres são sub-representadas em cargos de liderança no setor financeiro, o que dificulta a progressão na carreira e limita as oportunidades femininas. Ocorre que, em minha empresa, ou até nas empresas pelas quais passei ao longo da jornada, apesar de nem todas as situações terem sido agradáveis, sempre direcionei meus esforços sem pensar que lidava com o sexo oposto e/ou com pessoas de idades mais avançadas do que a minha. O respeito é um ponto primordial nos relacionamentos profissionais (e como eu também exijo ser tratada), e apesar de na época eu não ter tanto conhecimento, a coragem de me posicionar me permitiu ser ouvida e trazer as minhas concepções para o plano da realidade. Sendo assim, eu encorajo vocês a se posicionarem, buscarem abertura para contribuir na empresa ou em sua área, pois, se você está trabalhando duro e com metas claras, o universo se encarregará de fazer a sua parte para que você seja vista.

Reflexões sobre liderança e seus impactos

Já falando desta Compliance Officer na posição de liderança, posso garantir que não faltaram desafios a serem enfrentados, haja vista que conforto e sucesso não podem coexistir. Sem sombra de dúvidas, gerenciar pessoas é a parte mais difícil de ser uma líder, principalmente quando falamos de liderar mais de uma área, que é o meu caso e de diversos outros gestores, pois as pessoas possuem diferentes sexos, culturas, pontos de vista, idades e salários, dentre outros.

"O sucesso não se trata de quanto dinheiro você ganha, mas do impacto positivo que você tem sobre a vida das pessoas." – Michelle Obama

O desenvolvimento da Laís líder, com certeza, é advindo do meu empenho e da prestação dos melhores esforços para equilibrar todas as esferas da minha vida. Não tenho dúvidas de que, como eu, diversas mulheres enfrentam essa dificuldade.

A liderança no Compliance, na área de Cadastro e ESG foi uma mudança de paradigma na minha carreira técnica, em que eu passei de somente "aluna" para "aluna e professora", de forma a desenvolver os colaboradores das minhas equipes e aprender com meu gestor, de forma concomitante.

Uma curiosidade questionada por todos a minha volta é "como ter sucesso no gerenciamento de múltiplas tarefas ou responsabilidades simultaneamente?". O segredo é a organização e a definição de prioridades, sempre mensurando o que pode gerar mais impacto negativo para a área, instituição e/ou os clientes. Dessa maneira, através da definição diária das prioridades existentes, é possível alcançar metas importantes e bem definidas. A título de curiosidade, até os dias atuais, meu diretor trabalha no meu aprimoramento estratégico, para que esses treinos me fortaleçam, e me concedam segurança e autonomia. Isso significa que contar com um bom líder faz toda a diferença no desenvolvimento de um profissional, e é essa cultura que eu prego com todos os colaboradores sob o meu gerenciamento. É claro que nem todos os dias são de acertos, mas dentre todos os cenários meu esforço é para que eu possa despertar de cada qual o desenvolvimento de seu melhor.

Criando uma base sólida

Desempenhar o papel de mulher, com menos de 30 anos, na liderança do Compliance, é uma tarefa árdua. Trata-se de um processo contínuo, que requer dedicação, comprometimento e um desejo constante de aprender. No meu caso, foi a união de aprimoramento das habilidades técnicas; experiência prática; desenvolvimento de habilidades interpessoais; comprometimento com a ética e integridades; além da atualização constante que eu consegui evoluir em minha carreira e enfrentar os desafios existentes.

Cada vez mais, é necessário incentivar que as mulheres ingressem no mercado de Compliance, para que consigamos promover a igualdade de gêneros (seja no pensamento, como na experiência); ou até no momento da consideração de uma ampla gama de fatores ao tomar decisões importantes, pois o gerenciamento de riscos requer uma abordagem abrangente e justa.

À medida que viabilizamos a ocupação, cada vez mais, de mulheres em cargos de liderança no mercado de Compliance, estas se tornam modelos e mentoras para outras mulheres, inspirando-as a buscar carreiras de sucesso nesse campo e em outros setores. Isso é o que vem ocorrendo, cada vez com mais frequência comigo: atuação como mentora e desenvolvedora de mulheres no mercado, além de inspirar e servir como modelo de crianças e adolescentes mulheres, pois, a título de exemplo, na minha família sou a 1ª mulher atuante como líder.

Em resumo, o ingresso das mulheres no mercado de Compliance não só fortalece as organizações em termos de conformidade e integridade, mas também promove a diversidade, a igualdade de gênero e uma cultura empresarial mais responsável.

A realidade de muitas mulheres, ao se colocarem no Mercado Financeiro, seja na governança ou em posição de liderança (Conselhos de administração), assim como na área de Compliance, faz com que o teto de vidro seja desafiado e estas permitam alcançar posições de destaque em suas organizações. Com isso, é possível demonstrar liderança, competência e resiliência de nossa parte, de forma a abrir caminho para que outras mulheres nos sigam.

Minha missão e propósito: Segredo do Sucesso

Acredito na importância de não apenas alcançar o sucesso pessoal, mas também de inspirar e capacitar outros ao longo do caminho. Nesse caso não são só os resultados financeiros que importam, mas também que possamos alcançá-los gerando impacto positivo para as pessoas e a comunidade, principalmente em uma realidade em que as mulheres exercem papéis de liderança no mercado, de forma a romper o paradigma do teto de vidro.

Encerro indicando que todos estamos em processo de aprendizado. **A trajetória será longa e árdua, mas juntas alcançaremos a evolução do mercado de trabalho e, principalmente,** a presença, cada mais frequente, das mulheres no departamento de Compliance.

Gostaria de agradecer às pessoas que estiveram ao meu lado nesta jornada. Ao meu marido Mattheus, pois seu incentivo constante e encorajamento foram um suporte inestimável. Ao meu avô Cesar *(in memoriam)*, cuja sabedoria e gentileza sempre foram uma fonte constante de inspiração. À minha avó Helenita, por seu apoio incansável e crença inabalável ao longo dos anos. À minha mãe, Daniele, que me ensinou o verdadeiro significado de bravura e perseverança. Ao meu pai, Anderson, que sempre me desafiou a ir além de meus limites e a alcançar todo o meu potencial. E aos meus irmãos, Guilherme e Pietra, pelo amor e força que me deram em todos os desafios. Sem vocês, nada disso seria possível.

Comunicação estratégica no universo do Compliance

Marina Lourenço

[E]xecutiva com mais de 13 anos de experiência em [C]ompliance, Auditoria, Controles Internos e Gover[n]ança Corporativa, sobretudo com implementação [d]o programa de integridade, Compliance antifraude e [i]nvestigações corporativas. Graduada em Direito pela [F]aculdade de Direito de Franca e pós-graduada em Direito Internacional Público e Privado pela PUC-SP. Pos[s]ui certificação no programa Harvard Manage Mentor [p]ela Harvard Business School e certificação em Inves[t]igações Corporativas (CIIC). Iniciou sua carreira e tra[b]alhou por mais de oito anos em Big Four, atuando [e]m projetos no Brasil e no exterior, em países como [A]rgentina, México, Estados Unidos e República Checa. [A]tualmente, atua como gerente de Compliance e DPO.

O sangue do Direito sempre correu nas minhas veias

Nasci em uma família cercada de advogados e bacharéis de Direito – meu pai, meu avô, tios, primos. Nunca tive dúvidas de qual faculdade escolher, mas sim sobre qual profissão seguir. Inicialmente, queria ser advogada, mas meu interesse pelo Ministério Público foi despertado diante de inúmeros crimes noticiados na mídia e que me causaram curiosidade: Mateus da Costa Meira (1999), Manfred e Marísia von Richthofen (2002), Liana Friedenbach e Felipe Caffé (2003), Gil Rugai (2004), João Hélio (2007), Isabella Nardoni (2008), Eloá Pimentel (2008), entre outros.

Sou de Batatais, interior de São Paulo, e cursei Direito na Faculdade de Direito de Franca. Estagiei no escritório de um tio, atuando nas áreas cível e administrativa, até que consegui um estágio no Ministério Público criminal. Auxiliei o promotor em diversos casos, desde crimes contra a vida até fraudes, falsificações e cartéis. Participar de julgamentos era a parte mais emocionante do trabalho para mim. Analisar processos, documentos, imagens, vídeos, desenvolver a tese de acusação e encontrar brechas contra os criminosos me deixava obcecada.

Ao concluir a faculdade, decidi não prestar concurso para

atuar no Ministério Público, pois outra profissão me chamava a atenção: a diplomacia. Mudei-me para São Paulo para cursar pós-graduação em Direito Internacional Público e Privado, enquanto buscava cursos preparatórios para a carreira diplomática. Durante essa busca por oportunidades, descobri os programas de *trainee* e participei de processos seletivos em algumas *big four*, até conquistar uma vaga na EY (antiga Ernst & Young), onde atuei em consultoria, especificamente auditoria interna, riscos e controles internos.

Desafios da gestão do tempo: equilíbrio entre vida profissional e pessoal

Inicialmente, conciliar os estudos da pós-graduação com os projetos na EY foi desafiador, pois viajava cerca de 90% do tempo nos primeiros anos. Chegar exausta das viagens na sexta-feira à noite e ainda ter aulas na própria sexta e no sábado de manhã era um verdadeiro desafio. Cheguei a perder um módulo na pós por conta de faltas, o que foi a gota d'água e me deu forças para terminar logo o curso e poder me dedicar com mais afinco ao trabalho. Pronto, eu havia me apaixonado pelo mundo da consultoria e abandonei a ideia de diplomacia.

Ah, o mundo amarelo! Atuei em diversos clientes multinacionais, líderes em seus setores – mineração, cosméticos, agricultura e biotecnologia, logística, educação, publicidade, alimentício, químico etc. –, sobretudo na área de saúde, em farmacêuticas, hospitais de referência, operadora de saúde e laboratório.

Trabalhando com diversidade cultural

O que eu mais amava no meu trabalho era lidar com as diferentes culturas. Atuava bastante com outros profissionais latinos, como colombianos, argentinos, chilenos, mexicanos, além de americanos, ingleses, alemães. Conhecer de perto as culturas, o jeito de trabalhar, adaptar o espanhol que aprendi às regionalidades e ter uma postura de trabalho mais "internacional" foi um aprendizado muito grande que, sem dúvida, contribuiu substantivamente para a minha carreira.

Outro ponto forte para o meu desenvolvimento foram os trabalhos feitos no exterior ao longo da minha carreira. Atuei nos Estados Unidos, México, Argentina e República Checa. Destes países, sem dúvida alguma, o mais interessante foi trabalhar na República Checa. O que mais me chamou a atenção foi a diversidade de gênero na empresa em que atuei – apesar de ser um fornecedor líder de rodas de aço e alumínio, metade do administrativo era composto por mulheres, o que seria impensável em um segmento tão masculino. E ainda outra surpresa: a maioria das profissionais mulheres tinha mais de 45 anos!

Enfrentando obstáculos de gênero no mundo corporativo internacional

Mas nem só de flores eu vivi. Em outra localidade desta mesma empresa, no México, a cultura machista se mostrou clara como a água. Atuei em um projeto de implantação de controles SOX juntamente com um colega. Nas reuniões que fazíamos com o gerente geral da planta, ele jamais direcionava seu olhar para mim, mas apenas para o meu colega, mesmo que eu estivesse conduzindo as perguntas. Comigo, o único assunto que ele conversava era relacionado ao cardápio do almoço ou ao clima. Meu colega e eu tínhamos o mesmo cargo e o mesmo nível de conhecimento, mas a mim somente cabiam "conversas de elevador".

Imagino que você, cara leitora, esteja se lembrando de alguma situação parecida que já aconteceu com você ou então se imaginando no meu lugar. Posso lhe afirmar que nunca havia me sentido tão desconfortável e impotente como nessas situações.

Me senti inferiorizada simplesmente pelo fato de ser mulher, mas não me deixei abalar: continuei sendo profissional e busquei ainda mais me destacar naquele trabalho. Fazia mais perguntas a este gerente para entender os processos da filial, compartilhava melhores práticas de outras multinacionais líderes em seus segmentos e me esforçava para mostrar a ele que eu era tão competente quanto meu colega homem.

Transforme adversidades em oportunidades

Afinal, serão muitas adversidades, sobretudo para nós, mulheres.

Gostaria de compartilhar algumas lições que aprendi com as situações que passei.

- Mantenha a calma: é compreensível sentir raiva ou frustração diante de comentários ou atitudes machistas, mas manter a calma pode ajudá-la a lidar com a situação de forma mais eficaz;
- Use o bom humor como uma arma: às vezes, uma resposta bem-humorada pode desarmar situações de machismo. Se apropriado, faça uma observação engraçada ou use o sarcasmo de maneira inteligente para chamar a atenção de forma discreta sobre o comportamento inadequado;
- Invista em seu desenvolvimento pessoal e profissional: busque oportunidades de aprendizado e crescimento que aumentem sua confiança e habilidades. Quanto mais se capacitar, mais preparada estará para enfrentar desafios no ambiente de trabalho;
- Pratique a autocompaixão: lembre-se de que não é sua responsabilidade educar ou mudar a mentalidade das pessoas que perpetuam o machismo. Concentre-se em cuidar de si mesma e em reconhecer seu próprio valor, independentemente das atitudes dos outros;

- Transforme a adversidade em oportunidade: use as experiências de machismo como uma oportunidade para promover a conscientização sobre questões de gênero no local de trabalho. Participar de discussões construtivas e propor iniciativas de inclusão pode criar mudanças positivas na cultura organizacional.

Lembre-se de que cada situação é única, e é importante encontrar estratégias que se adequem à sua personalidade e à dinâmica específica do seu ambiente de trabalho. Caso sinta que seus direitos estão sendo violados, procure recursos internos ou externos para buscar apoio e orientação.

Mas... e o Compliance?

Minha paixão pelo Compliance permeou minha atuação na consultoria. Sempre participava de projetos em clientes com o tema, uma vez que eu era uma das poucas advogadas em auditoria interna, e a área de Compliance e investigações internas ainda estava sendo estruturada – área em que também pude participar de projetos já no final da minha trajetória na empresa. Participei de diversos projetos relacionados a Compliance trabalhista, avaliação de maturidade do programa de Compliance, implementação do programa, criação e revisão de políticas e procedimentos, diligências de terceiros, mapeamento de riscos de integridade e investigações corporativas em casos de suspeitas de fraude.

Em 2019, fui convidada por uma empresa do setor farmacêutico para um desafio superbacana, que não hesitei em aceitar logo de cara: ser a primeira integrante do departamento de Compliance, com o objetivo de estruturar o Programa de Compliance da companhia a partir do zero e apoiar os departamentos Jurídico e Relações com Investidores na preparação para abertura de capital.

Foram dois anos de muito aprendizado sobre governança corporativa, normativas da Comissão de Valores Mobiliários (CVM) e da B3, em especial o Regulamento do Novo Mercado, e *soft skills* ligados a relacionamento interpessoal.

Adaptabilidade: navegando entre a Alta Administração e o chão de fábrica

Na farmacêutica, inicialmente, eu reportava diretamente ao Conselho de Administração, o que foi bastante desafiador para a minha carreira. Até então, eu já tinha lidado com executivos de alto escalão de multinacionais, mas nunca tinha tido um papel ligado diretamente ao Conselho, o que me fez desenvolver ainda mais habilidades de comunicação, gestão de conflitos, tomada de decisão, influência, visão estratégica, gestão da mudança, *networking*, e, sobretudo, resiliência e adaptabilidade.

Outro desafio que enfrentei, mas tirei de letra pelos anos de experiência que adquiri na consultoria, foi navegar e desenvolver as iniciativas do Programa de Integridade dentre os diversos públicos com que eu tinha contato na companhia – do Conselho e Comitês de assessoramento ao chão de fábrica.

Fui a responsável por estruturar e implementar o plano de treinamentos em uma empresa que nunca havia falado sobre Compliance a seus colaboradores. Logo no primeiro treinamento de ética, resolvi ministrá-lo pessoalmente aos profissionais da produção, para que pudessem me conhecer, aprender o significado do termo "compliance" e entender a importância e o papel do departamento para a companhia, fugindo do estereótipo de ser somente uma área de "auditoria" e "fiscalização".

Essa navegação pelo ambiente de alto escalão e chão de fábrica exige do profissional de Compliance adaptabilidade não somente no conteúdo do seu discurso, mas também no jeito de falar e até no jeito de se vestir.

Sempre me visto de maneira mais formal. Gosto muito de usar no dia a dia um vestido ou saia e camisa, salto alto, mas, para este primeiro treinamento que mencionei, usei calça jeans, camiseta simples e arrumei meu cabelo com rabo de cavalo. Tudo para que a audiência pudesse se identificar mais comigo logo de cara e já não ter a impressão de "Dra. Marina", como de forma educada e humilde muitos colaboradores podem acabar se direcionando a mim na tratativa.

Além do cuidado na vestimenta, é fundamental que a linguagem também seja adaptada do mais formal para o informal, a depender do público com que você está lidando. Se utilizar uma linguagem muito formal ou o famoso "juridiquês" (já que muitos profissionais do Compliance costumam ser bacharéis de Direito ou advogados) em treinamentos e comunicações ao público em geral de uma empresa, a chance de comprarem a ideia e aderirem às diretrizes é quase nula, uma vez que as pessoas precisam entender de forma clara e se sentirem atingidas por aquela mensagem.

Comunicação é a palavra de ouro

Outro ponto importante quando falamos de comunicação é manter a clareza, concisão e objetividade em mente. Parece uma tarefa simples, mas nem sempre é. Uma lição aprendida na consultoria e que levo para a minha vida é a seguinte: sempre que estiver escrevendo um comunicado, documento ou desenvolvendo um treinamento, faça-o como se fosse para sua mãe ou para a sua tia, que não entende patavinas de Compliance. Se ela entender, maior a chance de você passar aos destinatários a mensagem que deseja.

Em 2021, após dois anos na farmacêutica, fui convidada para trabalhar por outra empresa, também do setor da saúde, mas desta vez uma empresa de atenção domiciliar. O desafio era justamente desmistificar ou tirar o estigma do Compliance como um departamento que só sabia falar "não". No caso desta empresa, a antiga gestora era advinda do ramo bancário, profissional muito séria, formal, que impunha entraves nas análises de integridade, acabava por enrijecer os processos e repelir os demais profissionais quando algo precisava ser reportado ao Compliance.

Não foi fácil tirar essa impressão dos colaboradores, principalmente dos demais gestores, e mostrar-lhes que eu sou uma pessoa diferente – mais receptiva e que costuma sugerir a implementação de controles que façam sentido com a operação da empresa (garantindo o mínimo de segurança, porém sem "travar" processos). Mais uma vez tive de usar a comunicação para me fazer ser percebida como uma parceira dos demais departamentos.

Ainda assim, muitos gestores me achavam muito séria, me tratavam com certa desconfiança e não tinham segurança em compartilhar os "pepinos" comigo. Até porque a empresa possui 27 filiais em diversos estados brasileiros e eu não tinha conhecido a maioria dos gestores pessoalmente.

Até que chegou o evento de planejamento estratégico, em que praticamente todo o corpo de gestão é reunido, e as pessoas puderam me conhecer de forma presencial. Nos momentos de descompressão e de comemoração, jamais sem descuidar da postura profissional e expressão corporal, me descontraí, dancei, contei um pouco da minha vida pessoal e assim abri as portas que faltavam!

Após o evento, várias gestoras vieram me dizer que a percepção que tinham de mim como uma pessoa fechada e rigorosa caiu por terra. Pronto, mais um objetivo sendo atingido aliado à comunicação verbal e não verbal.

Atuando em tantas filiais e interagindo com pessoas das

mais diversas culturas deste imenso Brasil, me atento às vestimentas que levarei nas visitas a cada localidade, além de linguagem e comportamento. Quando vou ao Rio de Janeiro, por exemplo, levo roupas mais casuais e falo de forma um pouco mais descontraída. Já quando vou a Brasília/DF, abuso de trajes sociais, mas acabo deixando escapar um "uai" de menina do interior que sou.

A comunicação como ponte no Compliance

Assim, posso concluir que minha jornada no universo do Compliance tem sido uma constante busca pela excelência na comunicação. Aprendi que a clareza, concisão e objetividade são pilares essenciais para transmitir mensagens complexas de forma eficaz, seja em apresentações, relatórios, treinamentos ou mesmo nas interações diárias.

Ao longo dos anos, enfrentei o desafio de desmistificar a visão restrita do Compliance como um mero departamento de fachada ou ainda um "departamento do não". Através da comunicação estratégica, consegui demonstrar que Compliance é muito mais do que regras e restrições - é um parceiro essencial na construção de uma cultura empresarial ética e transparente.

Ao interagir com profissionais de diferentes culturas, seja no Brasil ou fora dele, compreendi a importância de adaptar não apenas a linguagem, mas também o comportamento e vestimenta para estabelecer conexões significativas. Cada expressão, cada gesto tornou-se uma ferramenta poderosa na construção de confiança e parcerias sólidas.

Minha mensagem final para todas as profissionais de Compliance que trilham esse caminho desafiador é: nunca subestimem o poder da comunicação. Ela não apenas transmite informações, mas cria pontes, derruba barreiras e transforma percepções.

Sejamos comunicadoras assertivas, autênticas e empáticas, pois é através dessa habilidade que construímos um mundo corporativo mais ético, justo e inclusivo.

Ter um fundamento nos leva a definir nossa identidade profissional

Mayara Modolo de Andrade

Graduada em Ciências Contábeis pela Pontifícia Universidade Católica de São Paulo (PUC-SP) com MBA em Finanças pela Fundação Getulio Vargas (FGV-SP) e certificações atreladas à privacidade de dados, gestão de riscos e Compliance. Iniciou sua carreira como auditora externa em *big four*, o que proporcionou, dentre tantos outros aspectos, uma ampla compreensão e vivência sobre questões de governança e melhores práticas, o que a fez ter um interesse maior em migrar para essa área de atuação. Iniciando pelas frentes de controles internos, riscos e Compliance, atualmente atua como Coordenadora de Controles Internos na maior empresa de tecnologia do Brasil.

Minha história é o meu legado

Quando criança, eu não tinha dimensão que estaria onde estou hoje! Nascida em um ambiente acolhedor e respeitoso, aprendi a ouvir atentamente, observar e analisar pontos de vista antes de tomar decisões, mas sempre soube da importância de saber o que se quer. Essa forma de criação me ensinou não somente a buscar soluções coerentes, mas também a me tornar uma pessoa decidida e me posicionar sempre que necessário.

Minha infância e adolescência foram marcadas por um ambiente leve e divertido, sustentado pelo apoio e encorajamento da minha família. Inspirado na trajetória de determinação e trabalho árduo dos meus pais e avós, busco seguir seus passos rumo a uma vida de conquistas e independência.

Meu pai, vindo do interior, equilibrou estudos e trabalho na lavoura antes de ingressar no mercado financeiro, enquanto minha mãe, filha de imigrantes italianos, superou desafios para se graduar em Matemática e lecionar por anos.

Juntos, em mais de 30 anos juntos, meus pais construíram uma história de sucesso, proporcionando a mim e minha irmã acesso à educação de qualidade.

Para mim, minha família é e sempre será a minha maior

e melhor referência: minha irmã, já iniciando à época em sua promissora carreira de Auditoria Interna, se tornou minha referência pessoal e profissional. Meu pai, com sua atuação impecável no mercado financeiro e minha mãe, como professora de matemática, deixaram marcas indeléveis em minha formação. Não tenho dúvidas que o legado da minha mãe, assim como os ensinamentos diários que ainda tenho o privilégio de ter do meu pai e da minha irmã, me fazem ter a determinação e disciplina que, para mim, são as chaves para o sucesso.

Aos 18 anos, inspirada pelo exemplo de minha família e determinada a seguir seus passos, considero que minha primeira grande conquista foi ingressar no curso de Ciências Contábeis na PUC-SP. Este feito abriu diversas portas para minha carreira, embora na época eu não imaginasse os desafios e oportunidades futuras.

Já no primeiro ano da faculdade, conquistei uma posição como *trainee* em Auditoria Externa em uma das renomadas "Big Four", o que me permitiu ter uma visão ampla de avaliação do ambiente da empresa, da identificação de riscos e controles internos, assim como o cumprimento de diretrizes e melhores práticas de governança. Além de ter tido a oportunidade de transitar pelos diversos nichos de mercado, seja em indústrias ou mercado financeiro e suas ramificações.

Tenho para mim que foi um período de aprendizados intensos, abrangendo tanto o aspecto técnico, com estudo constante e orientações de profissionais incríveis, quanto o desenvolvimento de *soft skills* e definição do tipo de profissional e líder que almejo ser.

Após um tempo e com maior maturidade para decidir o que de fato gostaria de seguir em minha carreira, tomei a decisão de deixar a auditoria externa e adentrar no mercado financeiro, iniciando na área de Controles Internos. Esse foi o primeiro passo e a primeira porta que foi aberta em direção à posição que ocupo hoje.

Minha trajetória até aqui tem sido permeada por desafios, aprendizados e escolhas. No entanto, a motivação que impulsionou minha carreira para abranger esse pilar da Conformidade surgiu do desejo profundo de contribuir para um ambiente menos taxativo e rígido para algo mais agregador e leve. A ética e a integridade devem sempre ser consideradas em todas as etapas de qualquer trabalho e de qualquer área, e não por estarem descritas em documentos, mas pela reflexão e execução do que seria o melhor, baseado nas leis, diretrizes e objetivos de negócio em que a empresa atua.

Minha jornada não foi isenta de desafios e obstáculos, mas que compreendo que foram (e ainda são) partes fundamentais do meu processo de crescimento e aprendizado. Não posso apontar um único fator como primordial, mas eu destacaria o aprendizado de saber absorver *feedbacks*, analisar e reagir prontamente a eles. Embora seja desafiador e desconfortável, fazer as devidas reflexões e saber lidar com os momentos de crise aprimoram a postura e a resiliência, além de ser um fator chave para desenvolver a autocrítica construtiva e transparente.

Claro que houve momentos em que duvidei da minha própria capacidade e me questionei se seria competente o suficiente para a posição que ocupava, mas o importante é saber que os desafios não são barreiras intransponíveis, mas sim etapas cruciais em todas as jornadas.

Construindo legados: reflexões sobre minha trajetória profissional

Minha vida profissional se iniciou aos 18 anos quando conquistei uma posição como trainee em Auditoria Externa em uma das renomadas "Big Four", como disse acima. Foi uma grande conquista, em vista da minha idade e completa ausência de experiência profissional. Eu me vi iniciando em uma posição em que não sabia o básico: atalhos de teclado, ausência de domínio de ferramentas do pacote Office, timidez, dentre tantos outros fatores que me geraram muita insegurança, porém, com dedicação e apoio, me desenvolvi. Com dedicação e apoio, me desenvolvi e passei a fornecer valor à equipe.

Meu primeiro grande desafio surgiu dois anos após assumir a responsabilidade por uma auditoria completa no segmento de previdência privada. Foi um período intenso que me mostrou a importância do autodesenvolvimento, da não terceirização das responsabilidades de aprendizado e da resiliência na busca por soluções em situações complexas. A experiência foi gratificante quando o trabalho de auditoria passou por uma inspeção e não recebeu nenhum ponto de recomendação. Nesse momento, percebi de forma tangível minha competência e que o medo de não saber estava, em grande parte, em minha mente e na falta de autoconfiança.

Aos 24 anos, fiz a transição para um banco francês na área de Controles Internos. Foi uma fase transformadora, com uma gestão técnica e humana que me permitiu desenvolver minhas habilidades e preencher lacunas que nem mesmo eu sabia que existiam. Tive também a oportunidade de realizar um trabalho específico na Argentina que me colocou em contato com diferentes culturas.

Depois de quase três anos nessa área, fiz movimentação interna para a área de Proteção de Dados, em que participei da implementação da LGPD (Lei Geral de Proteção de Dados) que era nova no Brasil. Foi uma oportunidade de construir um programa de privacidade do zero, aprendendo a trabalhar em equipe e alcançando um grande sucesso.

Com uma base técnica sólida, dei mais um passo em minha carreira, desta vez em uma seguradora, um segmento completamente novo para mim. A oportunidade de reestruturar a área de Governança, Riscos e Compliance foi um desafio que abriu um rio de oportunidades e me fez perceber o quanto eu ainda tinha a aprender.

Ao longo desse processo, enfrentei obstáculos e momentos de dúvida. No entanto, a persistência, a busca constante por conhecimento e a capacidade de aprender com os erros foram fundamentais. À medida que os desafios eram superados e a área se consolidava, percebia que estava conquistando mais autoconfiança, conhecimento e trazendo robustez para os processos.

O maior aprendizado que levo comigo é que, muitas vezes, subestimamos nossa capacidade. Críticas sempre existirão, mas é crucial manter o foco no objetivo e acreditar profundamente em nosso propósito. Não devemos ter vergonha de aprender, admitir o que não sabemos e não podemos temer cometer erros. Nas falhas, há oportunidades de crescimento, e sempre haverá pessoas que nos apoiarão e nos guiarão. Devemos escolher cuidadosamente com quem compartilhar os desafios da vida profissional, buscando inspiração e apoio em colegas confiáveis.

Quebrando barreiras: inspiração e coragem para mulheres em meio aos desafios profissionais

Minhas dicas para outras mulheres que estejam enfrentando complexidades técnicas ou liderando equipes resumem-se a perseverança, busca constante por conhecimento e a capacidade de aprender com os erros. Não tenham medo de desafios e não subestimem o poder de sua própria determinação.

Como diz Brené Brown, em seu livro "O Poder da Vulnerabilidade", ao fazer referência à famosa citação de Theodore Roosevelt:

> "Não é o crítico que conta; não é aquele que aponta como o homem sábio tropeça, ou onde o realizador das ações poderia ter feito melhor. O crédito pertence ao homem que está na arena, cujo rosto está manchado de poeira, suor e sangue; que luta bravamente; que erra, que tropeça e cai repetidamente, porque não há esforço sem erro e falha".

Sejam resilientes, mantenham seus objetivos claros e saibam identificar pessoas de confiança para cultivarem relacionamentos autênticos e verdadeiros. Nas dificuldades, vocês encontrarão as melhores oportunidades de crescimento.

Continuem a trilhar o caminho com confiança, pois cada passo dado é uma inspiração para todas nós, mulheres, que buscamos nossos lugares no mundo corporativo.

Compliance em foco: visão ampliada e oportunidades emergentes no cenário corporativo

A crescente complexidade regulatória, a evolução das ameaças cibernéticas, questões de Inteligência Artificial e as mudanças rápidas nas expectativas dos *stakeholders* têm colocado as empresas sob uma pressão sem precedentes para operar com integridade e em conformidade com as leis e regulamentos aplicáveis.

No que tange às oportunidades em Compliance, percebo uma tendência relacionada à necessidade de conhecimento na regulamentação atrelada a dados e inteligência artificial para uma melhor integração com os negócios para manter a proteção dos direitos individuais e liberdade civil.

Além disso, a crescente ênfase em questões ESG (Ambientais, Sociais e de Governança) está abrindo novos horizontes para profissionais de Compliance. Empresas que incorporam esse pilar em sua estratégia de negócios podem criar valor a longo prazo e fortalecer sua reputação no mercado.

Para as mulheres que desejam trilhar uma carreira em Compliance, vejo inúmeras oportunidades de crescimento e impacto, dado que a ampla gama de atuação que o mercado permite gera diferentes perspectivas que, em conjunto com as habilidades e *soft skills* que as mulheres trazem para essa área, faz com que a demanda por profissionais competentes e éticas tendam a aumentar.

Oportunidades e valor da perspectiva feminina no mundo corporativo

As mulheres trazem uma abordagem única para enfrentar desafios, muitas vezes destacando aspectos como empatia, comunicação eficaz e habilidades interpessoais, que são fundamentais para o sucesso no Compliance. Além disso, o segmento desempenha um papel crucial na construção de culturas organizacionais éticas e na garantia de conformidade com leis e regulamentos. As mulheres têm, historicamente, sido defensoras da ética, da integridade e da justiça, e esses valores são altamente relevantes nesse campo de atuação.

Outro motivo importante é que o mercado de Compliance oferece oportunidades de crescimento, progressão na carreira, além de ser altamente dinâmico e estar em constante evolução. Isso oferece um ambiente estimulante para profissionais que buscam aprendizado acelerado, desafios e oportunidades para se destacar.

Encorajo todas as mulheres a considerarem essa área desafiadora e gratificante, em que podem fazer a diferença e alcançarem o sucesso.

Crescimento no Compliance: conselhos para mulheres em busca de sucesso

Durante minha jornada na área, enfrentei desafios significativos e experimentei crescimento profissional e pessoal. Como mulher nesse campo dinâmico, quero compartilhar alguns conselhos que aprendi ao longo dos anos para inspirar outras mulheres e ajudá-las a recriar seus planos de carreira:

Primeiro e acima de tudo, quero enfatizar a importância da autenticidade: manter-se fiel a si mesma foi um conselho que recebi e que foi a grande virada de chave na minha carreira. É crucial saber identificar suas fortalezas e reconhecer seus pontos de desenvolvimento, mas não há nada mais agregador do que não mudar seu jeito e princípios para atingir seus objetivos. Isso faz com que a jornada fique mais leve e prazerosa.

Apesar do clichê, não podemos ter medo de enfrentar desafios e sair da zona de conforto. O Compliance é um campo em constante evolução e a capacidade de abraçar novas oportunidades é essencial.

A aprendizagem contínua é fundamental. Estejam dispostas a aprender e se atualizarem regularmente. Devido ao dinamismo e constante mudança, o conhecimento é a chave para o sucesso. Invistam em cursos, certificações e estejam sempre atentas às últimas tendências.

Além das habilidades técnicas, trabalhem na construção de habilidades como empatia, comunicação eficaz e resolução de conflitos. Elas são cruciais em um campo onde as interações humanas desempenham um papel fundamental.

Por fim, não tenham medo de liderar. Sejam proativas e busquem sempre por oportunidades de se desenvolverem cada vez mais. O Compliance precisa de vozes femininas fortes.

Lembrem-se de que cada jornada de carreira é única, e é importante traçar um plano que se adapte aos seus objetivos e aspirações pessoais. Usem esses conselhos como um guia, mas também estejam abertas a ajustar seus planos à medida que suas carreiras progridam.

Um caminho de sucesso baseado em propósito

"É preciso fazer sua parte, mas também se esforçar para contribuir um pouco mais que o necessário sempre que possível." (Cristina Junqueira, CEO Nubank)

Na minha trajetória, tenho a fiel convicção da importância da autorresponsabilidade. Compreendi que o sucesso não vem apenas pela busca de reconhecimento externo ou pela satisfação da empresa em que se trabalha, mas sim pela busca contínua de excelência e autoaperfeiçoamento.

Trabalhar nesses moldes não apenas me trouxe satisfação pessoal, mas também me permitiu construir relacionamentos autênticos. Essa abordagem tem sido a chave para superar obstáculos e encontrar soluções inovadoras em um campo tão dinâmico como o Compliance.

Assim, diria que o meu segredo do sucesso é trabalhar da forma mais coerente possível e acreditar que cada ação, por menor que seja, pode fazer a diferença. O sucesso está não somente nas conquistas individuais, mas também na capacidade de impactar as vidas e as organizações ao seu redor.

Ao longo desta jornada, espero que minha história tenha inspirado e encorajado outras mulheres a seguirem seus próprios propósitos e acreditarem em seu potencial para fazer a diferença no mercado de Compliance. Lembrem-se sempre de que o sucesso vai além de cargos e salários; ele está em cada decisão e na construção de um mundo empresarial cada vez mais transparente.

O verdadeiro sucesso está em auxiliar na construção de um caminho íntegro, em que o correto prevaleça sobre o conveniente, e que o respeito às regras e valores seja a base para o sucesso sustentável de qualquer empresa.

Cápsula do Tempo

Milena Buzzo

Iniciou sua carreira em 2006 no HSBC, como analista operacional para empresas, embaixadas, consulados e diplomatas, onde foi contemplada com a premiação Ouro da Casa na categoria Melhor experiência do cliente para o Middle Office de Organismos Internacionais. Mas foi em 2011 que iniciou sua carreira em Compliance PLD, no Citibank, atuando no monitoramento de conta corrente em 1º nível. Como analista sênior foi ponto focal para migração de sistemas, treinamentos e atualização de procedimentos, e em 2015 assumiu o primeiro cargo de gestão, liderando uma equipe de monitoramento de primeiro nível. Em 2018 migrou para o Itaú, onde atuou como coordenadora de equipe no *onboarding*, posteriormente em avaliações transacionais para todos os produtos. Atualmente é gerente de Prevenção a Lavagem de Dinheiro na Getnet, responsável por todos os processos de governança e operações ligados ao tema.

Era uma tarde chuvosa de 2023, quando "decidi" organizar um armário de livros e encontrei o diário dos meus 15 anos de idade. Ao ler as angústias daquela adolescente, meio nerd, insegura, mas sempre com muita curiosidade e intensidade, realizei o quanto sempre fui uma pessoa que, quando gosta de algo, vira praticamente referência. De Harry Potter ao Tiago Iorc, a intensidade, a entrega e o comprometimento estão sempre presentes. E assim também percebo a minha relação com a minha carreira, muita intensidade e energia. Quem trabalhou comigo em 2014 vai lembrar-se do dia em que fui escolhida como ponto focal *"Galaxy of Stars"* (premiação para colaboradores da área de operações do banco) e na tentativa de engajar os times a inscreverem projetos na premiação finalizei meu discurso motivacional com um: "E VAMOS CONQUISTAR A GALÁÁXIIAA!!!"

Sou a filha primogênita e tenho dois irmãos, mas fui praticamente filha única por sete anos, meus pais eram muito jovens quando nasci, então demoraram mais para decidirem aumentar a família. Morávamos com meus avós paternos e, por conta disso, criei um vínculo muito forte com meu avô, filho de italianos, temperamento forte, mas coração enorme! Eventualmente chegava em casa com algum animal de estimação aleatório e minha vó nem o deixava entrar, como ele sabia que minha mãe era apaixonada por animais, já ia direto para minha casa e posso dizer que tive uma boa variedade de animais de estimação por conta dos dois. Todos os dias ele preparava meu jantar (um sanduíche chamado churrasco – pão, bife e queijo, bons tempos em que meu metabolismo permitia tal ousadia) e raramente deixava de fazer. Enquanto esperava para comer, eu ficava brincando no escritório dele, rabiscando os blocos de papel, usando os carimbos dele (só a minha vó que não gostava do resultado na toalha de mesa dela) e batendo as teclas da máquina de escrever azul. Naquele "escritório" eu me sentia uma superprofissional e ele rindo, com a voz grossa dizia: "É, é isso mesmo, vai trabalhar para ganhar o seu dinheiro". Meu coração apertou quando, passando pelas folhas do diário, cheguei no dia em que ele faleceu e reviver aquelas emoções também me fez perceber o quanto ele influenciou a mulher que sou hoje.

A jovem Milena aspirava ser jornalista e no diário estavam registrados os anseios em passar no vestibular da Cásper Líbero (sim, só poderia ser nessa faculdade). Meus pais buscaram investir o máximo que puderam na minha educação, cursos e idioma. Eles trabalhavam no ramo editorial/publicidade e eu achava incrível quando meu pai me levava na redação da editora, ficava imaginando o quão incrível seria trabalhar com aqueles computadores, todas aquelas pessoas e por algum motivo assumi que toda pessoa que trabalhava com jornalismo era muito inteligente, pois sabia de qualquer assunto.

A primeira lição

Eu havia deixado uma página em branco para quando fizesse 18 anos retornar e escrever como estaria a minha vida com a idade "que eu sempre quis ter!". Aquela ilusão de que como em um passe de mágica a vida adulta fosse perfeita apenas pela maioridade. Ah, inocente... Bom, já estava com a minha habilitação de motorista, porém, não tinha conseguido passar no vestibular da Cásper Líbero. Era 2006 e, naquele mesmo ano, o diploma de jornalismo deixou de ser obrigatório para exercer a profissão. Ingressei no mercado de trabalho em uma instituição financeira, das 14 às 20h e teria que estudar no período da manhã. Descobri que o banco concedia bolsas de estudo para cursos específicos como administração, economia etc. Administração me pareceu mais abrangente e já que não ia estudar o curso que queria, fui atrás de uma boa faculdade. O Mackenzie era a primeira opção mesmo que a mensalidade fosse mais cara; estava decidida a conseguir a bolsa do banco, o único problema era que o vestibular do Mackenzie durava o dia todo, então fui pedir ao meu supervisor a liberação, mediante apresentação do comprovante etc., e faria as horas extras para cobrir a ausência. Ele achava um dia todo um absurdo e que o Mackenzie era só nome, eu poderia estudar em qualquer outra faculdade, e eu na época com meus 18 anos, primeiro emprego, inexperiente, em uma instituição financeira internacional, nem contestei, concordei e segui a vida. Hoje quem já foi meu liderado conhece essa história, pois sempre reforço o quanto a minha decisão enquanto gestora pode influenciar a vida deles, a importância da transparência e confiança em nossa relação de trabalho. O lema é: "Eu posso não conseguir mensurar o impacto das minhas ponderações na sua vida (profissional ou pessoal), mas farei o meu melhor para te ajudar a olhar a situação de vários ângulos e ter os cenários possíveis para que você possa tomar a decisão mais assertiva possível".

Recalculando a rota

> *"Para quem não sabe para onde vai, qualquer caminho serve."* Lewis Carroll

Sem Mackenzie, precisava mudar a rota para começar o ensino superior, no semestre seguinte consegui a bolsa e com a graduação em andamento participei de um processo seletivo para atuar como analista de *middle office* para empresas de pequeno porte e fui aprovada. Cerca de um ano e meio depois surgiu uma nova oportunidade voltada para outro público: embaixadas, consulados, diplomatas e organismos internacionais. Era uma área nova e inscrevi a implantação dela como projeto na premiação "Ouro da Casa" e fui contemplada na categoria Melhor Experiência do Cliente. Tudo caminhava bem, eu adorava aquela área, mas ainda faltava algo... Então, em um impulso, apliquei para uma vaga de secretária no Private Bank, no momento só pensei "conheço os *bankers*, tenho os requisitos da vaga, acho que pode dar certo". E, nessa hora, a minha gestora me chamou para entender o motivo de eu ter aplicado para aquela vaga. Lembro-me até hoje do que ela disse: **"Se você me falar que seu sonho sempre foi trabalhar nesta posição, eu faço questão até de te indicar".** Não, não era nem de longe meu sonho. Naquele momento percebi que estava perdida. Eu queria crescer. Mas crescer para onde? Então percebi a importância de ter alguém mais experiente que possa ampliar sua visão no médio e longo prazo. Hoje, como gestora, quando um liderado pergunta qual o próximo passo, ou pede alguma recomendação de curso ou especialização, eu volto neste momento, respiro fundo e, por mais clichê que possa parecer, a pergunta é: "Quais são os seus planos para o futuro? Eu não posso decidir por você, mas farei o melhor possível para ajudar. Você se vê trabalhando nessa área/posição em X anos? Se sim, trabalhe para desenvolver as habilidades necessárias, se não, você precisa recalcular a rota."

Impulsionada pela veia investigativa

"Até você se tornar consciente, o inconsciente irá dirigir sua vida e você vai chamá-lo de destino." Carl J. Yung

Em 2011, uma ex-gestora estava migrando para outra instituição financeira, eu perguntei se havia vagas para o meu nível e me inscrevi no processo seletivo.

Quando pedi demissão, lembro-me de um dos líderes questionando: "Milena, você tem certeza do que está fazendo? Tenha paciência, ainda vão surgir novas oportunidades aqui, essa área nem é conhecida, você não está sendo impulsiva?"

Eu não fazia ideia do que era PLD, a Lavajato ainda estava por vir e mesmo que infelizmente a corrupção seja assunto frequente em nosso país, a operação que estava mais em alta até aquele momento era o Mensalão, junto ao escândalo do assessor parlamentar que foi preso no aeroporto de Congonhas em São Paulo, com cem mil dólares escondidos em um saco de plástico dentro da cueca. As informações disponíveis sobre o tema eram escassas e, em sua maioria, produzidas e divulgadas pela mídia.

Após um mês intenso de treinamento para aprender os conceitos, políticas e sistemas, dividiram as equipes e tivemos o *"Go Live"*. E, com o passar do tempo, comecei a observar que além das análises, talvez eu pudesse ajudar na interação com a matriz que ficava em Tampa/FL, assim eu também poderia treinar meu inglês. Pedi muito ao meu *team leader* e o *head* da área para ter um pouco de interação com a matriz e fiquei como ponto focal para projetos de sistemas. Acompanhei a migração da ferramenta de gestão análises, foi um período intenso, pois além da migração ainda seguia com as minhas atividades regulares. Mas são nesses momentos mais desafiadores que entendemos nosso potencial e depois de alguns meses obtive a tão esperada promoção para analista sênior.

Como analista sênior, fiquei responsável pela implementação dos procedimentos globais e dos treinamentos. A equipe global de treinamentos faria uma sessão presencial para implementação do novo procedimento, porém, seria em inglês. O *head* contestou, não tinha sentido alguém aplicar um treinamento em inglês para uma equipe cujo idioma é o português. Então, ele sugeriu que uma pessoa do Brasil fosse treinada para aplicar o treinamento aos analistas do Brasil e foi assim que fiz minha primeira viagem internacional pela empresa. Naquele momento, senti, enfim, que o vazio estava preenchido, eu tinha um propósito, ajudar as pessoas, ensinar, direcionar e em uma área que seguia crescendo e ganhando relevância a cada dia. Quando alguém acredita em seu potencial, é como se uma luz começasse a brilhar na sua mente.

Você sabe que tem alguém ali que viu um potencial que nem você acreditava e ver o brilho nos olhos dela quando você mesma não acreditava no seu potencial foi o que me impulsionou, para enfim, aquele que seria o primeiro grande desafio da minha vida.

My Way

Em janeiro de 2015, assumo oficialmente a posição de *Team Leader*, com 27 anos. Ainda que conhecesse muito sobre os processos e procedimentos da área, sabia que poderia enfrentar resistência de alguns membros da equipe, já que grande parte havia começado a trabalhar na área junto comigo. E ainda tinha um "agravante", assim que assumi o time, lançamos uma série de treinamentos presenciais nas agências para aculturamento de PLD. Passei algumas semanas fora ministrando o treinamento em alguns Estados e o time ficava sob a responsabilidade de dois analistas sêniores recém-promovidos e nós três nunca tínhamos trabalhado na mesma equipe. Quando finalizei os treinamentos, voltei e parecia uma "estranha no ninho". Eu não sabia como criar uma conexão com o time, quando uma amiga que estava substituindo outra par, observando a situação, me chamou para conversar. Ela é do tipo linha dura, mas tem um coração enorme, era uma espécie de ponto de equilíbrio para mim e foi exatamente nesse ponto que ela pegou. "Milena, se você que sempre teve toda essa intensidade não conseguir se conectar com o time, quem mais vai?" E, neste momento, realizei o quão importante é termos também alguém para nos apoiar em momentos de dúvida, esse ponto de equilíbrio – a razão dentre a emoção. Retomei a confiança, baixei a guarda e, ainda que tivéssemos algumas divergências, depois que encaixamos as engrenagens não paramos mais. Eu acredito que o time é um espelho da liderança e naquele momento estabelecemos que estaríamos juntos liderando o time, de forma respeitosa, empática e com muita energia. A fórmula aparentemente deu certo, tivemos muitas versões do "Time 2", mas sempre com a mesma essência.

Estão vendo o Tsunami?

Em 2016, foi anunciada a venda da carteira do varejo desta instituição para outra e eu estava no grupo de migração. O clima de incerteza já era por si só extremamente desafiador, mas lidar com tudo isso com um novo gestor poderia ser um desastre total. Foram momentos intensos, pois em uma migração temos que buscar soluções seguras até completar todo o processo, porém o responsável pela migração o executou com mestria. Prático, objetivo, dinâmico e enérgico (foi assim que conheci o Tsunami — piada interna), que garantiu a manutenção da operação para cumprir os requisitos regulatórios. Enquanto meu gestor foi cirúrgico e tempestivo em seus *feedbacks*. Ao longo deste processo, desenvolver a inteligência emocional para controlar a ansiedade foi o maior desafio, pois ainda era necessário conduzir o time da melhor maneira possível.

Quando finalizamos a migração, eu ainda estava sem posição definida, a recomendação era para que aplicássemos para as vagas disponibilizadas no portal. E algumas semanas depois tive a oportunidade de assumir a equipe de aceitação de conta corrente. Foi um misto de sensações, uma nova cultura, com uma nova equipe. Mas busquei manter sempre a energia, entusiasmo, criatividade (quem foi do time *Hulk* vai lembrar... rsrs) e foco em resultados. Aprofundei meus conhecimentos em riscos de PLD ao trabalhar com profissionais extremamente experientes e especialistas no tema. Sempre tive um perfil muito adaptável, sou flexível para mudanças (trocava muito de escolas quando era criança) então conseguia me adaptar bem em diversos cenários, por isso, atuei em diversas coordenações.

O *plot twist*

Um pouco mais adaptada ao ambiente, ainda encontraria novos desafios. Estávamos em maio de 2020 e para ajuste de estruturas meu time é migrado para outra gerência e em 2021 eu assumo mais uma equipe. Como "conectar" essas duas equipes que nunca trabalharam juntas, para buscarem os mesmos resultados em meio ao trabalho remoto e ambiente de incertezas? Novamente bateu a insegurança, a tal síndrome da impostora já estava pronta para roubar a cena. A equipe era bem unida e então percebo que existe um elo, sabe aquele tipo de pessoa que inicialmente pode até assustar um pouco pela cara de brava, mas que na verdade chora com vídeos de cachorros brincando com bebês? E foi essa pessoa que colocou minha impostora para correr, me ajudando a resgatar as conexões com o time e a importância de me permitir.

Enfim chegamos em 2023 e eu seguia me desafiando cada vez mais, busquei especializações na área, queria desenvolver mais *soft skills* e o time aumentou novamente e, com isso, mais desafios.

Ainda naquele ano, porém, uma proposta que esperou anos para se concretizar enfim aconteceu. Eu assumiria o desafio para atuar como gerente de PLD em uma adquirente. Quando pedi demissão, fui tomada por uma onda de emoções que jamais pensei que sentiria. Foi muito diferente do que da primeira vez e um filme passou pela minha cabeça. Toda semana era uma despedida e fui surpreendida com muitas demonstrações e mensagens de carinho e respeito, o que me faz pensar que concluí meu ciclo da melhor maneira possível. Conheci pessoas incríveis, compartilhei momentos marcantes e saí de lá uma Milena totalmente diferente e muito melhor do que eu poderia imaginar.

De aspirante a jornalista a profissional na área de prevenção à lavagem de dinheiro, hoje posso dizer que, mesmo não sendo a minha primeira opção, algo em comum para todos os profissionais nessa área é o orgulho de poder efetivamente contribuir para um sistema financeiro em conformidade com a lei e uma sociedade mais justa. Naquele dia chuvoso, ainda havia meia página em branco no diário, então registrei como estava a Milena de 35 anos e que também fica registrado neste capítulo.

A primeira da família

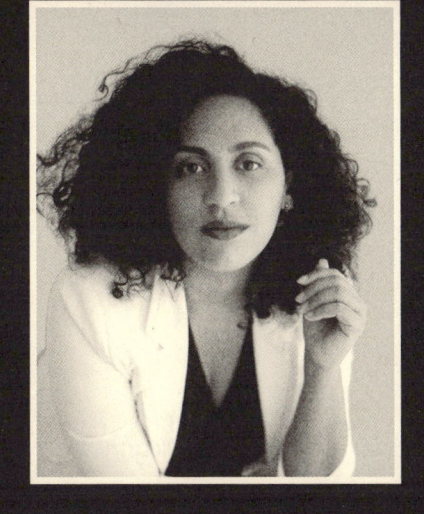

Rachel Xavier

[E]specialista de Auditoria Interna. Pós-graduada em [G]estão de Projetos, soma mais de 12 anos de carreira [c]om experiência em Compliance, Auditoria Interna e [c]ontroles internos. Ao longo dos anos liderou proje[t]os para revisão de planejamento estratégico de segu[r]ança da informação, de adequação aos requisitos da [L]GPD, de certificações das áreas de Auditoria Interna [p]elo IIA Brasil e Compliance pela ISO 37001. Atualmen[t]e, está envolvida no avanço da Auditoria Interna no [s]etor elétrico brasileiro. Professora conteudista dos [t]emas de conformidade como Compliance e Riscos [p]ara a Delinea EdTech.

"A vida é feita de memórias e o sucesso, de conhecimento."
Rachel Xavier

Esse poderia ser o início da história de quase metade das mulheres pretas brasileiras das famílias da Classe C. Nasci e cresci numa região pobre do Rio de Janeiro, atualmente conhecida como zona portuária, que em 1986 não contava com uma infraestrutura bacana para se criar filhos.

Saneamento básico não era para todos, transporte público era luxo e as escolas tinham suas vagas disputadas pelas mães que dormiam nas filas nos meses da famosa matrícula. Lembro-me de uma cena marcante da infância, de ir à festinha de aniversário de uma amiguinha de classe que morava em um dos sobreviventes cortiços e que precisava usar penicos para fazer suas necessidades.

Como disse, venho de uma realidade comum a muitas brasileiras; meus pais, um mecânico e uma auxiliar de serviços gerais em um banco, não chegaram a concluir seus estudos. Ficaram ali, no antigo ensino fundamental, trazendo o conhecimento suficiente para sobreviverem. Meu pai, por exemplo, era um assíduo leitor do extinto jornal impresso. Minha mãe não tomou gosto pela leitura, mas era incansável na busca das melhores oportunidades de estudo para as filhas.

Aos dez anos, ingressei em uma das escolas mais tradicionais do Rio de Janeiro: o Instituto de Educação. Na (extinta) 5ª série, fui inspirada pela maravilhosa professora Rosane Tinoco. Do turno da manhã, a gente acordava bem cedinho para estar na escola antes das 7h00. A professora entrava em sala, nos pedia para baixar as cabeças em silêncio, cochilar um pouquinho e, então, mergulhar no mundo mágico da literatura. Eu já era apaixonada por leitura, legado de meu pai, mas foi lá que conheci Pedro Bandeira, Machado de Assis, Monteiro Lobato...

A paixão foi tamanha que oito anos mais tarde, no decisivo momento de entrar para a faculdade, cursei o bacharelado em Letras (português – inglês).

Foi uma grande responsabilidade ser a primeira da família a ingressar e concluir o ensino superior. Mas, mais do que isso: motivei minha mãe a voltar aos estudos; ela concluiu o ensino médio, passou por um curso técnico que lhe deu a profissão da vida (técnica de enfermagem) e, para a explosão de orgulho no meu peito, aos 55 anos também se formou na faculdade. É como dizem: as palavras incentivam, mas o exemplo arrasta.

O Mundo de Sofia

Não fui uma adolescente problemática, uma rebelde sem causa. Ao contrário, sempre fui muito tranquila e, por vezes, deixava de ir a festas para ficar em casa com a família, lendo ou vendo filmes. Sempre gostei de nutrir a mente.

Nas explorações pela biblioteca do Instituto, encontrei Jostein Gaarder. O livro de 1991 trazia a história paralela de Sofia e Hilde, e a identificação foi imediata; tínhamos, nós três, quase 15 anos de idade. Foi amor à primeira vista a leitura do livro de capa azul e cenário dourado. No romance, a protagonista passa a receber, misteriosamente, cartas de um professor de filosofia que tem por missão ensinar-lhe, cronologicamente, a história da filosofia ocidental até os dias de hoje (1991, ano da publicação do livro, no caso). Através dele, conheci as principais correntes filosóficas, dos gregos a Freud. E encontrei, em uma disciplina, as orientações e "diálogos" que sentia falta de receber em casa.

Meus pais sempre zelaram por nos ensinar (a mim e à minha irmã) os caminhos corretos, mas venho de um tempo em que a conversa não era comum dentro de casa. Meus pais eram órfãos (não conheci meus avós maternos nem meu avô paterno) e aprenderam a difícil tarefa de criar filhos praticamente sozinhos.

Sentia falta do "porquê" que certos caminhos eram bons enquanto outros nem tanto. A Filosofia não tinha as respostas, mas me ensinou a pensar, criticamente, nelas. E, principalmente, me ensinou sobre ação e consequência.

No lugar certo, na hora certa, com os conhecimentos certos

Comecei a trabalhar aos 17 anos; era monitora nos brinquedos em casa de festa infantil.

Aos 20, minha carteira de trabalho foi assinada, pela primeira vez, atuando no secretariado da extinta Universidade Gama Filho. As dificuldades financeiras passadas na infância haviam se tornado meu bicho papão particular; presenciar o relacionamento abusivo do meu (ex) padrasto com minha mãe também havia despertado angústias em mim.

A essa altura da vida, eu tinha uma única certeza: jamais seria financeiramente dependente de mais ninguém.

O bacharelado em Letras já terminava e os estágios na área ou as aulas em cursinhos de inglês não me traziam perspectiva alguma desse respiro financeiro que eu precisava. Mas não tinha (e contínuo não tendo) coragem para abandonar de vez o universo acadêmico. Enquanto buscava entender meus próximos passos e como poderia ter oportunidades melhores, conheci um projeto de educação de jovens e adultos. Ingressei como professora assistente e me apaixonei completamente. A sala de aula me completa! É o espaço onde posso desenvolver outras pessoas, onde vejo jovens que não puderam completar seus estudos no tempo "certo" correndo atrás. Lugar onde, inclusive, lembro-me de minha mãe e onde me sinto orgulhosa de mim. Mas não é sobre o meu viés acadêmico que vamos falar. Voltando à minha trajetória no mundo corporativo...

O ano era 2009 e resolvi abraçar um novo desafio. Começava a se falar em cursos de nível superior de dois anos. Eram focados em desenvolver as pessoas para atuar no mercado mais rapidamente e custavam bem menos que um bacharelado.

Cursava tecnologia em Gestão Empresarial ao mesmo tempo que aceitava um contrato temporário em uma seguradora de grande parte. Aos 26 anos, já tecnóloga, fui contratada como terceirizada na maior empresa do país: a Petrobras.

Estar naquele ambiente me impulsionou. O salário também havia melhorado e muito! Então, mergulhei em uma terceira graduação e em 2014 recebia meu diploma em Administração de Empresas. Foi também a minha primeira promoção dupla. Saí de trainee direto para analista pleno.

Conheci outros estados, andei de avião pela primeira vez, entendi de controles internos, mapeamento de processos, arquitetura de dados. Voei mais milhares de vezes (detestei todas elas), li centenas de livros, fiz dezenas de horas de cursos e treinamentos.

Eu já me tornava referência metodológica para os colegas de equipe e estava me preparando para a promoção ao nível de sênior.

O mundo foi surpreendido pela Operação Lava Jato; a Petrobras virou o centro das notícias e telejornais. As contratações estagnaram; os contratos foram interrompidos. Experienciei o desespero do desemprego.

Foram meses até a recolocação. A sensação de impotência me dominou; passava horas enviando currículos e esperando por retorno. A confiança no meu conhecimento e na minha trajetória até ali diminuíam dia a dia.

Para ocupar a mente e manter minha energia ativa, participei de um curso de interpretação da recente norma ISO 37001:2016 que estabelece os requisitos para a implementação de um sistema anticorrupção nas empresas.

Era quase pessoal estudar sobre o tema. Presenciar o estrago que os escândalos de corrupção trouxeram a toda uma cadeia produtiva (Petrobras e todos seus fornecedores), me motivaram a "abraçar a causa".

Logo depois, participei de um processo seletivo e me realoquei, justamente na área de Compliance, com a missão de criar o programa de integridade e buscar a primeira certificação da empresa.

Meses depois, recebi o convite para mergulhar no mundo das consultorias. Tornei-me auditora na RSM Brasil (a 6ª maior empresa de auditoria e consultoria do mundo). E cheguei conquistando meu lugar de sênior.

Foram quatro anos de trabalho. Em 2019, três anos depois do ingresso, me tornei gerente. Passei a liderar diversos projetos incríveis, dentre eles, o mais desafiador, certificar uma área de auditoria interna pelos requisitos internacionais do Instituto dos Auditores Internos (IIA).

O projeto foi sucesso e a essa altura eu já estava encantada pelo setor em que atuava: o setor elétrico brasileiro. Então, em 2020, me candidatei a um cargo na área de Compliance do Operador Nacional do Sistema Elétrico.

Na minha entrevista, o gerente perguntou se eu não me incomodava de voltar ao cargo de sênior caso fosse aprovada. Nunca me importei com cargos. Além da importância financeira, o que me tira da cama é o desafio. E esse era ótimo! Participar da estruturação e maturação de uma área de Compliance do zero.

Infelizmente, não me adaptei ao ambiente político da empresa. As inúmeras instâncias de aprovação reforçando uma hierarquia arcaica e a morosidade nas decisões faziam tudo demorar muito. Ademais, a pandemia se instaurou e ficamos todos perdidos. Era como um barco à deriva. Não consegui ver nenhum projeto sair do papel.

Não encaro como um fracasso; foi mais uma etapa da vida que me ensinou, principalmente, o que eu não queria para minha trajetória.

Um passo para trás, dois passos para frente

Um ano e meio depois da decretação da pandemia, ainda trabalhando no ONS, resolvi arriscar e voltei a olhar oportunidades no setor privado. Não era o melhor cenário, visto que as empresas haviam paralisado muitas contratações em função das incertezas do mercado.

A minha experiência se acumulara nas linhas de defesas conhecendo controles internos, processos, riscos, governança, Compliance e auditoria. Enquanto observava as vagas, concluí uma especialização em gerenciamento de projetos, consolidando habilidades em organizar escopos, acompanhar prazos, garantir qualidade, gerir recursos e garantir a comunicação entre os envolvidos em um projeto.

Adquirir mais uma certificação aumentou minha visibilidade e as abordagens dos recrutadores aumentaram.

Dessa vez, surgiu a chance de trabalhar em uma gigante do setor elétrico que atua em todas as etapas, da geração à comercialização de energia. É onde trabalho até o presente momento.

Em três anos, já visitei parques eólicos e fazendas solares, aprendi desde a geração de energia até a distribuição dela, chegando em nossas casas. Compreendi a magnitude da chegada da energia elétrica na sociedade e o quanto está ligada ao avanço e aos índices de desenvolvimento humanos. Na Neoenergia recebi duas cartas de reconhecimento e em um ano e meio fui promovida a especialista retornando ao nível executivo de que abri mão uns anos atrás para ingressar no setor.

Tudo que vivo e aprendo aqui é combustível.

Nem tudo são flores!

Não podemos romantizar a caminhada; é importante lembrar que vivemos em uma sociedade patriarcal. E isso se reflete em todas as nuances da vida, mas, principalmente, no mercado de trabalho. Estamos falando de homens ganhando 22% a mais que mulheres para exercer a mesma função (dados do IBGE de 2022) e de 61% dos cargos de liderança sendo exercidos por homens (IBGE de 2024) contra, apenas, 39% de mulheres na posição mais alta e estratégica de uma organização.

No Compliance, não é diferente. Não vejo esse cenário com pesar, ao contrário. Acredito que as oportunidades na área só tendem a crescer, uma vez que estamos falando do Brasil, ocupando a 104ª posição no ranking da Transparência Internacional.

Ao longo dos anos, desde a decretação da Lei n.º 12846, em 2013, percebo a evolução da área que hoje não se trata de mero cumprimento legal. Com a sociedade mudando e se tornando mais consciente e participativa, acreditar na integridade se tornou quase básico.

A pauta ESG corrobora com a importância do Compliance quando traz o pilar de governança, por exemplo. E o pilar social, principalmente. Como pensar em equidade de gênero, diversidade e inclusão sem conectar com os treinamentos e iniciativas que promovam uma organização respeitosa e corrija práticas preconceituosas ou assediadoras no ambiente de trabalho, geralmente conduzidos pelo Compliance?

Estamos falando de uma sociedade cada vez mais participativa nas decisões estratégicas e não há dúvidas da importância do Compliance na construção de um cenário mais honesto não só no tocante a corrupção, mas também nos processos produtivos, nas relações trabalhistas e consumeristas.

"Só sei que nada sei"

Uma das formas que adotei para enfrentar alguns comportamentos machistas que encontrei no caminho e de criar as oportunidades na minha trajetória foi estudando!

Como disse, acredito que a vida simplesmente acontece e é preciso estar preparado para as portas que se abrem. Mas não basta abraçar a oportunidade; uma vez conquistada, é preciso mantê-la.

Em uma sociedade desenhada para priorizar determinados grupos, nós devemos defender nosso lugar. Sempre seremos questionadas e nossos argumentos invalidados pela pouca idade, pela cor da pele, pela idade avançada, pela maternidade, pela emotividade, pela sensibilidade, pelo ciclo menstrual, pelo gênero... compete a nós não acreditar no que dizem.

Dominar um assunto é trazer a certeza contra a insegurança.

Além de devorar livros, conversar com as mais experientes da área que você pretende atuar e buscar toda informação disponível sobre os temas que ama, se eu pudesse dar um conselho para as mais novas ingressantes no Compliance seria: sim, usem filtro solar, mas sejam corajosas.

Trazendo uma fala potente de Djamila Ribeiro para encerrar nossa conversa, breve, mas maravilhosa: "Eu podia ter o conhecimento e não ter a coragem. Quando você é mulher negra, é preciso ter os dois".

Seja protagonista
da sua jornada

Raquel Pessanha

Head do Jurídico, Riscos e Compliance do Grupo Sá Cavalcante. Advogada formada pela UFF (Universidade Federal Fluminense) com L.L.M em Direito Empresarial pela FGV (Fundação Getulio Vargas). Atualmente, está se especializando em Finanças, Investimentos e Controladoria com Ciência de Dados pela Fucape Business School. É também Conselheira Fundadora do IAC (Instituto dos Advogados Capixabas). Atua há mais de 20 anos em jurídicos internos de grandes empresas. Atualmente está à frente da área jurídica tendo como um dos seus principais focos a governança corporativa, incluindo a estruturação das áreas de risco e Compliance, atuando ainda como secretária dos Conselhos.

> *"Você tem poder sobre sua mente – não sobre eventos externos. Perceba isso e você encontrará a sua força."* –
> Marco Aurélio

Estava em um almoço de despedida de uma empresa multinacional na qual trabalhava. O presidente, estrangeiro, comentou sobre a minha habilidade em me manter calma em momentos de estresse, e que acreditava que a minha vontade era de revirar os olhos nessas ocasiões. Sorri e confirmei a percepção dele. Já tinha pedido demissão.

Costumam dizer que tenho habilidades emocionais. E acredito que essa tal habilidade, construída ao longo do tempo, é o que me impulsionou até aqui.

Os laços da trajetória

Sempre gostei de ouvir as pessoas, suas experiências e histórias de vida. Quando fui convidada para participar deste projeto, refleti sobre o que eu poderia dividir que pudesse servir de reflexão para outras pessoas sobre a minha experiência de vida. Fiz uma retrospectiva mental da minha vida desde quando me recordo dela. Tantos fatos emocionantes que aquecem o coração, outros de superação, e tantos outros que poderia citar. Mas quais deles eu deveria dividir aqui? Quais melhor se encaixariam nas poucas páginas que a mim cabem neste livro que tem como foco as mulheres no Compliance?

Resolvi, então, dedicar as linhas que seguem a contar um pouco sobre a minha trajetória com base nas pessoas incríveis que ajudaram a moldar quem eu sou, porque somos uma soma de toda a experiência vivida ao longo do tempo. A minha história construiu o meu código de valores.

Quando surgiu o Compliance como hoje o entendemos, percebi que sempre fui guiada internamente a agir com ética, empatia e educação. A simplesmente fazer o que é certo. O Compliance sempre esteve em minha vida, mesmo sem saber o que isso significaria para mim no futuro.

E é aí que essas pessoas se encaixam no Compliance e na minha vida.

Do inglês ao Direito

Filha mais velha de três irmãos, passei a infância e adolescência no subúrbio do Rio de Janeiro.

D. Arlete, minha mãe e primeira impulsionadora, natural do interior do Estado do Espírito Santo, nasceu em casa, em uma família de nove filhos. Sempre muito estudiosa e apegada aos meus avós, era ela quem cuidava da casa juntamente com as duas irmãs. Ela tinha sonhos. Meus avós eram rígidos e criavam os filhos como foram criados. Aos 19 anos, casou-se com meu pai, Seu Valentim, que também era muito jovem, com 21 anos de idade.

Meus pais me proporcionaram todas as condições de estudo possíveis, mesmo com recursos financeiros modestos. Minha mãe me ensinou a ler em casa quando eu tinha apenas cinco anos de idade e fui direto para a primeira série.

Aos oito anos, fui introduzida ao mundo da língua inglesa.

Minha mãe me levava a pé por um longo caminho que atravessava dois bairros do subúrbio carioca até o CCAA. Foi um esforço financeiro muito difícil, mas meus pais nunca reclamaram.

Logo me descobri fascinada por aquela língua que ninguém ao nosso redor entendia. Nas festividades em família, a atração era colocar a Raquel para cantar uma das músicas famosas da época em inglês. Lembro-me de cantar "Coming Around Again" da Carly Simon nas festividades de Natal, seguindo o livro de músicas do CCAA. A voz não estava nem perto de ser boa, e eu não gostava de ser o centro das atenções, mas pelo canto dos olhos baixos de vergonha via os rostos felizes e orgulhosos dos meus pais.

Aos 16 anos, conheci as literaturas inglesa e americana no curso de formação de professores. Me apaixonei. Foi nessa época que conheci a professora Inês. Não era brasileira e não me recordo a nacionalidade, mas era latina. De uma educação e empatia incomum com os alunos, foi o meu primeiro exemplo de profissional. Hoje, com o conhecimento que tenho, posso dizer que ela tinha todos os *soft skills* necessários para a profissão e me inspirei nela nos anos seguintes, mesmo sem ter nenhum conhecimento do que isso significava. Nunca mais vi a professora Inês nem consegui localizá-la pelas redes sociais, mas me recordo dela com muito carinho.

No vestibular, naturalmente, me interessei pela faculdade de letras/inglês. Mas, ao expor esse desejo à minha mãe, ela me incentivou a fazer um teste vocacional, na tentativa de me demover da ideia. E assim foi feito. Qual não foi a nossa surpresa quando o resultado principal foi a faculdade de Assistência Social!

Justificável que, com uma filha que tirava as melhores notas, fazia parte da turma especial do colégio Bahiense, sendo preparada para um vestibular de sucesso, meus pais fizessem de tudo para que eu concorresse ao curso de Direito. E foi o que fiz.

Mas ouvia aqui e ali dos familiares à boca pequena que isso não daria certo: "Raquel, estudar Direito? Tão tímida...nem fala".

Mas lá fui eu, cursar Direito na Universidade Federal Fluminense em Niterói, no Rio de Janeiro, aos 17 anos. Minha mãe me ensinou a fazer o trajeto que levava três horas e que consistia em pegar dois ônibus e uma barca, para chegar àquele lugar lindo que era a faculdade de Direito.

No começo foi difícil. Continuei tímida e acanhada por bons períodos, somente pegando fôlego da metade da faculdade para frente, com a ajuda e presença de bons amigos, conectados comigo até hoje.

Durante a faculdade, estagiei na Defensoria Pública do Estado do Rio de Janeiro. A admissão era por concurso público e fui designada para a Vara da Infância e Juventude de Niterói. Foi lá que conheci a minha segunda referência de profissional, a defensora pública Dra. Wanda Lúcia. Com máquinas de escrever, mesas quebradas, longas listas de espera de mães desesperadas por saber sobre seus filhos, que por algum motivo haviam sido retirados de seu convívio, e diga-se, sempre muitas mães e poucos pais, Dra. Wanda sempre manteve a educação e serenidade, assim como cumpria todos os procedimentos corretamente para dar o melhor atendimento com as condições que tinha para aquelas pessoas que necessitavam de apoio jurídico. Aquilo me intrigava e me maravilhava. Com ela, aprendi que não importam as condições que você tenha, faça o seu melhor, cumpra o seu dever, com ética, responsabilidade e seguindo os procedimentos que devem ser seguidos. Por lá fiquei até concluir o curso de Direito, aos 21 anos.

As páginas amarelas

Me casei aos 22 anos com o Edivan e vim morar no Espírito Santo. Um ambiente profissional totalmente desconhecido para mim. Como conseguir uma posição em uma cidade nova, sem conhecer ninguém e sem experiência?

Em uma época em que currículos eram entregues pessoalmente, procurei escritórios nas páginas amarelas e ia de porta em porta me apresentar. Depois de seis meses, consegui meu primeiro emprego remunerado em um escritório de advocacia onde, literalmente, pagava para trabalhar. Meu marido brinca dizendo que fez um investimento. Meu incentivador desde sempre, não me deixou desanimar e me apoiou para que aceitasse essa posição, mesmo que a remuneração fosse abaixo até mesmo das despesas logísticas.

De lá para cá, se vão 25 anos.

Um fato interessante é que meu marido é da área de suprimentos e desde os anos 2000 ouço falar em casa sobre as regras de Compliance, só que ainda não se utilizava essa nomenclatura.

Uma decisão

Planejamos ter filhos antes que eu completasse 30 anos, um pouco diferente do que a maioria faz. Quando tinha 25 anos, Pedro Henrique nasceu e, aos 29, João Vitor.

Quando João Vitor tinha seis meses, os médicos disseram que ele não conseguiria andar. Não pensei duas vezes e pedi demissão. Nunca foi uma escolha. Após oito meses de dedicação integral ele andou. A força de Deus e do amor dos pais move montanhas.

Então resolvi que era hora de voltar. Ao invés das páginas amarelas, a *lan house*. Coloquei um filho em um carrinho e peguei o outro pela mão e lá fomos nós enviar os currículos para as empresas de recrutamento pela internet.

E contra todas as possibilidades, depois de quase um ano fora do mercado de trabalho, fui contratada por uma grande empresa e em uma equipe de mulheres, liderada por uma mulher.

Mergulhei nos estudos sobre a empresa, sobre o mercado em que estava inserida, sobre como as decisões eram tomadas, sobre tudo que cercava aquele mundo. Em pouco tempo, já estava participando das reuniões de Conselho de uma das empresas do grupo e era parceira de confiança dos diretores. Foi aí que tudo fez sentido. Era isso que eu queria e me motivava: o ambiente corporativo, de governança, de políticas, de análises de cenários múltiplos, da visão global e, principalmente, de participar da construção das estratégias.

E o tal do Compliance?

Como jurídico, nossa trajetória é o Compliance, cumprir as regras, leis e regulamentos em geral, mas apesar da legislação existente, poucas empresas tinham programas de integridade estruturados nessa época. Em 2014, as coisas começaram a mudar.

Em 2016, me juntei a uma empresa multinacional. Mundo novo. Muitas culturas e diretoria estrangeira. A vice-presidente jurídica ficava no exterior e minha posição respondia diretamente ao presidente da empresa no Brasil.

Cheguei no momento da construção do programa de integridade, uma necessidade premente tendo em vista que o principal cliente era uma das maiores empresas de petróleo e gás do mundo.

O desafio era adaptar as políticas da *holding* sediada em outro país, de uma cultura bem diferente da nossa, sem perder a essência dos seus princípios e valores. Além disso, precisávamos acelerar a conclusão do projeto a fim de cumprir obrigações contratuais nesse sentido.

Quanto aprendizado! Muitas reuniões online com a equipe estrangeira para discutir os termos e explicar os conceitos sob a perspectiva brasileira. Aprovação junto ao Conselho de Administração, treinamentos aos colaboradores, e adaptação de todos os contratos às novas diretrizes.

Mas só isso não bastava: tínhamos que comprovar ao cliente que todo aquele arcabouço de regras tinha sido colocado em prática. E lá fui eu apresentar o nosso programa aos leões, o maior cliente da empresa, com todas as evidências e paixão por aquele trabalho feito a tantas mãos e do qual eu tanto me orgulhava. E deu certo!

Aprendi muito nessa jornada. Com uma força de trabalho 99% masculina, com diretores estrangeiros, eu integrava um grupo de bravas mulheres do primeiro escalão que fazia a diferença, tinha voz e posicionamento. Fui secretária do conselho de administração e era representante no Brasil dos conselheiros estrangeiros e tive a oportunidade de conviver com uma extraordinária vice-presidente jurídica de origem asiática. Sem dúvida, renovei e aprimorei minhas habilidades.

A maturidade é uma dádiva

Acredito que o principal em um mundo cada vez mais carente de empatia é a inteligência emocional. A maturidade, no meu caso, me ajudou a compreender esse fato e tornou a minha jornada como profissional mais leve.

Construir os programas de riscos e integridade desde o começo é um desafio: políticas e regulamentos internos a serem criados, treinamentos e monitoramentos contínuos. Além disso, a área de Compliance e seus integrantes são vistos com desconfiança, até mesmo receio, por um certo tempo. É natural.

A mudança de cultura leva tempo e é preciso maturidade para seguir o processo. Compreender que temos uma missão com o empregador e com nossos colaboradores é fundamental para seguirmos em frente.

Atualmente, sou gestora de uma equipe essencialmente de mulheres, advogadas, engenheiras e uma futura administradora. Tenho a responsabilidade de impulsionar, dar apoio profissional, transmitir conhecimento e auxiliar na construção dessa maturidade.

Autoconhecimento, serenidade e foco

"Qualquer pessoa capaz de te irritar se torna teu mestre; ela consegue te irritar somente quando você se permite ser perturbado por ela." – Epicteto

Durante o período em que estava escrevendo estas linhas, algumas pessoas me abordaram para comentar sobre a minha serenidade, foco e educação, surpresas de como eu conseguia manter essa postura em meio ao caos. Ao chegar em casa, refleti longamente sobre esses comentários e me recordei do início da minha carreira no mundo corporativo.

Certa vez, um líder muito querido, me vendo em uma situação de quase desespero por não saber lidar emocionalmente com uma situação, me disse que eu deveria controlar as emoções, porque estava deixando a outra pessoa me controlar: "Não dê a chave da sua loucura nas mãos de ninguém", ele disse. Pode parecer óbvio, mas não era para mim, aos 30 anos. Eu ainda não sabia identificar o que me descontrolava e, consequentemente, não sabia como agir. A partir daquele momento, comecei a refletir sobre esses episódios e fazer paradas durante o dia para pensar no motivo do meu incômodo e como resolver da melhor forma possível. Faço isso até hoje.

Somos latinos, sanguíneos, emoções à flor da pele. Às vezes, a ansiedade e o *stress* são inevitáveis, mas saber o motivo é metade da solução. Tratar os assuntos de forma profissional sem pessoalizar torna a vida profissional mais leve.

Na área de Compliance, esses atributos são extremamente necessários, pois temos que ser a ligação entre os colaboradores e o Compliance.

Não olhe pra trás

Eu não sou muito de olhar para trás. Pego meu caminho

e vou. Mas tive que voltar no tempo para este projeto e fiquei pensando em todos os desafios que tive de enfrentar até aqui. Ser mulher e profissional pode ser desafiador, mas não precisa ser uma escolha.

Ao olhar para frente, vejo minhas lideradas, muitas por volta de 30 anos. Outra geração, outros tempos, mas as mesmas angústias e, de certa forma, me vejo nelas. Sinto-me grata em poder auxiliar profissionalmente na caminhada emocional do mundo corporativo das minhas equipes.

Ao olhar para trás, certamente, os momentos mais angustiantes foram os que vieram aliados à culpa de deixar meus filhos aos cuidados de outras pessoas, de não conseguir chegar nas festividades escolares a tempo, de não poder acompanhar o dia a dia deles mais de perto. Mas sempre tive a parceria do meu marido. Somos uma equipe e isso foi fundamental para o meu sucesso profissional. Nossa união e parceria é inegociável.

Ainda revendo minha trajetória profissional até aqui, penso que trabalhar com compliance foi um caminho natural. Nem sempre foi fácil. Causamos desconforto. É preciso ser firme, é preciso ter coragem e é preciso se posicionar. Ser mulher nessa posição nos exige ainda mais disciplina. Mas é possível e é gratificante ver o resultado do trabalho, a mudança de cultura e das pessoas. Esse é o caminho, esse é o presente e o futuro.

Os conselhos que deixo aqui e os quais eu pratico na minha vida são: se conheça, estude sempre, trabalhe com profissionalismo, ética e lealdade. Dá certo.

Compliance:
desafios, conquistas
e lições de uma
jornada inspiradora

LINKEDIN

Regina Malta

Casada com o Diogo, mãe da Beatriz e da Maria Eduarda. Graduada em Ciências Econômicas pela PUC-Campinas, com MBA em Gestão de Negócios: Cibersegurança e Proteção Digital pela FIA e pós-graduada em Gestão de Projetos pela FIA. Cursando Ciências Contábeis pela Estácio. Busca constantemente seu desenvolvimento em *soft* e *hard skills*, além de seu aprimoramento em assuntos técnicos, e por isso já estudou em instituições como MIT, Insper, Dom Cabral e IBGC. Atualmente é membro do Conselho Fiscal da FCMC (Fundação Centro Médico de Campinas) e fundou a empresa GRC-4U Resiliência Organizacional, onde atua como consultora em empresas que queiram, genuinamente, aperfeiçoar seus mecanismos de governança corporativa através da implementação ou revisão de seus programas de Gestão de Riscos, Compliance e Auditoria Interna. Esteve por quase dez anos em uma multinacional de capital familiar privado à frente da área de Gestão de Riscos, Governança Corporativa, Controles Internos, ESG, e antes, por sete anos, esteve na Deloitte na área de auditoria externa. Tem duas principais convicções, a primeira está relacionada a fazer o certo mesmo que ninguém esteja olhando; e a segunda, é de que as mulheres podem e devem estar onde quiserem estar e que devem ser respeitadas. E essas convicções tenta ensinar todos os dias para suas filhas e para tantas outras mulheres, principalmente as mais novas, com quem teve a oportunidade de trabalhar.

O convite para contribuir neste projeto

Quando fui convidada para participar deste projeto eu fiquei extremamente lisonjeada e ao mesmo tempo insegura com o que eu poderia escrever e contribuir para inspirar outras mulheres que estejam na carreira de Compliance. Penso que essa "insegurança" muitas vezes nos persegue em nosso dia a dia uma vez que estamos sempre nos preparando muito, exigindo demais de nossas entregas, pois estamos sendo julgadas e testadas o tempo todo, em especial, dentro de um ambiente corporativo, pelo simples fato de termos nascido com o par de cromossomos "XX".

Como tudo começou

Sou de uma família bem simples do interior de São Paulo. Meu pai tem apenas o primário e já foi mecânico, caminhoneiro e atualmente é aposentado e possui uma lanchonete que vende cachorro-quente. Minha mãe estudou um pouco mais, tem o colegial, feito através do método supletivo, e já foi faxineira, babá e atualmente é aposentada e trabalha na cozinha da lanchonete que tem com meu pai. Tenho um irmão mais novo formado em Tecnologia, mas que optou por trabalhar com meus pais.

Estudei em escola pública, e desde muito pequena minha mãe sempre me incentivou a estudar para que eu pudesse ter uma carreira, ser independente e como ela mesmo falava *"ser alguém na vida"*. Sempre fui uma das melhores da turma. Na minha época era importante ou relevante cursar o colegial em uma escola técnica, e assim foi o meu destino. Passei entre os primeiros colocados, em um curso de colegial técnico, em tecnologia da informação, bastante concorrido na minha cidade, apenas estudando em casa com os materiais que uma prima havia me emprestado, enquanto meus amigos todos estavam fazendo cursinho.

Cursei minha primeira graduação em uma universidade particular através de bolsa de estudos oferecida pela instituição. Sempre fui uma pessoa muito curiosa, estudiosa e com valores e princípios muito bem estabelecidos pela criação que tive. Uma das coisas que meu pai sempre diz é que *"o seu nome e a sua palavra são as únicas coisas que ninguém pode tirar de você, então, sempre os honre e faça por merecer"*. Já a minha mãe dizia bastante coisas, mas o que me marcou e é como eu busco educar minhas filhas é "o conhecimento ninguém tira de você, nunca pare de estudar e se atualizar; nunca seja arrogante, seja gentil com todos, independentemente de cargo ou posição social; e sempre faça o certo, mesmo se ninguém estiver vendo, porque Deus está vendo, e não tem nada pior do que ser cobrado por Ele e por sua consciência".

Quando estava na graduação, passei em um programa de estágio na Unicamp, para trabalhar na Diretoria Geral de Administração, na área de liquidação de despesas. Basicamente eu recebia "processos" contendo as informações necessárias para analisar e lançar para pagamento. Vinha coisa de todos os institutos e áreas da universidade para analisar, algumas eu achava um absurdo, mas eu não estava lá para julgar o que é feito com o dinheiro público, não é mesmo? Enfim, fiquei lá por um ano e meio, aprendi muita coisa, estava sempre rodeada de pessoas maravilhosas, nunca tive atrito com ninguém. Mas eu era um pouco ansiosa, impaciente e muito crítica com o mecanismo público de se trabalhar, e assim lá estava eu sempre questionando o porquê das coisas. Meu apelido era pimentinha. Sempre que eu analisava um processo antes de enviá-lo para pagamento, eu avaliava, minuciosamente, se as políticas da universidade estavam sendo cumpridas e reprovava tudo que estivesse em desacordo. Um dia, na hora do café, uma profissional que havia recentemente sido admitida na Contabilidade começou a falar sobre o meu jeito de trabalhar e questionou se eu conhecia termos como Compliance e Auditoria, que ela tinha certeza que eu me daria muito bem nessas áreas.

Grandes escolas

E lá fui eu buscar entender o que era Compliance e Auditoria e me apaixonei. Fiquei por sete anos na Deloitte em Campinas, na auditoria externa, e a maior parte das empresas em que participei do processo de auditoria era com reporte aos Estados Unidos, então os controles eram mais rigorosos e a auditoria mais extensa. Foi uma experiência incrível em minha vida, aprendi demais e amadureci muito.

Aliás se tem uma coisa que eu recomendo para todo jovem em início de carreira é que participe do processo de *trainee* dessas grandes empresas de auditoria e consultoria que temos mundialmente. Antigamente chamávamos de Big4, mas hoje em dia, além destas, temos outras excelentes consultorias para se começar a carreira.

Depois da Deloitte assumi o desafio de ir para uma grande empresa de capital privado fechado, empresa familiar, para trabalhar com gestão de riscos. No início o trabalho era mais voltado para auditoria interna e Compliance. Fui responsável pelo canal de denúncias por um longo período. Na época tínhamos o canal eletrônico, através de ligação telefônica, e o canal local, para o qual os colaboradores poderiam enviar cartas ou escrever suas denúncias em formulários pré-formatados e distribuídos em todas as unidades da empresa. Toda a classificação das denúncias, triagem, distribuição interna, investigação e conclusão era conduzida por mim ou meu diretor.

Como tínhamos as três linhas de defesa juntas, na mesma área e diretoria, ficou decidido que como melhor prática de governança teríamos diretorias distintas e segregadas, e então eu fiquei responsável por estruturar a área de gestão de riscos. Contribuí no processo de contratação do diretor e dos demais colaboradores que comporiam a área de riscos, e futuramente a área de Compliance[1].

Aprendi muito nessa experiência profissional, mapeei junto com meu time todas as áreas dentro dessa empresa gigante e conseguimos confeccionar a primeira matriz de riscos e controles, composta de todos os tipos de riscos: operacionais, técnicos, Compliance, regulatórios, etc.

Nem tudo são flores

Liderar e fazer o Compliance acontecer na prática são para mim dois grandes desafios que merecem uma atenção mais detalhada.

Liderar em um ambiente onde predominantemente os líderes são do sexo masculino é bem desafiador. É claro que existem muitos homens que se importam com a competência de um profissional e não com seu sexo ou opção sexual, mas no geral,

---

[1] O modelo das três linhas de defesa é estabelecido pelo IIA (The Institute of Internal Auditors) e tem como objetivo ajudar as organizações a identificar estruturas e processos que melhor auxiliam no atingimento dos objetivos e facilitam uma forte governança e gerenciamento de riscos. Explica claramente os papéis de todas as áreas dentro de uma organização e é uma melhor prática de governança.

infelizmente, isso ainda é a exceção. A regra é ter homens que não aceitam muito bem quando uma mulher se posiciona e muito menos quando ela se impõe em uma discussão ou demonstra alguma fragilidade operacional da área de seu colega que mereça atenção e correção para o bem maior da empresa. E quando a fragilidade está relacionada a algum tema de Compliance as coisas ficam mais intensas.

E o que fazer nessas horas? Respirar fundo e dar o seu melhor, falar o que tiver que falar sem perder a classe, afinal de contas a mulher que fala mais alto está surtada, não é mesmo? Pelo menos é o que dizem os piadistas internos. Nem sempre é fácil, muitas vezes é exaustivo, mas vale a pena. E, claro, mantenha a terapia em dia para não surtar de verdade!

Fazer o Compliance acontecer na prática é algo extremamente desafiador. Parece até simples: uma empresa deseja ter uma área de Compliance, contrata um, dois, cinco profissionais e divulga para todo mundo que agora o Compliance acontece ali. Mas será mesmo? É claro que não. Entender o que significa ser e estar em Compliance é algo que vai muito além de ter uma área estruturada para tanto. A base de tudo é ser verdadeiro e genuíno, é entender que para ser Compliance você precisa que seu pensamento, seu discurso e suas ações precisam andar juntos, de mãos dadas e de maneira coerente. Só assim será possível fortalecer a cultura e a reputação de uma organização. Qualquer coisa fora isso é marketing.

Aqui já ouvi coisas do tipo *"vocês são muito chatos, pegam no pé de tudo"*, *"lá vêm os mensageiros do Apocalipse"*, *"esse mimimi de assédio não rola, hein?!"*. Com o tempo nos acostumamos, mas no começo isso é chato. E não tem nada mais satisfatório do que você conseguir demonstrar que o Compliance vale a pena e traz sim valor para dentro de uma organização.

Plasticidade ou resiliência

Ouvimos muito as pessoas falarem que são resilientes, mas eu prefiro o termo plasticidade. E qual a diferença entre eles?

A resiliência, como muitos dicionários e a própria física explicam, nada mais é do que a propriedade que alguns corpos apresentam de retornar à forma original após serem submetidas a uma deformação elástica. É uma condição que se assume momentaneamente para depois retornar à sua forma original. É muito comum ouvirmos as pessoas, quando questionadas a respeito de seus pontos fortes, dizerem que são resilientes. Mas será que isso basta? Vou além, será que estão usando o termo correto? Eu mesma sempre disse que era resiliente, mas sempre soube que não era bem isso, pois diante de uma situação difícil, provocativa, uma crise, eu nunca retornei à forma original, sempre tirei aprendizados com a situação e me tornei mais perspicaz. O que nos leva a entender o termo plasticidade.

A plasticidade é a propriedade de um corpo, uma vez que tenha sido exposto a uma situação desafiadora, se moldar, mudar e assumir um novo formato, o que vai proporcionar ao corpo uma capacidade de se sobressair e enfrentar novas situações a que será exposto. O termo tem sido usado mais fortemente depois da pandemia, uma vez que temos enfrentado um "novo normal", o mundo está em constante mudança e nunca mais voltaremos ao que era antes.

E o que isso tem a ver com Compliance ou liderança? Tudo. Quantas vezes, como profissional de Compliance, temos que lidar com situações desafiadoras e crises em nosso dia a dia? Desenvolver esses *skills* é extremamente importante nessa profissão, e todos que desejarem conseguem. Busquem conhecimento e mecanismos de desenvolver tais habilidades.

Lembro-me de um caso em específico, que por certo tempo, participando como membro contratada de um comitê de Compliance em uma grande organização, sempre que levávamos um caso de Compliance para deliberação dos membros do comitê, erámos questionados a respeito de "quem" havia saído da linha e descumprido eventual comportamento desejado e escrito no Código de Conduta da empresa em questão. Em algumas vezes, depois de mencionado o nome do infrator, ouvíamos que seria tomada uma medida mais branda, uma vez que o infrator era essencial para a organização. Confesso que, por mais que argumentássemos, ninguém estava disposto a ouvir e saíamos da reunião frustrados. Ao invés de reclamar ou ficar murmurando pelos cantos, estimulei a área de Compliance a tirar aprendizado da situação e pensar em como fazer diferente. E assim tivemos várias ideias e mudamos nossa forma de abordagem. Primeiro, passamos a levar os casos de Compliance ao comitê sem mencionar nomes, apenas relatando a denúncia, a investigação, as evidências e a conclusão, e o comitê julgava a ação propondo as possíveis medidas a serem adotadas sem saber os nomes, e assim, quando revelávamos o nome do infrator, em alguns casos os membros do comitê ficavam surpresos, mas quase nunca mudavam a decisão. Segundo, validamos com os membros do comitê uma lista de quais seriam os comportamentos inaceitáveis dentro da organização e qual ação seria tomada para tal situação quando viesse a ocorrer. Isso foi amplamente divulgado dentro da organização, e sempre que era levado um caso que se encaixasse nessa condição já tínhamos a decisão pronta, e os questionamentos cessaram, mesmo quando sabiam o nome de quem havia realizado tal ação.

Liderança

Acredito fielmente que a confiança transmitida e a empatia

fazem toda a diferença na liderança e na forma de você influenciar o ambiente a que está submetido, além, é claro, de liderar pelo exemplo. Aquela máxima de faça o que eu falo mas não o que eu faço não é sustentável. Coerência entre pensamento, discurso e ação são fundamentais para uma liderança mais eficiente, garantindo uma performance superior, permitindo como consequência um melhor gerenciamento de riscos. Essas ações são o que realmente trará mudanças verdadeiras ao ambiente a que estamos submetidos.

Agora falando da realidade, eu nem sempre fui uma pessoa que senti orgulho da forma como tratava as pessoas. No começo de minha carreira posso dizer que eu era uma pessoa arrogante e muito pouco empática. E o que isso me trazia? Problemas de relacionamento. E isso para um profissional que trabalha com Compliance e gerenciamento de riscos não é algo positivo, na verdade, para nenhuma função. Mas quando você trabalha sendo a segunda linha de defesa[1] ser parceiro das áreas é algo imperativo para que seu trabalho funcione e dê certo. Como eu fiz para mudar isso? Primeiro eu entendi que a forma como me comportava me trazia muito mais dificuldades do que sucesso. Decidi mudar. Fiz cursos, testes comportamentais, Coaching e Mentoria e com o tempo, experiências e maturidade, tenho orgulho de dizer que consegui mudar a rota e fui muito mais bem-sucedida em meu trabalho dessa forma.

Como líder, sempre busquei ter muito claro o que cada membro do meu time tinha de pontos fortes e a desenvolver, e continuamente busquei colocá-los em situações desafiadoras e fora de sua zona de conforto. Lembro-me de uma estagiária, tímida mas muito competente, ficava sempre nos bastidores e decidi propor a ela que aparecesse diante de uma plateia para apresentar um trabalho do qual ela mesma havia sido parte fundamental no desenvolvimento. No começo ela hesitou, mas consegui convencê-la e demonstrar que ela estaria suportada por mim e outro membro da equipe caso eventualmente viesse a se atrapalhar ou ficar nervosa quando estivesse fazendo a apresentação. E foi um sucesso. Dali em diante, ela sempre se propôs a se desafiar e se desenvolver.

Não podemos nos esquecer do desenvolvimento técnico da equipe. Sempre busquei ter orçamento disponível para prover ao time treinamentos em instituições renomadas para aperfeiçoamento técnico e *networking*.

Dentro da organização, para com meus pares buscava entender o problema e contexto e pensar em como poderia contribuir para a melhor performance da organização, nunca me apegando a determinada área ou pessoa. Imparcialidade e coletar a maior quantidade de dados e informações fazem toda a diferença para tonada de decisões mais assertivas.

Considerações finais

Princípios e valores são algo inegociável para mim. Estar íntegro em cada situação, agir com transparência com toda a certeza irá gerar confiança, *accountability* e um melhor *compliance*.

Ser coerente entre pensamento, discurso e ação não é fácil, mas é, sim, possível. Apenas profissionais e organizações que adotem essa abordagem serão bem-sucedidas, sustentáveis e longevas.

Policie suas ações, pratique o autoconhecimento e conhecimento do ambiente em que está inserido. Se a carga estiver pesada, o ambiente não está propício, se o marketing é maior do que a realidade das ações, mude, transforme, parta para outra, mas nunca se deixe corromper nem que passem por cima de seus princípios e valores internos. Conviver com esse dilema só lhe trará desilusões.

"*Suas ações falam tão alto que não consigo ouvir o que diz*[2]." Às vezes, momentaneamente, podemos ter a impressão equivocada sobre um profissional ou uma empresa, dado que são muito bons no que dizem, mas se houver o menor descasamento com o que pratica, com toda a certeza, cedo ou tarde isso virá à tona e suas ações falarão muito mais alto.

---

[2] Frase atribuída a Ralph Waldo Emerson, escritor, filósofo e poeta norte-americano. Emerson fez seus estudos em Harvard para se tornar, como seu pai, ministro religioso. Foi pastor em Boston, mas interrompeu essa atividade por divergências doutrinárias sobre a eucaristia.

Nada é por acaso

Renata Rocha

Eterna aprendiz da área de Trade Compliance, formada em Comércio Exterior pelo Centro Universitário Newton Paiva, pós-graduada em Negócios Internacionais pela PUC-MG (IEC), Logística Internacional pela Fundação Getulio Vargas (FGV) e Compliance Aduaneiro pela UK Customs Academy. É Despachante Aduaneira Licenciada no Brasil e Especialista Aduaneira Licenciada (CCS) nos USA pela NCBFAA. Possui 20 anos de experiência na área de Negócios Internacionais, com carreira em empresas multinacionais de diversos segmentos. Foi gerente global de Trade Compliance na Progress Rail USA – CATERPILLAR, onde atuou na implementação do programa de Trade Compliance na Europa, UK, América Latina e Austrália. Atualmente, atua globalmente como gerente corporativa de Trade Compliance na ITW – Illinois Tool Works, USA.

A área de Compliance chegou em minha vida por acaso, se é que existe acaso. As oportunidades foram aparecendo ao longo da minha carreira profissional como uma onda e eu fui surfando. Mas posso dizer que a área de Compliance, mais especificamente Trade Compliance, me escolheu. Essa escolha veio em 2009 com um convite para trabalhar em São Paulo.

O começo da trajetória

Na época de prestar vestibular, eu não tinha em mente um curso definido a seguir. Eu me interessava por vários cursos de áreas diferentes como Medicina, Direito, Administração, Fisioterapia e Nutrição, embora soubesse que queria seguir uma profissão na qual pudesse ser bem-sucedida para poder viajar o mundo.

Enfim, fui aprovada no vestibular para os cursos de Fisioterapia, Administração e Nutrição. O curso de Nutrição era em Ouro Preto e meu pai não me deixou mudar para lá. O de Fisioterapia era muito caro e eu não tinha certeza se o queria para fazer o esforço do investimento. Assim, escolhi o curso de Administração com ênfase em Comércio Exterior. Comércio Exterior foi o que me encantou nesse momento de escolha, pois trazia uma ideia de viajar pelo mundo. Além disso, era um curso que eu poderia frequentar à noite e trabalhar durante o dia, apesar de o meu pai não concordar.

Coaches que inspiraram

Logo no segundo período do curso de Comércio Exterior, fui aprovada para um programa de *trainee* de exportação em uma grande montadora. Comecei, então, a trabalhar durante o dia e a estudar à noite, com o apoio da minha mãe. Uma mulher que, desde o início da minha trajetória profissional, me aconselhou a voar. Nessa montadora iniciei a carreira profissional aprendendo muitas coisas que serviram e me servem como base até hoje. Também foi lá que tive a minha primeira mentora profissional. Ainda não se utilizava a palavra *coach* no mundo corporativo, mas sim, ela foi minha primeira *coach*.

— Como? Quando? Onde? Por quê? – Renata, essas são as quatro perguntas que você sempre tem que fazer. Não importa a atividade que esteja fazendo e para quem esteja fazendo, sempre faça essas quatro perguntas, pois elas te direcionarão no desenvolvimento do seu trabalho – dizia Rose.

Tivemos uma conexão forte, éramos parceiras, mesmo eu sendo uma estagiária. Ela apostou no meu potencial e me guiou. Além disso, ela foi para mim um exemplo de profissional íntegra e vencedora. Uma mulher na posição de liderança, nessa época, em um ambiente corporativo quase que exclusivo dos homens, era uma inspiração para minha carreira.

Nessa montadora segui por oito anos, tendo a oportunidade de conhecer a segunda pessoa que se tornaria meu *coach* por vários anos. Com seus ensinamentos aprendi sobre a gestão de pessoas aplicando-os mais tarde em minha trajetória profissional. Quando falo gestão de pessoas, não falo somente da relação direta gerente/colaborador. Falo da gestão dos nossos colegas de trabalho, diretos e indiretos, das áreas afins, para o desenvolvimento de nossa tarefa, e da gestão de nossos superiores.

Por um período de dois anos, pude trabalhar com essas duas pessoas como minhas mentoras: a Rose e o Cláudio. A nossa conexão era perfeita. A conexão profissional é muito importante para a carreira. Claro que, durante a trajetória, temos que trabalhar com pessoas com as quais não temos conexão e isso também faz parte do aprendizado profissional. Mas, quando as encontramos, o engajamento é natural.

Abrindo as asas para o mundo

Foi nessa montadora que tive a oportunidade da minha primeira experiência com o trabalho internacional. Fui expatriada para participar de um projeto de importação e exportação na Venezuela e Argentina. A princípio era um projeto de três meses, que se estendeu por dois anos. Naquele momento, aconteceu a primeira virada na trajetória da minha carreira profissional: o desafio de morar em outro país, falar outra língua, trabalhar com pessoas de cultura diferente, passar a ter contato com a alta gestão e, por um período, ser a única mulher do projeto. Mas, junto com o crescimento profissional, essa oportunidade me proporcionou um enorme crescimento pessoal. Costumo dizer que existe a Renata de antes e de depois da Venezuela.

Depois de dois anos na Venezuela, chegando a hora de voltar ao Brasil, recebi do Cláudio a proposta para trabalhar em São Paulo, em uma empresa americana. Nossa! Esse convite era um sonho e era para trabalhar com uma pessoa que eu admirava muito, porém era em São Paulo. Aquela cidade enorme que me dava medo, que parecia me engolir. Mas era a cidade das oportunidades, aonde tudo acontecia e ainda acontece no Brasil. Comecei, então, a enxergar que as portas para o mundo estavam se abrindo. A minha ficha ainda não tinha caído na oportunidade da Venezuela, mas naquela hora ela caiu.

Com apoio de meus pais, fui para São Paulo. Lembro-me que liguei para meu pai, um sábio comerciante, falei da proposta e ele me perguntou qual era a dúvida, pois afinal de contas eu passaria a ficar a 600 quilômetros longe de casa ao invés de seis mil quilômetros. Naquele momento, eu queria era que ele me aconselhasse a não ir, mas ele fez o contrário, só me incentivou. Hoje eu o agradeço por isso.

O Trade Compliance

Nessa empresa americana de consultoria, tive o meu contato inicial com o Trade Compliance. Comecei a ter um olhar diferente para as atividades de Importação e Exportação. Não era só o Regulamento Aduaneiro com suas regras de alfândega, mas também as atividades complementares para ter um processo Compliance robusto. Além disso, era uma empresa com 80% dos cargos de gestão comandados por mulheres, o que me inspirava muito.

Como falei inicialmente, o contato com o Trade Compliance aconteceu em 2009. Nessa época, o conceito de Trade Compliance ainda não era muito forte no Brasil. Era um tema novo. Falava-se muito em Compliance antissuborno, mas não em Trade Compliance, procedimentos regulatórios e legais globais relacionados à importação/exportação, tarifas e exigências alfandegárias e finanças. Como eu já trabalhava em uma empresa americana de consultoria, que já tinha esse conceito bem mais desenvolvido, e já estava inserida nessa cultura do Trade Compliance, fui surfando a onda do momento profissional.

A grande descoberta

O terceiro *coach* da minha carreira profissional aparece nessa empresa em São Paulo. Uma americana ligada em 440 Volts e com uma visão de processo global que, até então, eu não tinha me deparado. Shannon e eu trabalhamos juntas em alguns projetos até o dia em que ela saiu dessa empresa. Porém, nossa conexão era forte e ela me convidou para trabalhar com ela. Era para implantar o programa de Trade Compliance do Brasil em uma grande multinacional americana. Depois do programa implantado no Brasil, veio o desafio de implantá-lo na Austrália.

A grandeza da área de Trade Compliance só foi vislumbrada por mim, realmente, quando aceitei esse desafio de implantar o programa na Austrália. A oportunidade provocou uma abertura do meu campo de visão de uma forma tão avassaladora que eu me apaixonei, ainda mais, pela área. A partir daí, meus horizontes se expandiram muito, mas muito mesmo. Pude ver o quanto interessante e instigante era a área que tinha me escolhido: Trade Compliance.

Mas a grande descoberta dessa área veio com esse convite da Shannon para uma oportunidade nos Estados Unidos, na área de Trade Compliance. Com esse convite, também veio a minha satisfação profissional com a certeza de que tinha sido reconhecida, valorizada. Apoiada pela minha família, eu me mudei para os EUA.

Desafios

A oportunidade de gerenciar uma equipe global me trouxe um grande desafio, talvez um dos maiores até agora na minha carreira: ser responsável por um programa de Trade Compliance em diversos países. Com ele vieram vários outros: o contato com vários países, diferentes legislações, diferentes culturas, alfândegas com olhares diferentes para seus importadores e exportadores, umas mais arrecadatórias, outras mais educativas. A forma de lidar com os problemas de importação e exportação, porque a pressão do impacto nos negócios é diferente em cada cultura.

Mas, podemos, então, pensar: não estudamos isso na

graduação ou na pós-graduação, nem o que isso tem a ver com Trade Compliance. Esse é o grande desafio da área. Toda essa adversidade faz parte e tem tudo a ver com Trade Compliance.

Posso escrever um livro sobre programa de Trade Compliance, legislação dos países, regras de importação e exportação, mapeamento de risco, mitigação de riscos. Trade Compliance não é só legislação ou políticas da empresa, é também diferença cultural. De uma maneira geral, a legislação de importação e exportação é a mesma globalmente, com uma ou outra particularidade em cada país, mas a cultura dos governos, das pessoas, do time com o qual estamos trabalhando, do olhar do negócio é o que nos leva para a essência do Trade Compliance. É o que vai nos fazer correr atrás de soluções, de opções diferentes, de nos fazer querer investigar mais e mais. É o que vai nos instigar diariamente.

Atualmente, com a consolidação da globalização, as empresas multinacionais precisam do Trade Compliance. Cada vez mais é preciso saber com quem estamos fazendo negócio, de quem estamos comprando, para quem estamos vendendo e como esses terceiros estão praticando *due-diligence* da cadeia de suprimentos. Enfim, todos os níveis da empresa estão envolvidos com o Trade Compliance. Não existe rotina na área de Trade Compliance. Só desafios!

Ah, a Austrália...

Quando me delegaram a implantação do programa de Trade Compliance na Austrália, a minha carreira profissional ganhou um *up* diferenciado. A implantação começaria do zero a partir da disseminação da cultura do Trade Compliance, desde o que era e para que servia o programa.

Além do desafio da língua, pois os australianos têm um acento na língua inglesa bem diferente dos americanos, havia, também, a cultura *Aussie* (assim se denominam os australianos).

A empresa tinha feito uma grande aquisição na Austrália, o que aumentaria o volume de importação e exportação. O primeiro *business case* apresentado para os *stakeholders* era de que precisaríamos de uma pessoa dedicada ao Trade Compliance na Austrália. Para isso, utilizamos o acordo de livre comércio internacional Estados Unidos-Austrália (AUSFTA Free Trade Agreement), para mostrar o quanto de imposto de importação deixaria de ser pago se tivéssemos uma pessoa dedicada *in loco*. Assim, o *business case* foi aprovado, pois os números apresentados eram gigantes.

Mas existia o conceito de que a área do Trade Compliance só deve ser acionada quando já se tem um problema para resolver, pois há o entendimento de que o profissional dessa área é o que sempre fala 'não' para as ideias de negócios. Porém, é esse profissional que busca alternativa dentro da regulamentação, para melhor atender à estratégia do negócio. É ele que identifica o nível de risco, e cabe a ele mostrar as alternativas dentro da legislação para que o *business* tenha uma melhor tomada de decisão. O profissional de Trade Compliance não pode somente falar 'não' sem oferecer alternativas. Às vezes, as alternativas ofertadas não são as que o *business* quer ouvir. Porém, cabe ao *business* definir a melhor a ser utilizada.

Ao iniciar o projeto, fui tentando mudar esse conceito dentro da empresa, mostrando que trabalhar com o Trade Compliance no início de cada projeto de negócio poderia ajudar, e muito, na tomada de decisões dos negócios. Até hoje, trabalho na conscientização das equipes com esse conceito. Acredito que isso é uma quebra de paradigma que ainda vai durar algum tempo.

Enfim, o projeto na Austrália foi implantado com sucesso, uma pessoa dedicada à área foi selecionada e o objetivo de evitar gastos com impostos na importação foi alcançado no segundo ano após a implantação do programa de Trade Compliance.

Lições aprendidas

Com esse projeto adquiri aprendizados relevantes: primeiro que eu era capaz, mesmo em outro país, em outra cultura, com inglês diferente; segundo pude comprovar, cada vez mais, que o conselho do Cláudio, de construir relações interpessoais na área de Trade Compliance, era uma peça chave para um profissional alcançar sucesso dentro da área.

O conhecimento das legislações, claro, é importante, porém mais importante é ter relações interpessoais para obter as respostas de que precisa, quando não se sabe a resposta. Porque nunca saberemos tudo!

Conclusão

Como? Quando? Onde? Por quê? Carreguem isso por toda a carreira. Estudem línguas: inglês e espanhol. Mas, lembrem-se, essas línguas não são nossas línguas mães, então, não tentem ser perfeccionistas para falar igual a um nativo. Foquem na comunicação. Aprendam a se comunicar em outras línguas da maneira mais clara possível. Façam relações interpessoais durante toda a carreira. Até hoje, tenho contato e troco conhecimentos com colegas de onde comecei a minha carreira como estagiária. Automotivem-se, não fiquem esperando isso somente da empresa. Encontrem uma inspiração, seja ela uma pessoa em que queiram se espelhar ou um novo projeto. Saibam entender as oportunidades que vão surgindo, às vezes parecem pequenas naquele momento, mas serão janelas por onde as portas se abrirão. Surfem! Verão, então, outros caminhos que ainda não haviam vislumbrado.

No meu caso, ter três grandes *coaches* durante a carreira, cada um com seus direcionamentos e conselhos em momentos diferentes da trajetória profissional, foi muito importante. Duas dessas três pessoas caminham comigo ate hoje, mesmo estando em caminhos profissionais diferentes. Foram gestores e agora grandes amigos que a vida me deu.

Hoje, consigo enxergar que a minha passagem pela Venezuela e São Paulo foi realmente muito importante. Foi o que me ajudou a estar morando em Chicago atualmente. Precisava ter passado pelo intensivo de vida em São Paulo. Carreira e vida pessoal caminham juntas. Por isso, ter um olhar para a vida pessoal é necessário, ver as oportunidades profissionais e de vida ajuda o lado pessoal. E isso não é só para o profissional de Trade Compliance, é para todo aquele que quer ter uma carreira fora do país. Morar fora do nosso país não é fácil, por melhor que seja ele. Essa decisão requer escolhas, muitas renúncias, sair da zona de conforto, aprender e aceitar uma nova cultura engajando-se nela. Essas escolhas e desafios seguem junto à nossa carreira fora do país. É um grande aprendizado.

Recentemente, aceitei um novo desafio numa outra empresa americana. Depois de mais de 20 anos de carreira na área de operação, estou tendo a oportunidade de trabalhar com um olhar estratégico na área corporativa. E adivinhem o que a minha nova gestora abordou na primeira reunião: as quatro perguntas! Isso mesmo. Como? Quando? Onde? Por quê?

Sou apaixonada pelo que faço e por essa área. Além de não ter rotina, foi o Trade Compliance que me deu a oportunidade de realizar o meu grande propósito de vida: viajar pelo mundo e conhecer novas culturas e pessoas!

Onde o nosso caráter é desenvolvido

Suellen de Melo Oliveira Tosto

Entusiasta da vida, é mãe de duas crianças lindas, esposa de um marido incrível e superparceiro, gerente de qualidade e assuntos regulatórios, auditora de Compliance, bióloga, *green belt*, técnica em patologia clínica com pós-graduação em sistemas de gestão integrados pela instituição de ensino Senac, especialista em assuntos regulatórios e registros de produtos na Anvisa pelo Instituto RACINE. Atua principalmente em empresas do segmento de produtos para saúde, farmacêutico, cosméticos e higiene pessoal.

Durante a minha infância, desenvolvi valores fortes, que juntos formariam o meu caráter, errei muito em diversas circunstâncias da vida, mas sempre tive ao meu lado aqueles que me ensinavam, direcionavam e me mostravam o caminho certo. Meus pais, que sempre me incentivaram a crescer, ainda que esse incentivo viesse em forma de bronca muitas vezes, e meus irmãos, que eram como espelho para mim, mas que para além disso pessoas que eu admirava e admiro extremamente, estes foram os responsáveis por eu querer ser alguém melhor na minha vida, sonhadora eu sempre fui, algo que já veio direto de fábrica (rs), mas eram eles que me ajudavam a alinhar o sonho à ação e como fazer para que ele de fato acontecesse.

    Lembro-me até hoje de como minha irmã me ajudava a passar por momentos difíceis ainda que ela também fosse só uma criança, mas sempre tinha algo muito sábio para falar na hora certa, e quando faltavam as palavras ela me dava a mão e orava comigo; lembro-me também de que meu irmão me incentivava a colocar os sonhos e metas no papel, me ajudando a enxergar o que precisava ser feito para alcançá-los; minha mãe uma psicopedagoga não só na profissão mas na vida, me ajudava a enxergar as dificuldades com outros olhos e fazer delas um aprendizado, nas horas das conquistas. Eram sempre eles que estavam lá com brilho nos olhos, para entregar uma flor, bater palmas, soltar um grito da plateia, em cada conquista, cada formatura, cada nova escolha e assim segui, ano após ano, degrau por degrau.

Tive muita influência de grandes professores que também enxergavam em mim algo que eu mesma não via; destaco dois neste momento, Prof. Dr. Celso Antônio de Oliveira, que a cada nova aula explodia minha mente com tanto conhecimento que passava, mas que além da matéria ensinava sobre vida e como vivê-la mais levemente. Meu outro destaque fica a cargo da Profª Denise, dona de um olhar profundo, que enxergou potencial em mim para estruturar e realizar novos projetos dentro da escola, que falou de mim para os diretores e que me incentivou a realizar grandes coisas que extrapolaram as paredes da escola e alcançaram pessoas de todas as faixas etárias. Como é importante termos ao nosso lado pessoas que nos incentivam e enxergam o nosso melhor! Você já disse para alguém o quanto o(a) admira por alguma competência ou habilidade que ele(a) tenha? Você pode ser responsável por inspirar a vida de alguém e mostrar que essa pessoa é capaz.

O Autoconhecimento pode levar você a lugares incríveis

Sou admiradora da natureza e de quão perfeita ela é, assuntos relacionados a meio ambiente sempre me chamavam atenção, ajudar o próximo também era algo (continua sendo) que pulsava dentro de mim, mas quando criança meu maior desejo era me tornar veterinária por conta da minha paixão por animais, junto da enorme vontade de ter um contato diário com eles e conhecer um pouco mais sobre cada um. Ao longo dos anos, e principalmente quando tive idade para levar o meu próprio pet ao veterinário, fui percebendo que não era bem aquilo que eu queria como ofício de vida e foi então que eu vivi o meu primeiro grande momento de dúvida sobre qual carreira escolher.

Também sempre tive dentro de mim um senso de justiça muito forte, sempre fui defensora daqueles que não podiam ou não conseguiam se defender e sempre estava no meio das brigas e confusões, porque não conseguia ver alguém sendo acusado por algo que não havia feito ou injustiçado de qualquer outra forma. Ao longo dos anos fui entendendo que muitas vezes seguir regras poderia ser muito mais saudável e sustentável dentro do ambiente em que estamos inseridos, ao mesmo tempo fui aprendendo a questionar essas regras quando percebia que ao final não traziam os benefícios esperados. Neste momento eu poderia seguir muitos caminhos, me via como a pessoa que iria lutar contra o aquecimento global, cuidando de pessoas e animais, mantendo a ordem e produzindo muito, pois sempre tive facilidade em realizar diversas tarefas ao mesmo tempo, colocar em prática coisas que estavam no papel e ainda encontrar tempo para as demais coisas de que gostava, como aulas de teatro e circo, por exemplo. Mas, disso tudo, o que realmente deveria ser potencializado a ponto de se tornar minha profissão? E o que eu levaria como um *hobby* para os momentos de descompressão?

A Busca pela desejada carreira

Aos 15 anos, enquanto ainda cursava o ensino médio técnico, comecei a trabalhar em uma escola de educação infantil onde a minha mãe era diretora, costumo dizer que, se estivermos dispostos e disponíveis, podemos aprender e conquistar muitas coisas, independentemente do lugar ou função que ocupamos. Foi isso que eu vivi desde o meu primeiro emprego, nesta escola pude aprender muito no dia a dia, minhas duas maiores lições foram ter EMPATIA e colocar AMOR em tudo que fizermos, porém ali não era o lugar que eu queria ocupar por muito tempo, mas para onde eu deveria direcionar os meus estudos? Qual faculdade escolher? Que destino tomar? Neste momento a voz do meu pai ecoava na minha mente e a vontade de dar orgulho a ele me fez escolher o curso de Engenharia Ambiental. E lá fui eu, péssima com números, tentar a sorte num curso que não era para mim; neste mesmo período, trabalhei em uma empresa de telemarketing onde aprendi a lidar com pessoas dos seus mais diversos tipos, lá pude aprender muito sobre as EXPECTATIVAS do outro e ainda que sob muita pressão apresentar uma SOLUÇÃO ao problema, buscando ao final a SATISFAÇÃO não somente da pessoa ao outro lado do telefone, mas a minha em contribuir de alguma forma. Após dois anos, muitas DPs e tentativas frustradas, experimentei o meu primeiro grande ato de CORAGEM, dizer ao meu pai que não seguiria no tão sonhado curso de Engenharia - sonhado por quem? Por mim ou por ele? Mas lembra que eu falei antes que podemos conquistar muitas coisas se estivermos dispostos e disponíveis? Pois é, foi lá no curso de Engenharia que eu conheci a pessoa que após quatro anos se tornaria meu marido, parceiro de vida e meu maior incentivador; sim eu tinha um propósito em passar por lá. Após a difícil decisão de trancar um curso e deixar o trabalho de telemarketing para trás, escolhi não parar e logo me matriculei no curso de Biologia, algo que eu enxergava que era para mim e em que eu seria muito mais feliz. Essa sim foi uma escolha minha e por mim.

Enquanto cursava o segundo ano soube que a prefeitura da cidade de Osasco (cidade onde nasci e cresci) aceitava que estudantes de Biologia fizessem estágio não remunerado dentro da Secretaria de Meio Ambiente, e como uma menina que tinha muita vontade de aprender eu não pensei duas vezes, no dia seguinte estava lá, disposta e disponível para aprender o máximo que eu pudesse. Logo essa minha aventura passou a ser remunerada, e me tornei então educadora ambiental dentro de um projeto inovador, cheio de potencial e que ainda trazia grandes benefícios ao meio ambiente (Projeto Biodiesel). Eu pude crescer muito como pessoa e profissional neste projeto, enfrentei meus maiores medos e vi quantas coisas eu era capaz de fazer, aprendi a TREINAR e DESENVOLVER pessoas, aprendi a me

COMUNICAR com todo tipo de público, desde bancos até ONGs, realizar o PLANEJAMENTO de grandes projetos e acompanhar a execução, pronta para lidar com os desvios de percurso a cada momento desenvolvendo um PENSAMENTO CRÍTICO e ÁGIL para tomada de ação.

No ano de 2013, aos 22 anos, vivi um dos maiores momentos da minha vida, aquele que me mudaria por completo, que me faria enxergar a vida com outros olhos e que me TRANSFORMARIA como MULHER, pois ali eu ganharia mais um título e este sim seria permanente, independentemente das minhas escolhas ou trajetória, este que é o título de MÃE, que me acompanharia aonde quer que eu fosse. Escolhi dar uma pausa e focar nos primeiros cuidados com o meu bebê, mas após um ano e meio lá estava eu, desesperada por voltar ao trabalho e gerar valor para a sociedade e não apenas dentro da minha casa. Foi então que surgiu novamente a oportunidade de voltar para uma escola, porém agora como professora de Biologia, mas logo um novo caminho surgiu, iniciei dentro de um ambiente que faria com que eu me descobrisse e despertasse interesse dentro de uma nova área. No ano de 2015 tive meu primeiro contato com a área da Qualidade em um centro de pesquisa clínica onde pude aprender muito com meu então gestor e a quem hoje posso chamar de amigo. Foi ele quem me apresentou pela primeira vez o conceito e aplicação do *compliance*, lembro que neste dia, quando ele me pediu para ler sobre o assunto, li a palavra em português dizendo "com-pli--ãn-se" e demos muitas risadas naquele momento, mas de fato foi um marco para mim e para o que eu viveria na sequência. Surpresa! Novo neném a caminho, em 2017, para dobrar o meu desafio de ser MÃE, tive minha segunda e amada filha. Voltar da licença-maternidade com um bebê ainda tão pequeno exigia muita FORÇA e novamente muita CORAGEM, mas consegui, alcancei novos resultados e não via a hora de alcançar o próximo.

Ali a minha jornada estava apenas começando e após uma rápida passagem por uma multinacional, aos 27 anos fui então chamada para atuar como gerente de qualidade em uma empresa nacional sob a liderança de uma mulher inspiradora. Dentro desta empresa eu tive espaço para CRESCER e me DESENVOLVER, logo no início da minha jornada pude inserir o conceito de *COMPLIANCE* para os colaboradores e seguir desenvolvendo cada um, mantendo o alinhamento entre as normas e procedimentos, fazendo com que as nossas ações do dia a dia refletissem o que havia sido proposto como conduta interna, sem passar por cima de nenhum valor, mantendo sempre a transparência entre todos.

Lidando com as dificuldades

Gerente, mas tão nova? Fora dos padrões para muitos, e confesso para mim também, este foi o meu segundo grande ato de CORAGEM, aceitei o desafio, sabia que eu tinha DETERMINAÇÃO suficiente para alcançar um bom resultado, mas eu não poderia parar, devia continuar a busca pelo conhecimento, para que eu pudesse sempre dar o meu melhor dentro e fora do trabalho; sim, eu acredito que sempre podemos e devemos melhorar em algo, sendo assim decidi iniciar minha primeira pós-graduação em Sistemas de Gestão Integrados – SGI, algo que juntaria tudo aquilo que eu gostava e havia tido contato em uma formação, foram 18 meses de muito ESTUDO e DEDICAÇÃO e a cada nova matéria minha mente borbulhava por vontade de aplicar todo o conhecimento no meu dia a dia e assim o fiz. Enquanto ainda estava cursando o último mês, engatei o próximo, iniciei minha segunda pós-graduação em assuntos regulatórios, e segui por mais 18 meses até concluir o curso. Dificuldades sempre teremos, mas passar por elas, olhar para trás e vermos que conseguimos vencê-las é incrível, eu desafio você a experimentar essa sensação. Daqui a alguns anos você vai querer ter começado hoje, então apenas dê o primeiro passo e não desista.

Colhendo bons frutos

Após um período de consolidação de todo o conhecimento, tendo a chance de amadurecer todos os conceitos aprendidos e desenvolvidos, tive a grata oportunidade de auditar uma grande empresa de cosméticos nas normas e procedimentos dos quais eles faziam parte, podendo aplicar a visão do Compliance, avaliando a adesão de todos os colaboradores através da integração destas normas e como cada um utilizava dentro da sua área, buscando e respeitando o completo atendimento de todos os requisitos. Cada vez mais empresas buscam o atendimento e conformidade com as leis, regulamentos, padrões morais, ética, responsabilidade social, ambiental e acima de tudo o respeito à diversidade, desta forma o profissional de Compliance deve estar sempre um passo à frente, os cenários e riscos devem ser mapeados, os regulamentos devem fazer parte da rotina da empresa, a cultura deve ser fortalecida para que verdadeiramente faça sentido para todos. Se ainda assim alguma situação fora do esperado for detectada, devemos estar prontos para responder de forma a minimizar o impacto que pode ser gerado, preservando a exposição e reputação de todos. É de extrema importância termos cada vez mais profissionais atuando nesta área, somos o fortalecimento da nossa marca perante o mercado e perante os nossos colaboradores, mais forte do que dizer que faz é fazer.

Você pode e você consegue

Este não é o final da minha história, é apenas o meio dela, viver esta nova fase está sendo desafiador, e tenho uma gratidão imensa por todos os processos pelos quais passei e que ainda vou passar, isso tudo junto a uma vontade imensa de fazer acontecer e de viver novas experiências. Muitas vezes seremos julgadas por querermos mais, mas essa inquietação que existe dentro de mim e dentro de você é justamente o que vai tirá-la do lugar em que está e lhe proporcionar viver algo totalmente novo e eu tenho certeza de que será lindo, cada uma de nós nasceu com um propósito e você irá conquistá-lo sendo você mesma, mantendo a sua autenticidade e personalidade.

Você é única e o lugar aonde você vai chegar também é.

Compliance, o polidor das minhas lentes

Vanessa Morzelle Pinheiro

Advogada, formada em Direito pela Universidade Estadual de Maringá – UEM. Mestre em Direito e especialista em Direito Público pelo Centro Universitário de Maringá – CESUMAR. Atua na área de Concessões de Rodovias desde o ano de 2000, com ênfase na área regulatória e contencioso. Possui experiências e atuações em concessões de rodovias no que toca ao início do projeto e término da concessão, mediante a entrega dos bens reversíveis e liquidações dos passivos existentes entre Concessionária e Poder Concedente. Atuou como advogada, gestora, diretora jurídica e de Compliance perante Concessionária de Rodovias. Atuou como professora de Direitos Difusos, Coletivos e Constitucional. Nos últimos dez anos vem trabalhando, além da área empresarial e de infraestrutura, no segmento de Compliance/Direito da Conformidade. Concluiu em novembro de 2022 o curso de formação para Conselheiro de Administração independente pelo IBGC (Instituto Brasileiro de Governança Corporativa). Em 2023 o curso junto ao IBGC de governança corporativa em empresas familiares. Publicou artigos em obras coletivas e revistas como no livro "O Saber Jurídico Diante da Diversidade do Conhecimento" e Revistas de Contratos Público – RCP, ano 4-n.6/setembro 2014/fevereiro 2015. Autora do livro "A Proteção Jurídica dos Direitos Fundamentais e da Personalidade dos usuários de Vias Públicas".

1 - Minha origem

Nasci em Cidade Gaúcha, uma pequena e próspera cidade do interior do Paraná, onde a igreja e o fórum eram vizinhos e ficavam na parte mais alta do Município. Sou a terceira de quatro filhos de um casal descendente de italianos, nascidos na Serra Gaúcha, cujos recursos financeiros eram escassos e o pão de cada dia era proveniente das atividades advindas da agricultura e da sala de aula.

Dos quatro filhos do casal, sou a única menina. E aos cinco anos perdi meu pai. Tenho poucas lembranças dele, mas com clareza me recordo de quando me disse que se conhece uma pessoa pelo seu aperto de mão e a forma como nós direcionamos o olhar. Para ele, uma pessoa verdadeira e determinada aperta forte a mão e nos mira diretamente nos olhos. Com esse ensinamento aprendi a observar as pessoas.

Minha mãe foi e é a mulher que mais me inspirou nesta vida! Filha de professora, percebeu a importância de continuar os estudos e de ingressar no mercado de trabalho e no início da década de 70, casada e com dois filhos pequenos, lecionava o dia todo e à noite percorria cerca de 80 km para cursar a faculdade de Letras.

Foi com minha mãe que aprendi que podemos realizar tudo que nos propormos a fazer e que as distâncias da vida decorrentes das desigualdades são superadas com conhecimento, aprendizado, generosidade, responsabilidade, trabalho, sonhos e muito amor.

Minha mãe não restringia o seu ofício apenas à sala de aula, ela contribuía diretamente na família de seus alunos. Quantas vezes lembro-me de tê-la acompanhado nos pequenos intervalos para o almoço ou no final do dia em visitas às casas de seus alunos para entender a razão das ausências de seus discentes na sala de aula. E lá, ao se deparar com desempregos, conflitos familiares, tentava ajudá-los e com isso trazia os seus alunos novamente para a escola.

Com ela aprendi a profundidade de nossa responsabilidade profissional e de como é possível fazer a diferença na vida das pessoas e da sociedade em que nos encontramos inseridos.

2 – A escolha da minha graduação e o início do meu caminho profissional

Estudei na rede pública do primário à universidade e tenho muito orgulho disso. Escolher a graduação não foi nada fácil. O curso de Direito não foi a primeira escolha, mas a partir do segundo ano percebi, já encantada com a oportunidade de ser advogada, que esse era o caminho que deveria seguir.

No terceiro ano de Direito, fui selecionada para uma vaga de estágio no departamento jurídico de uma empresa prestadora de serviço público. O segmento era novo, concessões de rodovias, e nesta empresa tive o ensejo de aprender muito sobre o Direito, desenvolvimento, reconhecimento e principalmente sobre as pessoas.

Ainda na faculdade tinha claro que o mais importante é que deveria ser advogada de vários clientes e não de vários processos. De modo que o trabalho preventivo, mitigatório, a conciliação e a composição sempre me acenavam como melhores formas para o alcance de resultados favoráveis para toda a organização.

Com efeito, desde o início da minha vida profissional, passei a analisar os processos e seus efeitos junto à organização. Aproveitava cada oportunidade, seja em um café, em uma conversa no horário do almoço ou em treinamento de outra área para entender como funcionavam os demais setores da cia. com o objetivo de pavimentar caminhos que pudessem evitar que resultados ruins ocorressem.

Cursos e treinamentos fora da área jurídica, como auditoria, comunicação, governança corporativa, passaram a fazer parte de meu cotidiano. E a visão do Direito trazida da academia passou a ter uma amplitude e polidez maior, sem ainda saber o que o Compliance poderia proporcionar no futuro.

Como advogada interna, logo percebi que todos dos setores da empresa eram meus clientes e que, para poder desempenhar minha função com responsabilidade, amor e resultado seria indispensável conhecê-los e ajudá-los na análise e tomada de decisões.

Para isso, entendi que a comunicação seria o primeiro ponto a ser lapidado. De modo que dei andamento a algumas alterações na forma de comunicação dentro da companhia.

Neste sentido, nos pareceres internos alterei a ordem, iniciando pela indicação do prejuízo (R$) que a conduta em análise poderia ocasionar para a empresa para depois falar sobre os recursos e as medidas necessárias para a sua mitigação. Esse movimento facilitou o entendimento, principalmente entre profissionais que não tinham formação jurídica.

Na mesma linha de propósito, alterei os meus relatórios de prestação de contas para a diretoria, passando-os do Word para planilhas e gráficos. E para o financeiro e contabilidade, traduzi os riscos (remoto, possível e provável) para contingências em cores indicativas de alterações com legendas explicativas pertinentes às ocorrências mensais na ações judiciais, conseguindo facilitar e harmonizar as informações jurídicas e contábeis para fins de auditoria.

Perante as medidas preventivas, incluí uma série de treinamentos paras as diversas áreas da empresa, discutindo, revisando procedimentos e processos, buscando implementar medidas mitigatórias, melhorias para o meio ambiente de trabalho e metas compartilhadas com os demais setores envolvendo o resultado das ações judiciais, para criar uma cultura de responsabilidade compartilhada entre todos.

Um grande desafio deste período foi fazer com que diretoria, gestores e demais colaboradores pudessem compreender o papel do jurídico como ferramenta indispensável para o resultado favorável da companhia.

Dessas alterações de comunicação e aproximação das áreas (clientes) da empresa foi possível estabelecer um compromisso de forma integrativa com as áreas, tendo como pilares o conhecimento, comunicação, trabalho em equipe e resultado.

Num processo de desenvolvimento e maturidade, logo foi identificar que a empresa passou a entender a participação do jurídico de maneira necessária para se evitar prejuízos e análise de riscos.

3 - A chegada do Compliance e as dificuldades iniciais

Quando ouvi pela primeira vez a palavra e o conceito de Compliance, no ano de 2013, foi como encontrar o caminho pelo qual já procurava, capaz de ofertar segurança para os trabalhos já realizados diante dos riscos e prevenções junto à empresa.

Fiquei ainda mais entusiasmada, pois percebi que por

intermédio do programa de Compliance, além de concretizar os trabalhos preventivos que vinha desenvolvendo no jurídico, traria maior conhecimento no tocante às outras áreas da empresa. O Compliance em uma visão inicial representava eficácia da tão falada "visão sistêmica" na prática.

Contudo, primeiramente encontrei dificuldades, pois o entendimento da grande maioria, somado aos fatos divulgados na imprensa sobre a operação Lava Jato, relacionavam a aplicação do Compliance somente como uma forma de combate à corrupção e eu o vislumbrava muito além disso, como um programa de prevenção e melhoria para toda a empresa, sendo robusto, alcançando todos os assuntos, não apenas corrupção.

Acreditava em um programa capaz de aumentar o resultado, reduzindo o risco e adequando processos em todas as áreas do Direito e abrangendo uma série de condutas impróprias, não só aquelas derivadas dos atos de corrupção.

Outra dificuldade enfrentada foi em relação ao exercício da atividade jurídica como advogada e gestora da área conjuntamente com a de Compliance. Algumas pessoas entendiam que não poderia ser realizada desta forma sob o fundamento de que, para a efetivação da defesa, o(a) advogado(a) poderia colocar enfrentar conflitos no que toca a alguns pilares do programa de Compliance.

No meu entendimento, não há que se falar em conflito de interesse entre as atribuições do(a) advogado(a) e da área de Compliance, se as atitudes de ambos se encontram alicerceadas nos princípios éticos, conformidade das regras e valores da empresa. Assim, a defesa jurídica dos processos e as medidas de Compliance convergem e não se afastam ou se confundem.

Os programas de Compliance surgiram para confirmar o entendimento o qual eu nutria quanto à maneira mais assertiva para ser trabalhada dentro de uma companhia, fundamentada na prevenção e mitigação dos riscos pautados na ética e valores da empresa e das pessoas que as compõem.

4 – Amadurecimento profissional e a constituição de uma família

Desde criança nunca considerei o fato de ser mulher como um obstáculo para o meu desenvolvimento profissional e pessoal. O impedimento estaria presente diante da ausência de preparo técnico, comportamental e de respeito a todas as pessoas, independentemente do sexo, cor, raça...

Dentro desta empresa de concessão de rodovias pela qual fui iniciada no mercado de trabalho como estagiária, à qual sou imensamente grata, tive a oportunidade de ser efetivada como advogada júnior, pleno, sênior, gestora jurídica e por último diretora jurídica e de Compliance. E foi atuando na área de Compliance que pude efetivar os valores éticos em que sempre acreditei e fundamentar a minha carreira jurídica. No meu entendimento, um(a) advogado(a) ético é conforme com as normas e seus valores.

Além da minha vida profissional, outro desejo de infância era constituir e construir uma família. Neste sentido, casei-me com o Rui aos 22 anos, ainda no período da universidade, e após nove anos fomos abençoados com a chegada de nossa filha, Ana Clara.

Entendo que não há curso mais eficaz para as mulheres pertinente a administração de tempo do que a experiência de ser mãe! Saliento, ainda, que os meus maiores desenvolvimentos e promoções vieram após a maternidade. Passei a perceber uma dimensão do mundo com maior amplitude em minha vida.

Experimentei as dores compartilhadas por todas as mães que se encontram no mercado de trabalho. Com coração apertado, por muitas vezes chorei nos hotéis à noite lembrando de minha família, que se encontrava em casa, longe.

Contudo, concluí que o caminho mais tranquilo e eficaz para sanar as dificuldades da relação do tempo x família x atividade profissional é manter uma comunicação clara com a família e o ambiente corporativo, da qual se extraem com clareza as finalidades, significados e importância de cada um em nossas vidas.

A meu ver, o trabalho não serve apenas como instrumento necessário para o pagamento das despesas, proporcionar lazer e saúde, ele deve ser prazeroso, desafiador, rodeado de novidades, enfim, deve ter como finalidade desenvolver as pessoas de maneira a tornar as suas lentes mais polidas e ressignificadas a cada novo olhar.

5 - Do entusiasmo ao amor pelo Compliance

O Compliance surgiu em minha vida como uma confirmação de que a forma preventiva de trabalhar todas as áreas do Direto é a maneira mais assertiva de se alcançar resultados favoráveis para as empresas e para as pessoas que as compõem.

Um dos pontos apaixonantes do Compliance é que podemos trabalhar várias disciplinas, profissionais de diferentes expertises em prol de uma construção comportamental voltada a uma conduta ética, de valores que se estruturada podem trazer não só resultados favoráveis voltados à receita e, também, paz de espírito a todos os envolvidos.

O mercado de trabalho voltado à área de Compliance é repleto de oportunidades diante de sua multidisciplinaridade, e pode ser executado por profissionais de graduações diversas.

Contudo, o requisito que deve convergir entre os profissionais de Compliance não é sua formação acadêmica e, sim, a vontade de construir uma sociedade mais ética e conforme.

Com efeito, os programas de Compliance de todas as empresas devem ser construídos de maneira a acolher em seus regimentos, regras os valores e identidade de cada empresa, de modo que são diferentes de uma organização para outra.

O Compliance deve estar presente em todas as empresas, sejam elas públicas, privadas, pequenas ou grandes e fundamentar todas as relações que norteiam as pessoas.

Apaixonada pelo ambiente corporativo, no ano de 2022 trilhei os caminhos para formação de Conselheira de Administração (IBGC, turma 63ª) e no ano de 2023, governança corporativa junto às empresas familiares (IBGC), ocasiões em que pude mais uma vez constatar que o Compliance é requisito para eficácia de decisões assertivas com o objetivo de garantir saúde financeira e perenidade das empresas, responsabilidade social e de seus administradores e paz nas relações de trabalho.

Não há nada melhor no ambiente corporativo do que compreender onde começam e terminam nossas responsabilidades e mais, que elas seguem fundamentadas e em conformidade com as leis, valores da empresa e com nossos princípios morais.

6 - O Compliance e as mulheres

A área de Compliance possui terreno fértil com anúncio de colheita bem-sucedida junto às mulheres. Diante de todas as características que as mulheres tiveram que desenvolver ao longo de nossas batalhas em busca do reconhecimento e igualdade na sociedade possuímos em nossa essência, em nosso DNA, o engajamento, a resiliência, os valores éticos, estratégia, conhecimento multidisciplinar, autonomia e a vontade sem medida de construir uma cultura evolutiva e justa.

Neste sentido, não há dúvidas de que as mulheres possuem em seu comportamento as raízes do Compliance.

Assim, do mesmo modo que as demais mulheres, percebo que o Compliance se encontra presente em minha vida desde a infância quando lá na divisão das tarefas domésticas com meus irmãos, enquanto minha mãe lecionava, buscava identificar o início e término das responsabilidades de cada um e de modo que não me fossem atribuídas diligências somente pela análise de ser uma menina.

Quando adulta, advogada, diretora em empresa, mãe e esposa, consultora, constatei que o Compliance realmente encontra-se inserido em todas as relações das pessoas, seja nas regras de conduta, engajamento, análise de riscos, pela apuração de reclamações, implementação de medidas mitigatórias, respostas com aplicações de sanções perante as condutas impróprias e, em especial, a vontade incansável de se fazer o que é correto de modo a trazer paz de espírito, resultado, evolução das relações existentes entre as pessoas em todos os sistemas que integram uma sociedade e a sensação satisfatória de "dever cumprido".

As nossas condutas, sejam como filha, mãe, amiga, profissional, devem possuir o mesmo fato gerador, a ética.

Ao longo do meu desenvolvimento profissional em relação ao Compliance, fui entusiasta, apaixonada e agora posso afirmar que a nossa relação é de amor que vem a cada dia amadurecendo e se tornando leve.

Deixo registrados os meus agradecimentos à Editora Leader por esta oportunidade e uma mensagem para as mulheres que se encontram engajadas nesta área, para que continuem firmes, ouvindo, aconselhando, construindo, mas que jamais permitam que os seus valores éticos pessoais e das empresas as quais representam sejam negociados.

Por fim, concluo que o amor pelo Compliance e seu trabalho não representa calmaria e, sim, desafios, batalhas e engajamento contínuo na construção de um mundo melhor, saudável em seus valores éticos.

A maioria, talvez, tenha razão

Viviane Ricci

...onselheira formada pelo IBGC e *master coach* pela ...GC. Especialização em estratégia e liderança na FDC, ...ós-graduada em Administração com ênfase em Finanças na PUC e graduação em Tecnologia pela FAAP. ...m 25 anos de atuação, presta assessoria em as...ntos relacionados à governança corporativa, ge...nciamento de riscos e controles, governança de TI, ...m especialidades em privacidade, segurança da ...formação, Compliance, investigações, auditorias e ...ogramas regulamentares na Praticasos Assessoria ...mpresarial, onde é sócia-proprietária. Atuou em em...esas nacionais e internacionais (auditorias, bancos, ...guradoras, prestação de serviço), passando por paí...s como EUA, México, Holanda, Luxemburgo, França, ...íça, Argentina, Chile.

LINKEDIN

Influência familiar e fundamentos profissionais

Após 25 anos de experiências diferentes, incluindo a atuação em Compliance, o que me acompanhou, inclusive desde criança, foram a lógica e a organização das minhas decisões e executá-las de forma antecipada e curiosa.

Meu pai era contador (*in memoriam*). A lógica vem dele, não só por questões matemáticas, mas por comparações entre assuntos, explorando as incoerências e entendimento do que é ouvido, falado e praticado.

Da minha mãe trago a organização. Uma mulher planejada a descreve. Faz com propriedade, cuidado e excelência. Observa as situações, cria alternativas e busca novos caminhos. É a minha pessoa favorita.

Tenho um irmão e, em função da pouca diferença de idade, fomos sempre próximos, inclusive até hoje. Nos nossos encontros com meu sobrinho (afilhado e, também, minha pessoinha favorita) e cunhada, lembramo-nos das nossas histórias de criança.

Eu adorava brincar de escritório e de banco com ele. Simulava pagamentos, observava se não havia "desvio", que eu nem sabia o que significava. Pensando bem, vem daí minha antecipação, eu quero fazer direito logo de primeira, não gosto de retrabalho.

Infância e escolha profissional

Com o passar do tempo, aprendi, ou melhor, adaptei e equilibrei o fazer direito logo de primeira. Precisamos de tempo, de digerir conteúdo, de esvaziar os ruídos, antes de finalizar qualquer trabalho, mesmo com a experiência.

Sou questionadora, na verdade, na maioria das vezes eu me autoquestiono. Por que eu tenho de fazer isso? Entendi o que fazer, por qual motivo? Por quanto tempo? Por que fazer isso neste local? Existem outras formas? Não farei porque a maioria fará, preciso entender.

Parece um comportamento utilizado apenas nas relações pessoais. Também, mas não em proporção maior e, até hoje, sigo me questionando sobre assuntos cotidianos que acabam aparecendo de forma adaptada no trabalho.

Característica essa que deve ser bem utilizada ao trabalhar com Compliance, pois pode ouvir: ..."Só você discorda". Assim, o autoquestionamento ajudará na sua comunicação assertiva, com fatos e dados, para pensar de forma preventiva e independente.

Na fase estudantil, não fui a aluna das notas mais altas, mas focava em ter uma boa nota para passar no 3.º trimestre. De novo, a antecipação, será? Prefiro não ser cobrada, se a antecipação ajuda, lá estou eu.

Autoquestionamento e desenvolvimento pessoal

Na adolescência, mesmo gostando das argumentações, dos entendimentos da vida, do que era certo, o perfil lógico era o mais intenso.

Meu objetivo era graduar, trabalhar e conquistar a independência. No último ano do colegial, era o momento em que os computadores enormes, com disquetes e a internet discada surgiam, ainda muito timidamente.

Escolhi Tecnologia. Poucas mulheres na turma e a maioria dos alunos encantados pela programação.

Cursei a faculdade e deslumbrei com o entendimento de processos, de negócios e de lógica. Identificação total com as disciplinas de organização e métodos, desenvolvimento de documentação e de diagramas e entendimento de como a aplicação sistêmica suportava o negócio.

No penúltimo ano da faculdade, nas férias de julho, passei 30 dias fora do Brasil estudando inglês. Fazer um intercâmbio longo não estava nos meus planos, por diversos motivos, mas a experiência, mesmo menor, ajudou em vários fatores, como superar o desconhecido, o que contribuiu ao iniciar a carreira.

Fui contratada para um programa de estágio de uma empresa aérea, mas o turno não coincidia com a faculdade e não quis mudar o horário. Fizeram a proposta para eu atuar na área de operação (*call center*), atendendo também clientes estrangeiros, para depois migrar de área quando finalizasse a faculdade.

Aceitei, mas fiquei pouco tempo. Realmente, eu gostava mais de entender o sistema, as funções, a cultura, observava as equipes e a liderança, mas atendimento ao cliente não estava nos meus planos, mesmo que temporariamente. Tinha uma lista de melhorias sistêmicas e processos ao sair.

Em seguida, terminei a carga horária das horas práticas requeridas pela graduação em uma escola de informática para crianças e no laboratório da própria faculdade.

Com 20 anos, eu já tinha algumas experiências práticas de que a igualdade e a equidade tinham um longo caminho a percorrer. Apresentarei alguns exemplos mais à frente.

Formada, procurei empresas que ofereciam programas de *trainee*, mas não voltado apenas à parte técnica de Tecnologia. O objetivo era entender como o mercado funcionava e adquirir experiência com profissionais já atuantes.

Pesquisei e enviei currículos para várias empresas e entrei no programa de *trainee* de uma auditoria externa para trabalhar como auditora de sistemas. Não, não era Compliance, que nem existia com este formato à época, mas foi o início de contato com leis, políticas e procedimentos, códigos, regimentos e de que não existe jeito certo de fazer o errado.

A maior parte dos meus clientes eram bancos e seguradoras. Poucas indústrias, mas tive curiosidade e guardei a experiência para uma possível oportunidade futura.

A função de auditor externo de sistemas é prover suporte aos auditores contábeis. Trabalhei com bases de dados massificadas para batimento com os controles contábeis, visitei data center, avaliei controles de segurança física e lógica, mapeamento de interfaces sistêmicas em diversas plataformas, contingência, mas, quando o trabalho estava ficando mais interessante, acabava.

O escopo e a metodologia de auditorias externas são desenhados para um objetivo específico e, apesar de ser um programa de desenvolvimento profissional interessante, permanecia no meu radar conhecer outras funções e empresas.

Entrei para a auditoria interna de um banco, onde o escopo não seria só de auditoria de sistemas, mas, também, de processos, inclusive as questões regulamentares, no Brasil e nas unidades externas.

A diferença de planejamento de horas e prazos de entrega das auditorias externa e interna é impactante, dados os escopos diferentes.

Aprofundei a visão de controles internos, avaliação de riscos e conformidade, pois auditei diferentes tipos de assuntos como mercado de capital, *private banking*, varejo, cartão de crédito, agências, estruturas tecnológicas e de sistemas distintos, prestadores de serviços (incluindo a terceirização das funções de data center) e, também, da Lei Sarbanes-Oxley (SOX).

Após dez anos de carreira, com a pós-graduação finalizada, auditorias locais e internacionais, consolidei minha visão e opinião sobre culturas, conformidade, efetividade judiciária, desigualdade, condutas faladas e praticadas, moral e ética.

Apesar de muitas ótimas vivências, colecionava, não apenas individualmente, fatos de forma velada, da diferenciação entre homens e mulheres. Comportamentos viciosos das rotinas pessoais espelhadas no mundo corporativo.

Transição profissional e reflexões finais

Permaneci (e permaneço) resistente e avalio o "...sempre foi assim", "...onde há fumaça há fogo", "...a maioria tem razão", sob a minha perspectiva, sem me deixar levar pelo achismo.

A empresa foi comprada e, devido ao momento pessoal, optei por ficar e não procurei outras oportunidades.

Apostei no modelo oferecido. Origens e culturas organizacionais diferentes, com foco no desenvolvimento profissional, mantendo a atuação do que eu gostava, consolidando o perfil tecnológico com operacional e regulamentar. Primeira empresa de origem brasileira em que eu trabalhei.

A atuação regulamentar tomou uma proporção maior, de forma global, aprofundando as disciplinas de prevenção à lavagem de dinheiro e combate a fraudes.

Os procedimentos e controles de segurança da informação, oriundos da experiência de controles da SOX, foram aplicados nas auditorias de *private banking*, dada as questões de sigilo e confidencialidade.

Gerir equipe estava nos meus planos, não apenas pelo desenvolvimento profissional, mas pela responsabilidade de exercitar a tomada de decisão.

A virada de chave de atuação técnica para gestor é o

momento para um olhar diferenciado, não só pela empresa, mas é a oportunidade de exercitar a capacidade de fazer as perguntas certas, ser mais assertivo e equilibrar o perfil de executor com o gestor de pessoas.

Oportunidade de se inspirar nos que admiramos e, também, de não repetir e repensar as atitudes que você não apreciava quando faziam com você. Excelente exercício, que faço até hoje.

Acho difícil não ter momentos conflitantes nesta posição, tanto no início, como com o passar do tempo. Tem que equilibrar muitos sentimentos e atitudes, não exclusivos, mas, principalmente, o ego e o poder que adoram se juntar, quando malcuidados, para o famoso manda quem pode, obedece quem tem juízo.

Gerir pessoas é ser autêntico, mas personalizar a sua influência e do time de acordo com os perfis é essencial. Tratar todos com igualdade e equidade não é lidar com todos nas rotinas diárias da mesma forma, sendo a personalização necessária.

É estabelecer conexão, conversar, treinar, direcionar, acompanhar, observar de formas diferentes, pois as pessoas são diferentes. Exercício diário e infinito, para aplicabilidade das nossas vivências para melhorar sempre.

Passado um tempo, outros objetivos foram se construindo. Estava certa de que as experiências, até este momento, me levariam para atuação na 2ª linha de defesa e Compliance estava nos planos.

Fui para a área de segurança da informação (SI), atuando nos programas de governança de SI no Brasil e nas unidades externas. Desenvolvi *frameworks* para aprimoramento e avaliação de indicadores de performance e de riscos com deliberação em comitê de assessoramento.

Gostei muito, exercitei a criatividade e a realização de formas mais assertivas. Amadureci a ideia de trabalhar em empresas com formatos e negócios diferentes.

Mudança realizada. Duas experiências de curto período, porém fortaleceram as minhas escolhas e o caminho a seguir, independentemente de lugar, de pessoas e de atitudes.

A diversificação de conhecimento de processos, de assuntos, de tipos de negócio e, inclusive, de tipos de pessoas, é a minha fascinação. Vindo de uma época em que a grande maioria entendia que mudar ou dizer que não tinha alinhamento com uma cultura era sinônimo de instabilidade. Fui em frente, de novo, não a maioria.

Nova mudança e a oportunidade de estruturar a área de riscos e Compliance de uma empresa de prestação de serviços. Existia um conflito de funções, pois a auditora era acoplada. Por um tempo, havia a ideia de avaliar a efetividade dos processos por meio de auditoria interna e depois segregar as áreas.

Estruturei os comitês de assessoramento tais como riscos e Compliance, ética e privacidade. Reportava periodicamente ao CEO, Comitê de Auditora e estruturas globais.

Participava de avaliações de riscos de projetos internos e de "due diligence" de clientes e parceiros, sobre as questões regulamentares, segurança da informação, jurídica, Compliance, continuidade de negócio, privacidade e proteção de dados, sanções internacionais, controles internos, gestão de contratos e governança.

É uma área admirável, mas a função é de todos, por isso a importância do programa de conscientização contínuo.

Perguntas e afirmações como: "... O que você acha como Compliance?", ..."Você aprova?", ... "Você é o Compliance, o que falar, eu faço". A linha é tênue e requer conscientização, resistência e resiliência constantes.

Conflitos não são desejáveis, mas existem, principalmente quando levados para o lado pessoal, criando rótulos e desviando a mensagem principal e focando em burocracia, em inflexibilidade e tantos outros. E um Compliance atuante atenta para os comportamentos, os propósitos e autoquestiona os seus valores e propósitos.

Minha experiência? Apostei e insisti em vários momentos, mas com um limite estabelecido e tomei a decisão de qual caminho seguir quando o contratado não foi praticado.

Conduta, moralidade e ética competem na vida prática com... "manda quem pode e obedece quem tem juízo?" O caminho é intenso, mas escolher o certo é insubstituível.

Tive momentos (muitos) de intenso orgulho e desenvolvimento que aprimoraram meu autoconhecimento. Atuar como Compliance é estar mais perto do negócio, apoiando o andamento salutar da empresa e das pessoas que a representam, de qualquer cargo, internos ou parceiros, prestadores de serviços, clientes.

Extremamente gratificante desmistificar que não é burocracia, construindo a cultura organizacional.

Há quem diga que falar do passado é um retrocesso. Eu prefiro dizer que é parte do presente, mostrando a realidade e equilibrando os aprendizados para continuarmos construindo o futuro.

Por isso, listo alguns exemplos reais da importância de mulheres ingressarem na carreira de Compliance. Quando vivenciarmos que estas situações são raras ou inexistentes, estarei apta a dizer que a maioria foi conquistada.

Situação: pessoas adivinhando a minha graduação

- "... essa deve ser advogada, não tem cara de contadora e muito menos de Tecnologia."
  - Minha graduação é Tecnologia.

Situação: visita a um prestador de serviço com risco inerente alto para o negócio. Eu e dois profissionais do gênero masculino.

- "... vamos finalizar logo esta visita, estamos aqui todos os anos, nada mudou. Quer participar da minha despedida de solteiro?"
    - o Evidenciei a materialização do risco mais crítico para o negócio, que nenhuma visita anterior havia apontado.

Situação: apresentação de alto risco em comitê de assessoramento.

- "... e assim finalizamos com o vestido de comitê. O advogado da empresa é homem? Que bom, aqui também."
    - o Apresentei falhas operacionais e sistêmicas de ponta a ponta no principal fluxo da empresa, com impossibilidade de rastreamento de condutas de má-fé, onde a intervenção jurídica foi necessária.

Situação: executivo sobre gravidez de uma profissional da equipe.

- "... como você vai fazer agora com ela grávida?"
    - o Mesmo executivo que falou para eu não sair de férias em julho ou janeiro porque não tenho filhos.

Situação: contando para colegas de trabalho sobre a ampliação de escopo nas minhas atividades.

- "... achei que você não ia dar em nada".
    - o Colegas do gênero masculino e feminino.

Ouvi, de alguns, ao compartilhar essas situações, que eu não tive sorte nas minhas experiências. Por algum tempo refleti sobre esta possibilidade.

Hoje, gentilmente, solicito uma reflexão genuína e transparente: será que não tive sorte ou por inúmeros motivos, como a falta de informação e de apoio, caracterizamos essas situações como uma brincadeira infeliz, nos calamos e deixamos a vida seguir?

Nas atuações mais construtivas da minha carreira (a maior parte, pois me preparei para isso), insisti, ignorei visões contaminadas, não concluí por exclusão, e utilizo a experiência adquirida. Trabalho, diariamente, como se fosse a primeira vez, minha primeira avaliação, meu primeiro cliente, minha primeira deliberação.

Ao iniciar este capítulo, completei três anos de transição de carreira do mundo corporativo para o empresariado. Ao entregar este capítulo, concluí a formação de Conselheiros de Administração.

A maioria tem razão. Será?

História da CEO da Editora Leader e idealizadora da Série Mulheres®

Andréia Roma

Eu posso Voar!

Como tudo começou

Nasci em São Paulo, sou uma paulista muito orgulhosa de ter nascido nesta terra de tantas oportunidades. Falar das minhas origens, de quando eu era criança, é necessário, porque tudo é parte da minha história de vida. Venho de uma família muito humilde, na infância eu não sabia o que era ter uma roupa, um tênis ou uma sandália novos. Eu e minha irmã usávamos o que outras pessoas nos davam, mas mesmo assim éramos agradecidas. Hoje somos nós que ajudamos outras pessoas, seja diretamente, com caridade, ou indiretamente, através do nosso empreendedorismo.

A profissão do meu pai, um pernambucano muito batalhador, era de pintor. Ele fazia de tudo para que não faltasse nada para nós e seguíamos a vida com escassez, sem luxo, aprendendo que a melhor escolha sempre é ter muita honestidade. Meu pai foi muito carinhoso comigo e com a minha irmã, guardo boas lembranças dos primeiros anos da minha vida. Atualmente ele é aposentado e posso dizer que é uma pessoa maravilhosa, muito importante para mim.

Mamãe, paulista como eu, não trabalhava, porque meu pai entendia que ela precisava estar em casa para cuidar da nossa educação. Então, fomos muito bem educadas por minha mãe, pois mesmo com pouca escolaridade ela nos ensinava bons valores e o respeito ao próximo. Ela nos ensinou como nos portar à mesa, como agir corretamente na convivência com outras pessoas, em qualquer ambiente em que estivéssemos. Tudo isso era próprio dela, que tem uma história muito bonita. Ela foi adotada, depois de ser deixada na porta de um orfanato, junto com as duas irmãs e um irmão.

Separadas pela adoção, depois de 30 anos minha mãe encontrou minha primeira tia, após mais cinco anos, minha outra tia. Meu tio já é falecido, infelizmente, e jamais encontraram a minha avó. Minha mãe foi adotada por um casal que vivia no Interior, e que cuidou muito bem dela, graças a Deus, e ela se tornou uma mulher de fibra, exemplar. Mamãe teve a oportunidade de concluir somente o colegial, não prosseguiu com os estudos, pois se casou com papai muito jovem. E na simplicidade dela, com seu olhar amoroso e de bons valores, nos ensinava muito. Fomos crianças, eu e minha irmã, que tivemos uma mãe presente de verdade. Ela esteve sempre junto com a gente, na pré-escola, no primeiro dia de aula, ia nos buscar, cuidava muito bem de nós, nos orientava, ensinava como nos defender. São muitas passagens que ficaram marcadas nos nossos corações.

Escolha amar, sempre

Algumas pessoas, ao lerem este trecho de minha história, vão dizer que minha mãe talvez não devesse ter aberto mão dos estudos e de trabalhar fora. Na verdade, ela escolheu estar presente e com isso acompanhar nossa infância e todos os nossos passos. Eu digo sempre que ela escolheu amar. Entendo que hoje nós, executivas, não temos como abrir mão de nossas carreiras, porém, ao trazer esta história tenho a intenção de dizer para você que, mesmo com a correria do dia a dia, nunca deixe de registrar em sua agenda o tópico TEMPO PARA AMAR, envie um *invite* se preciso.

Minha mãe me ensinou o segredo de ser fiel às pessoas que amamos e cuidar com amor e dedicação. Apesar de ter sido abandonada um dia por sua mãe biológica, ela me ensinou que amar é um remédio que cura todas as dores da alma. Muitas vezes, quando iniciamos um trabalho, não nos dedicamos como poderíamos e isso ao longo dos anos se torna prejudicial. Reconheço que minha mãe foi a maior treinadora do tema "dedicação e atendimento ao cliente" que eu poderia ter em minha vida. E você, consegue se lembrar do que sua mãe ou seu pai lhe ensinou? Faça sempre essa reflexão e se fortaleça. Desafios vêm para mostrar o quanto você é forte.

Um livro muda tudo!

E como nasceu meu amor pelos livros, esse amor que me levou a empreender no mercado editorial? Bem, o primeiro livro que ganhei foi uma cartilha escolar. Eu adorava essas cartilhas porque podia pintá-las e tinha exercícios que eu gostava de fazer. Aí nasceu minha paixão pelos livros, que só aumentou pela vida afora. Isso colaborou muito na minha atuação como editora, porque não acredito em livros sem exercícios. Eu amava minhas cartilhas, eram distribuídas pelo governo. Elas eram o que eu tinha, eu ganhava de presente, cuidava delas com muito zelo e carinho, lembro-me até de ajudar minha mãe a encapá-las.

Achava sensacional poder ter aqueles livros e cartilhas, enfeitava com florezinhas, não tinha muito o que colocar, não tínhamos como comprar adesivos, então eu fazia com revistas e jornais velhos, tudo que achava eu recortava e colava, deixando tudo muito bonito. A atitude de colar e enfeitar os livros, cuidando com zelo, é o que trago para os dias de hoje. Minha lição aqui é convidar você a zelar e cuidar das oportunidades e parcerias, infelizmente ao longo dos anos nos decepcionamos com algumas, porém, desistir de encontrar parceiros certos para juntos fazer a diferença, jamais. Lembre-se de se levantar a cada tombo unicamente por você e não para que as pessoas que o feriram vejam. Estas pessoas passaram, e você seguiu. Viva o aqui e agora e esqueça o passado.

Sororidade inspirada por meu pai

Se eu pudesse resumir um pedaço da minha história sobre o tema Sororidade, descreveria com estes fatos.

Todos os dias de manhã meu pai saía de casa de bicicleta, praticamente atravessava a cidade para ir trabalhar, e assim economizava na condução para podermos ter um bom café da manhã, antes de irmos pra escola. Quando voltava sempre trazia um pacotinho de balas, de cereja ou de chocolate, lembro-me do formato e cheiro até hoje. Assim que ele chegava colocava as balas do saquinho na mesa, e pedia para eu e minha irmã sentarmos à mesa com ele; ali ele iniciava um ritual diário, olhando nos nossos olhos com carinho ele dividia as balas, e só depois deste momento é que poderíamos pegá-las.

Meu pai me ensinou sobre sororidade muito antes de ouvirmos sobre o tema. Ele com esta atitude me ensinava o valor de respeitar minha irmã, o valor de dividir, o valor de receber, o valor de agradecer. Recordo que a gente não brigava por isso, e ele e minha mãe nos ensinavam ali, mesmo sendo pessoas com tão pouca escolaridade, a compartilhar, a apoiar, respeitar. E isso eu faço sempre, seja como editora, como ser humano, eu compartilho muito. Eu dou muitas oportunidades para que outras pessoas possam publicar, possam escrever, possam se encontrar e identificar a sua história. E se valorizar, por isso eu foco muito no protagonismo da história, o que tenho certeza que fez diferença na minha vida.

Então finalizo aqui essa parte que fala da minha infância, dos meus pais, e de como eles me ensinaram a ser quem eu sou hoje.

Laboratório do sucesso

Iniciei minha vida profissional quando tinha 14 anos, como cuidadora de um casal de idosos. Trabalhar com eles me ensinou a ver e sentir o ser humano de outra forma, mais sensível, mais dependente. Eles já não estão mais conosco, mas nem imaginam o tamanho do legado que deixaram para mim. Foi uma grande lição para uma menina de 14 anos. Aos 15, entendi o significado de atender pessoas, fui trabalhar em uma banca de pastel e ali tive a chance de aprender grandes lições. Uma delas eu me recordo bem: meu patrão fritava todos os dias um pastel de carne e me fazia comer; quando eu terminava, ele dizia: "Como foi? Estava saboroso?" Na época eu não entendia o que ele queria, porém hoje sei que ele me ensinava que a experiência de experimentar é o maior laboratório do sucesso. Um cliente só volta para sentir novamente a experiência que seu produto pode proporcionar.

Aos 16, iniciei como recepcionista em uma papelaria, onde gostava muito de atender os clientes e fiz muitas amizades. Nesta experiência entendi que o *networking* traz para nossas vidas muitas oportunidades. Uma dica importante para você que deseja crescer é se relacionar, conhecer seus clientes, entender o que fazem e por que fazem. Todo cliente tem um propósito, descubra o propósito do seu cliente.

Aos 18, engravidei do meu primeiro namorado, e foi também meu primeiro aprendizado. Hoje eu agradeço a ele pela vida da minha filha, mas na época éramos jovens e tive uma experiência dolorosa. Eu tive a chance de ouvir o coração dela sozinha, foi um momento só meu e eu adorei. E naquele dia, como uma intuição divina, eu sabia que era uma menina, antes de o médico saber!

Quando ela nasceu, chamá-la de Larissa, que significa Alegria, realmente expressava o que eu estava sentindo. E me emociono ao dizer isso, porque ela tem me dado muitas alegrias. Segui criando minha filha sozinha e isso só me deu mais força para entender aonde queria chegar.

Lembro-me de que, quando entrei na sala de cirurgia para dar à luz a Larissa, visualizei que dali em diante eu seria empreendedora, que lutaria por mim e por minha filha. Comecei a estudar, e não parei mais, me considero uma autodidata em muitas áreas do conhecimento.

Suas escolhas decidem quem você será no futuro!

Próximo aos 24 anos me casei com o Alessandro e recebi mais um presente, meu segundo filho, chamado Boaz, e sua chegada reforçou ainda mais o que eu queria realizar em minha vida.

Na minha primeira formação em PNL e Coaching, recordo-me que o exercício na sala de aula era a ponte ao futuro. Ali eu reforçaria aonde queria chegar. E minha meta foi ter uma editora. Esse objetivo gritava dentro de mim, foi então que pedi demissão da empresa em que trabalhava. Algo me dizia "você está no caminho, vá em frente".

Foi o que fiz, porque eu tinha dois motivadores em minha vida, Larissa e Boaz.

Segui minha vida trabalhando, lendo muitos livros, pois sou uma apaixonada por livros, e participei de várias formações, buscando oportunidades, em minhas contas somo mais de 60 cursos. Confesso que investi muitos dias da minha vida para todas estas formações, ganhava pouco em empresas em que trabalhei, porém a oportunidade de estudar me manteve fiel em cada uma delas. Eu realmente fazia além do que era paga para fazer, pois eu acreditava em mim. Sou grata a todas as empresas pelas quais passei, são grandes motivadores para mim.

Quase desisti

Lembro-me que depois dos 30 anos fui convidada para estruturar a primeira editora, era um sonho e trabalhava dia e noite com a proposta de uma sociedade. Porém naquela época a empolgação foi tamanha e me esqueci do contrato, aí você já imagina. Depois desta decepção eu resolvi deixar o mundo editorial, quase desistindo do sonho de empreender, e disse a meu marido que iria procurar uma nova recolocação no mercado. Ele me disse: "Acredite, você vai conseguir".

Foi quando tive a grande surpresa que mudaria totalmente minha vida.

Ele me disse para insistir com meus sonhos. E, se eu acreditasse na editora que queria construir, daríamos um jeito para realizar minha meta. Sem me consultar, ele foi até a empresa em que trabalhava há seis anos e pediu para ser demitido. Com a indenização dele fundei a Editora Leader. Assim, nasceu a Editora Leader, por meio de alguém que renunciou ao seu trabalho para realizar o meu sonho. Meu marido me inspira até hoje.

Sou e serei eternamente grata a ele.

Meu maior legado

Falar de filhos, de família, para mim é o maior legado do mundo, é você respeitar as pessoas que você ama. Falar do momento de mãe solteira é difícil. Não fiz nada diferente de outras jovens que também engravidam e não têm o apoio de seu parceiro. Não fui forçada a engravidar, aconteceu e aí vieram as consequências. Uma delas foi que meu pai não aceitava, até pela criação que teve, tinha uma importância muito grande para ele que eu só tivesse filhos após o casamento. Ele deixou de falar comigo, não me abraçava mais, foi muito penoso lidar com isso, porque ele sempre foi muito próximo. Na realidade, ele se importava, mas estava muito magoado. Hoje eu sei disso, mas na época não.

Então eu tinha de conviver com o conflito de ter sido abandonada e de meu pai se afastar de mim. Minha mãe me apoiou e me dava carinho e força. Fiquei em casa grávida, isolada, como se estivesse em quarentena. É assim que descrevo hoje aquela situação. Como não tinha com quem conversar, eu falava com minha bebê, cantava para ela. Por isso digo que ela realmente foi a minha alegria. Falar dela e da minha gravidez é falar de todas as mães solteiras, mas principalmente dizer às jovens para que se cuidem e evitem passar por uma situação tão dolorosa.

Hoje tomo isso como um grande aprendizado. E digo que o maior desafio de ser mãe, com certeza, é estar sozinha, apesar de ter aquela bebê maravilhosa dentro de mim. Então, eu entendi que precisava realmente fazer a diferença, não só pela minha filha, mas por mim primeiro. Naquele momento eu assumi o protagonismo da minha vida. Pensei que eu queria mais da vida, queria mais de tudo que pudesse obter.

Minha maior lembrança é de quando entrei no hospital, naquele corredor frio, olhei na janelinha da porta do centro cirúrgico e quem estava ali era minha mãe. Com seu olhar ela me dizia que eu ia conseguir, e isso realmente me motiva até hoje. Então, todas as vezes que me sinto triste, eu olho na "janelinha do tempo", e vejo o rostinho da minha mãe dizendo que vou conseguir. Isso pra mim faz toda a diferença.

Quando decidi ter um emprego, até pela maturidade de querer sustentar minha filha, tive uma grande oportunidade, aos 19 anos, de trabalhar num jornal, com a venda de assinaturas. E me saí muito bem. Era no centro da cidade de São Paulo, foi uma ótima experiência.

Depois fui para uma empresa de treinamentos, que nem existe mais, mas na época tive a chance de fazer alguns e aprendi muito. Eram treinamentos de negociação, motivação, liderança, conheci também um pouco da Programação Neurolinguística (PNL), e várias outras ferramentas. E mergulhei nesse mercado, gostava muito de ler, até pela falta de oportunidade que tive, então agarrei com as duas mãos e segurei com muita determinação.

Logo depois, comecei a vender livros e revistas numa empresa que não existe mais. Lá eu aprendi bastante, as pessoas que conheci ali foram bem importantes na minha vida e entendi que para vender eu tinha de ler ainda mais. Ler bastante, o tempo inteiro. Gosto muito de ler, eu lia muitos livros sobre motivação, vendas, de liderança, de negociação, livros de Eduardo Botelho,

Reinaldo Polito, vários escritores, nacionais e internacionais, muitas pessoas que aprendi a admirar.

Contar sobre esse período é dizer o quanto essa oportunidade me ensinou a ser uma pessoa melhor, e a transformar desafios na "janelinha", onde o retrato é da minha mãe, dizendo que vou conseguir.

Pronta para Voar!

Selo Editorial Série Mulheres®

A Editora Leader é um espaço especial criado para que homens e mulheres possam publicar. Em todos os projetos da Leader dedicado às mulheres, uma das coisas que coloco é um espaço para as origens das autoras, como fiz aqui neste capítulo, porque, mesmo que seja doloroso falar sobre aquele momento, aquela situação difícil, isso faz com que você entenda a sua evolução, o quanto você caminhou, o quanto você já venceu. E faz com que veja alguém inspirador, como eu vi na janelinha do hospital, o rostinho da minha mãe. Então, qual é o rosto que você vê? Quando você se lembra dos seus desafios na infância, das situações difíceis, qual é o rosto que você vê? Acho que essa é a maior motivação, quando você consegue descrever isso, quando você trouxer isso pra sua vida consegue inspirar outras pessoas a caminhar. Percorrer o corredor daquele hospital foi um dos mais longos trajetos da minha vida, mas foi o mais importante, porque me ensinou a ser quem eu sou.

Me ensinou a compartilhar mais, me mostrou caminhos que nenhuma faculdade, nenhum curso vai me ensinar. Realmente ali eu assumi que podia fazer aquilo, e eu fiz.

Hoje minha filha tem 22 anos, está no segundo semestre de Medicina, e eu fico muito feliz. Contudo, hoje trabalho com legados, assim como os médicos, que fazem o bem para tantas pessoas! Hoje vejo minha filha caminhando para isso.

Então acho que o Selo Série Mulheres® da Editora Leader e grande parte de suas publicações têm um pouco de cada mulher, independentemente do que ela escolheu para sua vida. Digo que é uma conexão com as mulheres. Não é só quem eu quero ser, é quem eu sou. É quem eu assumi ser, é a protagonista da minha história. Com uma infância triste ou feliz, eu quero que realmente essas histórias inspirem muitas pessoas. Essa é a minha história, que reúne várias mulheres e diversas temáticas no mercado, trazendo o olhar feminino, trazendo o olhar dessas mulheres através do protagonismo de suas histórias, começando pelas origens e falando de onde elas vieram e quem elas são.

Eu me orgulho muito da Série Mulheres®, um projeto que lançamos com abrangência nacional e internacional, com ineditismo registrado em 170 países, aliás o único no Brasil, porque todos os livros são patenteados, tivemos esse cuidado para que nenhuma outra editora, além da Leader, pudesse lançar as temáticas, por exemplo, Mulheres do RH, Mulheres no Seguro, Mulheres do Marketing, Mulheres do Varejo, Mulheres na Tecnologia, Mulheres Antes e Depois dos 50, Mulheres na Indústria do Casamento, Mulheres na Aviação, Mulheres no Direito, Mulheres que Transformam, enfim, hoje já estamos na construção de quase 50 temáticas que vamos lançar até 2030. São histórias de mulheres que realmente decidiram, que, através de suas escolhas, suas trajetórias, suas boas práticas empolgam as leitoras e os leitores, porque o Selo Editorial Série Mulheres® é para homens e mulheres lerem. Então trazemos com carinho a história de cada mulher, mostrando a força feminina, não como uma briga por igualdade, nada disso, mas sim com um olhar humanizado, com um olhar em que as mulheres assumem o protagonismo de suas histórias. Elas entendem os seus valores, as suas crenças e assumem a sua identidade, mostrando quem elas são, dentro do que elas fazem, do que elas escolheram para fazer. Mulheres fortes, eu diria. São mulheres escolhidas a dedo para participar da Série. Nós precisamos entender que para tocar uma alma humana você tem que ser outra alma humana.

Então a Série Mulheres® é uma grande oportunidade para o mercado feminino mostrar sua história, mostrar mais do que o empoderamento, mostrar o quanto você pode inspirar outras mulheres. E detalhe: numa história difícil, triste, quanto você pode levantar o ânimo dessas mulheres, para que elas tenham uma chance, para que possam caminhar.

Um dos livros que vamos lançar é Mulheres – Um grito de socorro, que já está registrado também, e vem trazendo esse olhar de muitas Marias, que são fortes e deram a volta por cima em suas vidas. A Série Mulheres® é isso, é um compilado de mulheres que inspiram outras mulheres e homens. Muitas não são famosas, mas são "celebridades" dentro do que elas fazem. Nosso propósito é trazer um novo olhar para as brasileiras que colaboram para o desenvolvimento econômico do nosso país, com verdadeira responsabilidade social e ambiental.

A Editora Leader me transformou numa empreendedora de sucesso, e eu a transformei numa empresa com vários diferenciais.

Eu acredito que **"Um livro muda tudo"**, que se tornou o nosso *slogan*. E pergunto sempre, através da Leader: qual é a sua história? Qual é o poder que tem a sua história?

Termino por aqui, espero que minha história a prepare para voar, e convido você a contar a sua história aqui, na Editora Leader, no Selo Editorial Série Mulheres®.

Cordel

Este livro tem poder,
O poder de transformar,
Cria oportunidades,
Pra muita mulher falar,
Sobre suas experiências,
Este livro vai contar!

Este livro bem ensina,
Sobre respeito e equidade,
Defende o nosso espaço,
Buscando mais igualdade,
Que tal ser inspiração,
Pra muitas na sociedade?

Não estamos contra os homens,
Não é uma competição,
Só queremos ter espaço,
Não é uma imposição,
Unindo homem e mulher,
É mútua inspiração!

Pra você que é mulher,
Não importa a profissão,
Reconheça o seu valor,
Dê sua contribuição,
Isso pode bem mudar,
O futuro da nação!

Por espaço igualitário,
Não é só nossa questão,
Queremos o seu respeito,
Temos também opinião,
Atenção você mulher,
Preste muita atenção!

A mensagem do cordel,
É fazer cê refletir,
Que essa série pra mulher,
Vai fazer cê decidir,
Se juntar a essa luta,
Não espere, pode vir!

Recebemos como presente este cordel, criado por **Caroline Silva**, coautora do livro "*Mulheres Compliance na Prática – volume I*", para abrilhantar as obras da Série Mulheres.

Benefícios que sua empresa ganha ao apoiar o Selo Editorial Série Mulheres®.

SÉRIE MULHERES BEST SELLER
EDITORA LEADER

Ao apoiar livros que fazem parte do Selo Editorial Série Mulheres, uma empresa pode obter vários benefícios, incluindo:

- **Fortalecimento da imagem de marca:** ao associar sua marca a iniciativas que promovem a equidade de gênero e a inclusão, a empresa demonstra seu compromisso com valores sociais e a responsabilidade corporativa. Isso pode melhorar a percepção do público em relação à empresa e fortalecer sua imagem de marca.

- **Diferenciação competitiva:** ao apoiar um projeto editorial exclusivo como o Selo Editorial Série Mulheres, a empresa se destaca de seus concorrentes, demonstrando seu compromisso em amplificar vozes femininas e promover a diversidade. Isso pode ajudar a empresa a se posicionar como líder e referência em sua indústria.

- **Acesso a um público engajado:** o Selo Editorial Série Mulheres já possui uma base de leitores e seguidores engajados que valoriza histórias e casos de mulheres. Ao patrocinar esses livros, a empresa tem a oportunidade de se conectar com esse público e aumentar seu alcance, ganhando visibilidade entre os apoiadores do projeto.

– **Impacto social positivo:** o patrocínio de livros que promovem a equidade de gênero e contam histórias inspiradoras de mulheres permite que a empresa faça parte de um movimento de mudança social positivo. Isso pode gerar um senso de propósito e orgulho entre os colaboradores e criar um impacto tangível na sociedade.

– ***Networking*** **e parcerias:** o envolvimento com o Selo Editorial Série Mulheres pode abrir portas para colaborações e parcerias com outras organizações e líderes que também apoiam a equidade de gênero. Isso pode criar oportunidades de *networking* valiosas e potencializar os esforços da empresa em direção à sustentabilidade e responsabilidade social.

É importante ressaltar que os benefícios podem variar de acordo com a estratégia e o público-alvo da empresa. Cada organização deve avaliar como o patrocínio desses livros se alinha aos seus valores, objetivos e necessidades específicas.

REGISTRO DIREITO AUTORAL

**CBL
Câmara Brasileira do Livro**

clique para acessar
a versão online

CERTIFICADO DE REGISTRO DE DIREITO AUTORAL

A Câmara Brasileira do Livro certifica que a obra intelectual descrita abaixo, encontra-se registrada nos termos e normas legais da Lei nº 9.610/1998 dos Direitos Autorais do Brasil. Conforme determinação legal, a obra aqui registrada não pode ser plagiada, utilizada, reproduzida ou divulgada sem a autorização de seu(s) autor(es).

Responsável pela Solicitação:
Editora Leader

Participante(s):
Andréia Roma (Coordenador)

Título:
Mulheres: compliance na prática : edição poder de uma história, volume 3

Data do Registro:
17/07/2024 10:46:38

Hash da transação:
0x81108fcd9707bfd748b3c7bbbd47c25ddfb42a68540df194099ff56f2a780d31

Hash do documento:
8b6ddfb998bf16a974ccd2467f9684e918389210d74c92e5f7b36bac6e3ddd69

Compartilhe nas redes sociais
f y ✉ in

FAÇA PARTE DESTA HISTÓRIA
INSCREVA-SE

INICIAMOS UMA AÇÃO CHAMADA

MINHA EMPRESA ESTÁ COMPROMETIDA COM A CAUSA

Nesta iniciativa escolhemos de cinco a dez empresas para apoiar esta causa.

SABIA QUE SUA EMPRESA PODE SER PATROCINADORA DA SÉRIE MULHERES, UMA COLEÇÃO INÉDITA DE LIVROS DIRECIONADA A VÁRIAS ÁREAS E PROFISSÕES?

Uma organização que investe na diversidade, equidade e inclusão olha para o futuro e pratica no agora.

Para mais informações de como ser um patrocinador de um dos livros da Série Mulheres

escreva para: **contato@editoraleader.com.br**

ou

Acesse o link e preencha sua ficha de inscrição

Nota da Coordenação Jurídica do Selo Editorial Série Mulheres® da Editora Leader

A Coordenação Jurídica da Série Mulheres®, dentro do Selo Editorial da Editora Leader, considera fundamental destacar um ponto crucial relacionado à originalidade e ao respeito pelas criações intelectuais deste selo editorial. Qualquer livro com um tema semelhante à Série Mulheres®, que apresente notável semelhança com nosso projeto, pode ser caracterizado como plágio, de acordo com as leis de direitos autorais vigentes.

A Editora Leader, por meio do Selo Editorial Série Mulheres®, se orgulha do pioneirismo e do árduo trabalho investido em cada uma de suas obras. Nossas escritoras convidadas dedicam tempo e esforço significativos para dar vida a histórias, lições, aprendizados, cases e metodologias únicas que ressoam e alcançam diversos públicos.

Portanto, solicitamos respeitosamente a todas as mulheres convidadas para participar de projetos diferentes da Série Mulheres® que examinem cuidadosamente a originalidade de suas criações antes de aceitar escrever para projetos semelhantes.

É de extrema importância preservar a integridade das obras e apoiar os valores de respeito e valorização que a Editora Leader tem defendido no mercado por meio de seu pioneirismo. Para manter nosso propósito, contamos com a total colaboração de todas as nossas coautoras convidadas.

Além disso, é relevante destacar que a palavra "Mulheres" fora do contexto de livros é de domínio público. No entanto, o que estamos enfatizando aqui é a responsabilidade de registrar o tema "Mulheres" com uma área específica, dessa forma, o nome "Mulheres" deixa de ser público.

Evitar o plágio e a cópia de projetos já existentes não apenas protege os direitos autorais, mas também promove a inovação e a diversidade no mundo das histórias e da literatura, em um selo editorial que dá voz à mulher, registrando suas histórias na literatura.

Agradecemos a compreensão de todas e todos, no compromisso de manter a ética e a integridade em nossa indústria criativa. Fiquem atentas.

Atenciosamente,

Adriana Nascimento e toda a Equipe da Editora Leader
Coordenação Jurídica do Selo Editorial Série Mulheres